ボランティア活動とおとなの学び

― 自己と社会の循環的発展 ―

田中雅文

まえがき

　阪神・淡路大震災の被災地に多くのボランティアが駆けつけ，「ボランティア元年」ともいわれた1995年。それから15年を越える年月が経過した現在，ボランティア活動は単に「奉仕」や「社会貢献」ということのみならず，新しい社会を創る先駆的な役割やボランティア自身の自己実現の手段など，多様な意味を含むものとして理解されるようになった。

　ふり返ってみれば，この間，ボランティアをめぐる法制度の改革や政策が活発に展開されてきた。

　1998年には特定非営利活動促進法（NPO法）が施行され，財政基盤の弱い小さな市民団体でも法人格を取得できるようになった。今では4万団体を超える特定非営利活動法人（NPO法人）が認証を受け，それぞれの活動に取り組んでいる。これらの多くを支えているのがボランティアである。彼／彼女らは，新しい社会のあり方の模索や，自らのライフワークとしての生きがいなど，さまざまな想いを抱きながら活動に参加している。

　近年になってからは「新しい公共」という言葉が急速に広まり，福祉や環境などあらゆる公共的な活動へのボランティアの参加が奨励され，行政との協働によるまちづくりも各地で試行錯誤のもとに実践されている。日常の生活圏においては，伝統的な相互扶助によるコミュニティの衰退にともない，新しいタイプの「つながり」が希求されており，そこでもボランティア活動の位置づけが大きくなっている。

　学校教育も例外ではない。教育基本法（2006年）や社会教育法（2008年）に，学校・家庭・地域住民の連携に関する条文が加わった。それが後押しとなり，各地で学校支援ボランティアが活躍している。学校の安全性や教育の質の向上といった学校支援の活動は，個々のボランティアにとって，子どもたちとの触れ合いを通した自分自身の活性化の機会ともなっている。

このように，制度と実態が絡みあいながら，さまざまな領域にボランティア活動が浸透している。それらの活動は，地域・社会の活性化に大きな役割を果たすとともに，ボランティア自身（自己）の自己実現にもつながっているのである。

ところで，ボランティア活動と学習とは密接な関係にある。例として文部科学省が生涯学習に関連して述べた言葉を借りるならば，その関係は次のような三つの視点からとらえることができる（生涯学習審議会「今後の社会の動向に対応した生涯学習の振興方策について（答申）」1992年を一部修正）。

　第1は，ボランティア活動そのものが自己開発・自己実現につながる生涯学習となるという視点である。第2は，ボランティア活動を行うために必要な知識・技術を習得するための学習として生涯学習があり，学習の成果を生かし，深める実践としてボランティア活動があるという視点である。第3は，人々の生涯学習を支援するボランティア活動によって，生涯学習の振興が一層図られるという視点である。

本書は以上の背景をふまえ，ボランティア活動が，社会の発展とボランティア自身（自己）の生きがいや成長に対してどのような効果を与えているのか，その過程で学習がどのような役割を果たしているのか，これらの点を明らかにすることを企図するものである。方法論としては，個人（ボランティア，学習者）と組織（NPO，ボランティア組織）を対象に質的調査と量的調査を行い，そこから得たデータの実証分析を通して新たな知見を生み出すことを試みた。

本書が，成人学習論とボランティア研究の発展に資するとともに，生涯学習，ボランティア，まちづくりなどに関する市民活動や行政施策に役立つ情報を提供できれば幸甚である。

目　次

　　まえがき　1
　　凡　例　6
　序　本書のねらいと構成 …………………………………………………… 7
　第1章　ボランティア活動と成人学習論の系譜 ……………………… 11
　　第1節　ボランティア活動の現代的意味 ……………………………… 11
　　　　　　～自己と社会の再帰的変容を中心に～
　　　1．ボランティア概念の変遷　11
　　　2．自己形成に対するボランティア活動の効果　16
　　　3．自己と社会の再帰的変容　23
　　　　　～社会創造に対するボランティア活動の効果を手がかりに～
　　　4．実証的な先行研究の評価　～「自己／社会形成」仮説の観点から～　29
　　第2節　成人学習論の系譜 ……………………………………………… 31
　　　1．状況的学習と非状況的学習　31
　　　2．研究アプローチの変遷　32
　　　3．各研究アプローチとボランティア活動との関係　34
　　第3節　学習論に関する諸概念の整理 ………………………………… 45
　　　1．実践コミュニティ　46
　　　2．変容的学習（意識変容の学習）　49
　　　3．省察的実践　53
　　第4節　研究の目的と枠組 ……………………………………………… 55
　　　1．先行研究と学習論の整理　55
　　　2．研究の目的と枠組　57

　第2章　社会形成を通したボランティアの自己形成 ………………… 65
　　はじめに：本章の目的と枠組 …………………………………………… 65
　　第1節　地域づくり活動を通したボランティアの自己形成 ………… 67
　　　　　　～NPO法人グラウンドワーク三島の事例研究～
　　　1．事例の概要と適格性　67
　　　2．調査の概要　70
　　　3．調査の結果　71
　　　4．スタッフの自己形成の特徴　87
　　　5．アドバイザーの自己形成の特徴　94

    6. まとめ　97
  第2節　学校支援ボランティアの自己形成 …………………………………… 98
    〜東京都板橋区立蓮根第二小学校「ビオトープをつくろう会」の
    事例研究〜
    1. 事例の概要と適格性　98
    2. 調査の概要　102
    3. 調査の結果　104
    4. メンバーの自己形成の特徴　118
    5. まとめ　126

  第3節　結　論 ……………………………………………………………………… 128
    1. 本章で得た知見　128
    2. 〈再帰型学習〉の修正モデル　130

第3章　学習活動とボランティア活動の連鎖及び自己形成との関係 ………… 133
  はじめに：本章の目的と枠組 …………………………………………………… 133
  第1節　学習活動とボランティア活動の関連 ………………………………… 136
    1. 本節の分析課題　136
    2. 調査と回答者の概要　137
    3. 学習成果の活用の実態　138
    4. 今後の学習要求とボランティア活動との関係　141
    5. ボランティアとして学習成果を活用するための条件　147
    6. まとめ　149

  第2節　学習活動・社会参加活動・自己形成の関係 ………………………… 151
    1. 本節の分析課題　151
    2. 調査の概要と学習者類型の設定　151
    3. 学習者類型と諸項目との関係　156
    4. まとめ　167

  第3節　結　論 ……………………………………………………………………… 168
    1. 本章で得た知見　168
    2. クロスのCORモデルの修正　169

第4章　民間非営利組織からみた学習と社会形成 ………………………………… 173
  はじめに：本章の目的と二つの研究課題 ……………………………………… 173
  第1節　NPO活動における学習促進と社会形成との関係 …………………… 174
    1. 本節の目的と枠組　174

2. 調査の概要　179
  3. NPOにおける学習促進の実態　180
  4. 学習促進と社会形成との関係　184
  5. 社会教育NPOの特性　191
  6. 事例にみる社会教育NPO　199
  7. 結論　204

第2節　ボランティア組織による社会教育施設の運営が社会形成に及ぼす影響 …… 206
　　　～神奈川県川崎市立虹ヶ丘小学校コミュニティルームの事例研究～
  1. 本節の目的と枠組　206
  2. 調査の概要　214
  3. 虹ヶ丘CRの概要　215
  4. 〈つながり〉からみた虹ヶ丘CR　217
  5. 〈参加の陥穽〉の回避と限界の可能性　225
  6. 結論　230

第5章　結論と今後の課題 …… 234
第1節　結論 …… 234
  1. 〈自己と社会の再帰的変容〉と学習の役割　234
  2. 社会的装置としてのNPO　236
  3. ボランティア活動への新規参入の促進　238
  4. まとめ～自己と社会の循環的発展をめざして～　239
第2節　今後の研究課題 …… 241

　あとがき　244
　引用文献一覧　249
　索　引　259

―――〈凡　例〉―――

1. 引用した参考文献は，巻末に引用文献一覧として掲載する。
   (1) 日本語の論文は「　」，書籍は『　』，外国語の論文は"　"で囲む。外国語の書籍はイタリック表記とする。
   (2) 同一の著者が1年間に複数の文献を発表している場合は，出版年の後にアルファベット（a，b……）を付記して区別する。
   (3) 外国語で書かれた文献のうち，日本語訳が刊行されている場合は，カッコ（　）に入れて翻訳書名も付記する。
   (4) 参考文献一覧は，著者名のアルファベット順とする。
   (5) 同じ著者が続く場合，2冊目の文献以降は著者名を「―――」と表記する。

2. 本文中で参考文献を引用する場合は，次の表記とする。
   (1) 執筆者名（日本語の文献は姓，外国語の文献は Family Name のみ），出版年を明記する。ただし，具体的な箇所を特定して引用する場合は，そのあとに頁数を表記する。例：佐藤（2001），(Giddens 1990)，新井（1993, p.311）など。
   (2) 同じ年に同姓の複数の執筆者が文献を刊行している場合のみ，姓名の全体を執筆者名として表記する。例：石田光規（2008）など。
   (3) 外国語の文献の訳書から引用するときは，訳書であることを明記のうえ訳書の出版年を表記する。例：(Bauman 訳書　2001) など。

3. 外国人の名前を本文で用いる場合は Family Name をカタカナで表記し，その外国人の執筆した文献は上記2の様式に従って表記する。

序　本書のねらいと構成

　今日では，ボランティア活動が大きな期待を集めるようになった。その原因の一つは，環境，福祉，青少年育成，コミュニティ形成など多くの公共的な領域において，行政だけでは担いきれない課題が肥大化したことである。それらの課題を解決するために，地域住民の主体的な活動やNPOなど非営利の民間組織の活躍が期待されており，その担い手のほとんどはボランティアである。

　しかし，上記に例示したような諸問題を好ましい方向に導いていくには，当該分野の現状や新しい価値観・方法論などを十分にふまえた取り組みが求められる。そのためには，多様な知識・情報・技術を学ぶ必要がある。弛まぬ学習の成果に支えられたボランティア活動こそが，現代の社会形成[1]を賢明なる方向に導く原動力といってよい。学習成果を活かしたこのようなボランティア活動の重要性は，文部科学省の答申などでも繰り返し強調されてきた（生涯学習審議会 1992；生涯学習審議会 1999；中央教育審議会 2008）。

　一方，ボランティア活動を行う個々人に着目すると，ボランティア活動がボランティア自身の自己実現，生きがい，成長といった自己形成[2]を促すことも，各種の調査結果や作文集からうかがうことができる（経済企画庁国民生活局 2001；全国社会福祉協議会 2002；岩波書店編集部 2001；森口 2001 など）。国の政策においても，自己実現のためのボランティア活動が奨励される傾向にある（橋本・石井 2004）。

　ところで，ボランティアの自己形成は，活動を通した意識や行動の変化によって進展する過程である。したがって，学習を「経験による行動（思考様式など潜在的な心身機能を含む）の変容」（井上 1986；東 1977 など）と広義に解釈するならば，自己形成とは学習過程の一種と考えることができる。

　以上のように，今日では，社会形成と自己形成の両面からボランティア活動の意味が注目されるようになった。しかも，ボランティア活動とボランティア

自身の学習は密接に関係しており，そこには学習成果の活用による社会形成（第1の側面），学習過程としての自己形成（第2の側面）といった，二つの側面が含まれている。ボランティア活動と学習との関係がこうした二つの側面をもつことは，従来から各方面で指摘されてきた。例えば，「はじめに」でも紹介したように，生涯学習審議会（1992）では，「ボランティア活動を行うために必要な知識・技術を習得するための学習として生涯学習がある」（第1の側面），「ボランティア活動そのものが自己開発・自己実現につながる生涯学習となる」（第2の側面）という考え方を提示している。木村純も高齢者を例にとって，「ボランティア活動をすすめるための学び」（第1の側面）と「ボランティア活動での課題解決を通した学び」（第2の側面）を対比している（木村 2005, pp.37-40）。

　直接的にボランティア活動に言及したわけではないものの，成人学習論の近年の課題を提示した論稿のなかでも，上記の二つの側面に結びつく論点が提起されている。例えば，佐藤一子は，地域づくり学習や環境教育など「社会的要因を変えていく過程」としての学習に着目しており（佐藤 2006, pp.101-126），これは第1の側面に相当する。一方，三輪建二は，実践と省察のサイクルに注目している（三輪 2009, pp.243-303）。主に教育組織で働く学習支援者に焦点をあて，彼／彼女らが学習支援の実践とその結果の省察を循環的に発展させ，それによって力量形成を成し遂げる過程を事例によって示している。これは，ボランティア活動（実践）の結果から学習が発生し（省察），それがまた次の段階のボランティア活動（実践）につながる，というボランティア活動と学習の循環的発展に適用できる考え方であり，学習過程としての自己形成という第2の側面と共通性のある考え方である。

　以上で概観したように，近年のボランティア活動には自己形成と社会形成の両面から大きな役割が期待され，そこに学習が深く関与するとみられる。しかし，これまでのところ，こうしたメカニズムを明らかにした先行研究はほとんどない。本書はこの点に着目し，ボランティア活動が自己形成と社会形成に及ぼす影響と，そこに果たす学習の役割を明らかにすることをねらいとするものである。

なお，ボランティア活動が普及しつつある現在，青少年から高齢者まで多様な年齢層の人々が活動に参加している。総務省「平成18年社会生活基本調査」の結果をみても，20歳代後半を底として15～34歳は若干ながら参加率が低くなるものの，10歳以上の人々の2～3割が過去1年間にボランティア活動を経験している。近年では，サービス・ラーニングやボランティア教育の枠組によって，学校教育でボランティア体験が促進されており，若年層にとってもボランティア活動は馴染みのあるものになっている。

　ただし，大学生を含む学齢人口の場合は，上記のように学校教育の枠組で体験学習として位置づけられることが少なくない。高校生以下では総合的な学習の時間や特別活動，大学生の場合は正規の教育課程としてのボランティア教育のほか，学内ボランティア・センターやボランティア関連サークルの活動として行われることが多い。このような事情をふまえ，ボランティア体験が大学生に与える教育的効果を分析した例としては，浜野ほか(2000)，佐々木(2003)，日本学生支援機構(2009)などがある。

　以上のように，学齢期におけるボランティア活動は学校教育と切り離して考えることができないため，一般成人のボランティア活動とは異なる分析枠組が必要である。そこで，本書では学校教育段階におけるボランティア活動(ボランティア体験)を分析の範囲から除き，一般成人のボランティア活動を対象に分析・考察する。

　本書の構成は，次のとおりである。第1章では，ボランティア活動と成人学習論の系譜及び学習論における諸概念を整理することを通して，前述の本書のねらいを学術用語によって研究目的(本書の総合テーマ)として再定義する。さらに，その研究目的のもとに，四つの研究課題(サブテーマ)を設定する。第2～4章では，これらのサブテーマについての実証研究の結果を記述する。第2章は研究課題1「社会形成を通したボランティアの自己形成」，第3章は研究課題2「学習活動とボランティア活動の連鎖及び自己形成との関係」，第4章第1節は研究課題3「NPO活動における学習促進と社会形成との関係」，第2節は研究課題4「ボランティア組織による社会教育施設の運営が社会形成に及

ぼす影響」である。最後に第5章では，研究課題1～4の結果を総合的にまとめ，結論を述べる。なお，研究課題1～4の内容と位置づけは第1章第4節で記述する。

注
1) 社会という用語を包括的な全体社会（total society）を意味するもの（例えば日本社会，地球社会など）と考えると，それはすでに存在しているので「社会形成」の用語は不適切かもしれない。しかし本書では，「社会」をさまざまな社会類型や社会的結合をイメージする用語として使っている。例えば，第4章において，第1節の「行政密着度の高いNPO」は社会類型としての「協働社会」，第2節の「ボランティア組織による社会教育施設の運営」は社会的結合としての「地域社会（コミュニティ）」を，それぞれ形成しようとしていると考える。個人を対象に分析した第2章と第3章は，ボランティアが全体社会を形成するのではなく，上記のような意味での社会類型や社会的結合の形成を促していくという枠組を想定している。本書では，以上のような考えに立脚して社会形成という用語を用いている。
2) 本書では，自己は生涯にわたって形成されていくという包括的な意味で自己形成という用語を使っており，成人の一時期における変化もその一過程ととらえている。また，自己形成という用語のもとに扱う現象が，各章で少しずつ異なる。第2章では意識変容，第3章ではボランティア自身に関するいくつかの側面からの変化（充実感や生きがい感，社会問題への関心，友人の獲得，健康・体力の増進等），第4章第1節ではスタッフとしての力量形成である。本書で用いる自己形成とは，これらの現象を包括的に表現するための用語でもある。

第1章

ボランティア活動と成人学習論の系譜

　序で述べたように，本書のねらいは「ボランティア活動が自己形成と社会形成に及ぼす影響とそこに果たす学習の役割を明らかにすること」である。本章の役割は，このねらいを学術用語で再定義することである。そのために，ボランティア活動の現代的意義を確認するとともに（第1節），成人学習論の系譜を整理し（第2節），最後に学習論における近年の主要な概念を検討する（第3節）。これらをふまえ，本書のねらいを学術用語によって研究目的（本書の総合テーマ）として再定義し，さらにその研究目的のもとに四つの研究課題（サブテーマ）を設定する（第4節）。

第1節　ボランティア活動の現代的意味
　　　　〜自己と社会の再帰的変容を中心に〜

1．ボランティア概念の変遷

(1) 変遷からみた類型化

　ボランティア活動とは何だろうか。土志田祐子は，社会福祉事業法に関連する領域を中心に，ボランティア活動に関する戦後の文献を総合的に分析した。その結果として得た結論によれば，ボランティア活動の原則として共通にみられるものは，「自発性・主体性」「連帯性・社会性」「無償性」であった（土志田 1991, p.11）。この研究成果を受け，我々がボランティア活動の原則を語るときはこの三つをあげることが多い。ボランティアに関係する団体や学会の刊行する文献でも，この点はほぼ共通の理解となっている[1]。つまり，「自らすすんで，社会のために，報酬をあてにせずに行う活動」が，今日の我々が理解

するボランティア活動の基本的な原則である。

ただし，上記三つの原則のうち「社会のために（社会性）」については，戦後60余年の間にその内容がさまざまに変化してきた。中山淳雄は，そうした変化の実態をとらえるため，言説分析とカテゴリー分析を通してボランティア概念の変遷を明らかにした。中山の結論は次のとおりである（中山 2007, p.227）。

> 60年代に「善行奨励・誘導型」であった「ボランティア」活動が，60年代末の社会運動の勃興から「社会運動・求心型」へと替っていく。そして地域福祉などコミュニティ性が強調され，社会運動が衰退していくにつれて「新しい社会創造・支援型」が現れ，80年代後半から「新しい生き方提案・保障型」へと変化し，従来にはない活動のあり方が生まれてくる。

短い表現に凝縮された以上の結論を解説すると，次のとおりである。まず，「社会運動・求心型」を除く三つのタイプの名称は，早瀬昇が整理したボランティア活動のタイプ（早瀬 1995, pp.84-85）からの引用であり，次のような意味をもつ用語である。

「善行奨励・誘導型」とは，ボランティア活動が倫理上の「善行」だという考えに立ち，公的セクターへの批判性が排除されてもっぱらサービス提供型の活動が前提とされるものである（早瀬 1995, pp.84-85）。中山（2007, pp.93-97）の分析では，社会運動が活発になる以前の，奉仕や慈善と呼ばれる活動が中心だった1960年代のボランティア活動がこれにあたる[2]。「新しい社会創造・支援型」とは，政策批判も含む市民の多様な社会活動を活性化し，多元的な価値観が共存できる社会をめざしたボランティア活動である（早瀬, p.85）。中山（pp.178-204）によると，1970年代後半に芽生えて1980年代後半に広がりをみた，地域・コミュニティ，環境，国際などさまざまな分野における市民活動がこれにあたる。最後に，「新しい生き方提案・保障型」とは，ボランティア自身の個人としての成長や生きがいに重点をおいたものであり，自己実現のためのボ

ランティア活動を意味する（早瀬，p.85）。中山（pp.148-161）は，このような自己実現に焦点化したボランティア活動が 1980 年代後半に台頭してきたと指摘している。

　以上のことをふまえ，ボランティア概念の変遷に関する前述の中山の結論をわかりやすく表現すると，次のようになる。1960 年代に主流であった奉仕や慈善と結びつく「善行」としてのボランティア活動は，1960 年代末から公的セクターに対する批判的な活動としての社会運動の色合いを濃くしていった。それが下火になった 1970 年代後半には，新しい社会を創造しようという活動の芽が出てきた。1980 年代後半になると，そのような社会創造的な活動がさまざまな領域に広がり，同時にボランティア自身の自己実現のためにボランティア活動が行われる傾向も強まった。なお，先の結論には含まれていないものの，中山（2007，pp.110-117）は，1980 年代後半から行政との協働に力点をおいたボランティア活動が広がってきたことも見出している。

　以上のように，1980 年代後半は「『ボランティア概念』の歴史的転換期」（中山 2007，p.228）にあたる。つまり，多分野にわたって「新しい社会創造」の活動が広がり，行政との協働という側面が強くなったのみならず，自己実現のためのボランティア活動という考え方が生まれてきたのである。前述の土志田の研究にみられる，どちらかといえば社会形成に焦点化した諸原則とは別に，1980 年代後半からはボランティア自身の自己形成の側面も注目されるようになったといえるだろう。

　ボランティア研究における中山の主な貢献は，数十年間にわたるボランティア概念の変化を分析することによって，社会創造（そこには行政・企業との協働も含む）及び自己形成という二つの側面から，1980 年代後半に生じた「歴史的転換」を見出した点にある。そこで次に，他の先行研究からこの知見について，補足的な確認をしてみよう。以下の (2) では社会創造（協働を含む），(3) では自己形成について確認する。

(2) 対抗型から創造型へ

　社会学の領域では，1960年代後半（～70年代）を住民運動や市民運動[3]といった対抗的な社会運動の盛り上がった時期とし，その後の社会運動の停滞期を経て，1980年代から1990年代には，協働・パートナーシップやNPOの活動による新しい社会の模索が始まった，というのが太い潮流として理解されている。裏づけとなる主な先行研究をあげると，以下のとおりである。

　樋口直人らは，住民運動（とその発展形としてのNPOやボランティア活動）の変遷を次のように描いている（樋口・中澤・水澤 1999, pp.503-508）。各地の住民運動の成功と革新勢力の台頭に支えられた「地域民主主義期」(1960年代後半～70年代)，保守勢力の統治能力の強化と住民運動の選択的包摂（結果として運動の弱体化）が進んだ「ネオ・コーポラティズム期」(1970年代後半～80年代)，政治の停滞に伴って住民運動のラディカル化（住民投票運動など）とNPOやボランティアという新セクターが台頭する「政治的再編期」(1990年代)の三つの時代区分である。

　長谷川公一は，環境問題をめぐる社会からの対応について，次のような変遷を描いている（長谷川 2003, pp.39-47）。企業や行政が加害者となった産業公害や高速交通公害（1960～70年代）では，告発型住民運動が沸き起こった。次に，むしろ一般市民の日常生活が発生源となりやすいゴミ問題等の生活公害（1980年代）の場合は，行政主導で住民に対する自粛運動が生じた。最後に，企業も一般市民も共に加害者となる地球環境問題（1990年代以降）においては，協働・パートナーシップが強調されている。

　最後に，高田昭彦は次のように述べている（高田 1998）。住民運動を含む対決型の市民運動が，1980年代にネットワーキングや行政・企業等とのパートナーシップの考え方を取り込み，オルタナティヴの提案・実現を目的に据えるようになった。この時点から，担い手自身が市民運動を市民活動と呼ぶようになり，1990年代にはNPOという具体的な組織形態を獲得した。

　以上のように，1960年代後半～70年代における公的セクターや大手資本への対抗を基本とした運動から，それらの停滞期を経て，1980年代あるいは遅

くとも1990年代以降は，新しい社会の創造に向けてNPO・市民活動やそれらを基盤とするネットワーキング，行政や企業を含む協働・パートナーシップの活動が広がってきたと理解していいだろう。本書では，前者（1960年代後半〜70年代の対抗的な運動）を対抗型ボランティア活動（そのような活動に取り組む組織を対抗型ボランティア組織），後者（1980年代ないしは1990年代以降の活動）を創造型ボランティア活動（同創造型ボランティア組織）と呼ぶ[4]。対抗型から創造型へという変化は，中山の研究成果から見出された傾向と共通である。

　これらのボランティア活動について，公共性の面から次のことが指摘できる。対抗型ボランティア活動においては，ややもすれば住民エゴ，地域エゴというレッテルを貼られやすい傾向があったものの，それは公共性が行政にのみ託されているという観点に立つからにすぎない。この時代の住民運動の意味を考察した道場親信によれば，1960〜70年代にかけての住民運動は，「行政や大企業による上からの『公共性』の主張を相対化し，これに多様な"もう一つの『公共性』"を対置する想像力」をもっていた（道場 2006, p.251）。一方，創造型ボランティア活動の場合は，市民セクターが行政とは異なる独自の公共的役割を担うという意味での「市民的公共性」，そのような市民セクターと行政あるいは企業も含めての協働によって公共性を実現するという意味での「新しい公共」などの用語が使われる。対抗型の時代は公共性をめぐる対立関係，創造型の時代にはそれが役割分担あるいは協働の関係になったと理解できる。

(3) 自己形成への焦点化

　1980年代後半からボランティア自身の自己形成が強調されるようになったことについては，橋本鉱市らが自己実現という概念のもとに，同様の知見を次のように提示している（橋本・石井 2004）。政府は，1990年前後から「参加型福祉社会」や「生涯学習社会」の実現に向け，「自己実現としてのボランティア活動」をアピールしてボランティア活動への動機づけを促す政策をとった。一方で，国民自身の間にも漠然とではありながら，ボランティアと自己実現を結びつける動きがみられ，個人にとってボランティア活動は「自己実現」の物

語を提供してくれる場となっている。

　実際のところ，ボランティア活動に参加した人たちの多くが自己形成（自己実現）への効果を感じていることは，多くの調査等で裏づけることができる。例えば，「平成12年度国民生活選好度調査」では，ボランティア活動に参加した結果として想定される効果を9項目あげ，それぞれについて満足したかどうかを尋ねている。回答結果をみると，「知り合いが増えた」「楽しかった」「人に役立った」「時間を有意義に過ごせた」「自分が成長した」「社会に役立った」の各項目に対し，5割以上の回答者が満足したと答えている（経済企画庁国民生活局 2001, pp.34-35）。一方，「全国ボランティア活動者実態調査」では，ボランティア活動に参加したことによる効果（14項目）を複数回答で選んでもらい尋ねたところ，「仲間が増えた」「楽しかった」「自分が成長した」「地域とのつながりができた」が5割以上の回答率を得ている（全国社会福祉協議会 2002, pp.158-160）。ボランティア50人の手記を収録した岩波書店編集部（2001），ボランティア54人のインタビュー調査結果を収録した森口（2001）をみても，ボランティア活動による自己形成の効果が，各人それぞれの表現で綴られ，語られている[5]。

　本項で確認してきたように，1990年前後以降は，創造型ボランティア活動や協働・パートナーシップの概念が浸透する一方で，自己形成としてのボランティア活動という考え方が広がってきた。社会に向けては協働などを通した新たな社会の形成，個人のレベルでは自己形成という二つの潮流が鮮明になったのが，この時期だといえるだろう。

2. 自己形成に対するボランティア活動の効果

　それでは，ボランティア活動のもたらす効果として，社会創造と自己形成がなぜこれほどまでに重要とされるようになったのだろうか。そのことを探るために，現代社会の特徴を再帰的近代化（reflexive modernization）の側面からとらえ，そこにおけるボランティア活動の意味を検討する。まず，本項では自己形成，次項では社会創造に焦点をあてる。

(1) 再帰的近代化とは何か

　ギデンズによれば、再帰性 (reflexivity) とは「社会的な営みが、それ自身に起因する新たな情報によって絶えず吟味・修正され、結果としてその営みが本質的に変容すること」(Giddens 1990, p.38) である。つまり再帰的近代化とは、近代から生まれた知識・技術や諸要因によって、近代システムそれ自体が変容していくことを意味する。

　再帰的近代化の過程では、制度（構造）と自己（主体）の二つの側面で再帰性が生じる。すなわち、行為作用が社会構造の「規則」や「資源」に反映し影響を及ぼしていく制度的再帰性 (structural reflexivity) と、行為作用が自らに対して影響を及ぼしていく自己再帰性 (self-reflexivity) である (Lash 訳書 1997, p.215)。前者は、個人や集団の行為が社会構造に影響を及ぼし、その結果が構造自体にはね返って新たな社会構造の変容へと連なっていくことである。例えば、社会の諸制度が、自らのもたらした諸現象の反作用（はね返り）を受けて頻繁に変容し続けることがそれにあたる。それに対し後者は、個人や集団の行為の結果が、当の個人や集団にはね返って影響を及ぼすことを意味する。例えば、制度的再帰性によって目まぐるしく変わる社会・生活環境のもとで、個人や集団が自らの行為を常にモニタリングしながら変化させていくことである。

　制度的再帰性の帰結については、悲観的な見方と楽観的な見方がある。それは、再帰性の過程が社会をむしばんでリスクが高まるという考え方（再帰性理論：reflexivity theory）と、近代から生まれた知識・技術が新しい社会の均衡を生み出すことができるという考え方（省察理論：reflection theory）の二つである (Beck 訳書 1997, pp.320-325)。環境問題を例にとれば、前者は、科学技術の発達によって実現した快適な生活環境の実現が、結果として深刻な環境破壊を招き、人間生活への脅威としてはね返ってリスクが高まっていく、というシナリオを想定する。これに対し後者は、そのような環境破壊に対して、新たな科学技術によってそれを改善する方法を生み出し、致命的なリスクは回避できるというシナリオを想定するものである。つまり、前者は一方向的なリスク増大、後者はリスクとそれへの対抗が均衡を保つ状態が前提となっている。

中西眞知子は，制度的再帰性に注目し，「始まりと終わり」や「予感と帰結」が螺旋を描いて（目まぐるしく）循環しているような現代の社会を「再帰的近代社会 (reflexive modern society)」と呼んで，その実態を「市場対公共性」「地球環境」「IT空間」という側面から再帰的変化の分析を通して検証している（中西 2007）。こうしたさまざまな分野における再帰的な循環が絡み合い，現代における社会・経済の特性を形づくっているといえるだろう。

(2)〈再帰的プロジェクト〉としての自己

制度的再帰性に関して悲観論（つまり再帰性理論）に立つベックは，現代社会を再帰的近代化によって「むしばまれた」危険（リスク）社会と呼び，そこでの個人化 (individualization) の進行を問題視する（Beck 訳書 1998）。個人化とは，近代化によって伝統的な諸制度（個人を拘束しながらも安定を与えてくれる階級，家族，相互扶助など）から解放された個々人が，その帰結として，実は同じ近代化によって生まれた別の制度や環境（市場，流行，景気など）に依存するとともにコントロールされ，もてあそばれ，しかも自分がしたわけでない決定の帰結を（自分の責任として）「背負いこまなくては」ならないという状況である（同, pp.259-271）。

同様の見方は，バウマンによるリキッド・モダニティの概念にも当てはまる。バウマンによれば，再帰的近代化が進んだ現代は，社会の枠組が揺らいで集団の絆と相互依存の確固たる型が失われ，流体化した (liquid) 近代にほかならない（Bauman 訳書 2001）。そして，「われわれの生きる近代は，同じ近代でも個人，私（わたくし）中心の近代であり，範型と形式をつくる重い任務は個人の双肩にかかり，つくるのに失敗した場合も，責任は個人だけに帰せられる」（同, p.11）と指摘する。

ベックやバウマンの論理によれば，解放と引き換えに，準拠すべき確固たる社会の枠組が消滅し，人生の責任はすべて個人の選択に帰する厳しい時代となったわけである。このような現代の状況について，ギデンズは，自己再帰性の考え方を用いて次のように説明する（Giddens 1990, pp.114-124, 1991, pp.32-34）。

再帰的近代化の過程では，社会の諸制度や専門的な知識体系が目まぐるしく再帰的に変化し，それらが個々人の意識や生活に直接影響する。それに対応して，人は自己を再帰的に更新し続けることが必要となる。しかも，ベックやバウマンのいうように，それは自分自身の責任と選択においてなされるのであり，その結果も自身で受け止めなければならない。このように，現代における自己は，個人の責任においてモニタリングの循環を通して更新され続ける必要があるため，自己そのものが〈再帰的プロジェクト〉となったのである。つまり，確固たる社会的枠組が消滅して制度的再帰性が速いスピードで進行し，それに対応すべく個人は自己を再帰的に更新し続けなければならない，ということである。

このようなギデンズの考えに立てば，具体的な人間関係や社会関係からではなく，再帰的に変化する諸制度や専門的な知識体系といった，非人間的な抽象システムに漂う雑多な情報をもとに，そのつど自己を更新していく，という困難な作業が個人に課せられていることになる。それに伴い，自己アイデンティティ[6]も再帰的に流動性をもたざるをえなくなる。

まさにそれは，身近な他者や社会集団との関係を通して確立するとされてきた，従来からの自己アイデンティティの概念の見直しを迫るものである。

従来からの自己アイデンティティの概念とは，次のようなものである。岡本祐子は，成人のアイデンティティ発達における他者との関係の重要性を指摘している（岡本 2002, pp.45-48）。つまり，成人のアイデンティティをとらえる軸として，「自分は何者か」という個としてのアイデンティティばかりでなく，「自分は誰のために存在するのか（役に立つのか）」という関係性に基づくアイデンティティがあると述べ，この両者の相互作用，とりわけ前者に対する後者が影響することによってアイデンティティの成熟が可能となると述べている。加藤厚は，アイデンティティ概念の要点として，時間軸に沿って一貫した自己像を見出すとともに，それが一定の社会集団にとって意味ある有効なものであるときにアイデンティティが確立したといえる，と述べている（加藤 1986, p.2）。

このように，自己形成やアイデンティティ獲得にとって具体的な他者や社会集団との関係が重要であることは，従来からアイデンティティ研究のなかで繰

り返し確認されてきた。しかし，再帰的近代化の論理によれば，そうした具体的な人間関係や社会関係にかわって，諸制度や専門的な知識体系といった非人間的な抽象システムが肥大化し，そこからの情報をもとにアイデンティティの獲得を余儀なくされているのが現代人である。事実，都市青年を対象にアンケート調査を行い，彼／彼女らの意識を分析した岩田考によれば，身近な人間関係から自己を確認する傾向が弱まってきたという（岩田 2004）。

しかも，そうした抽象システムの情報は，制度的再帰性によって常に変更し続けるため，自己アイデンティティも流動的にならざるをえない。上野千鶴子は，ここまで過程的，流動的，折衝的なものとなったアイデンティティに対し，同じであること（sameness）や一貫性（consistency）を含意する「同一性」という用語を適用することは論理矛盾だとまで指摘している（上野 2005, p.29）。ギデンズがいうように，今やモダニティの再帰性が自己の核心部にまで侵入しており（Gideens 1991, p.32），現代人は流動性と偶然性のなかで自己を常に更新していかねばならないのである[7]。

以上で述べてきたことの要点をまとめると，次のとおりである。再帰的近代化のなかで，個々人は再帰的に変化する諸制度や専門的な知識体系といった，非人間的な抽象システムに漂う雑多な情報をもとに，そのつど，自己を更新していくことを余儀なくされている。いわば自己そのものが〈再帰的プロジェクト〉となったといえる。これは，身近な他者や社会集団との関係を通して確立するとされてきた，従来からの自己アイデンティティの概念の見直しを迫るものである。現代人は目まぐるしく変わる抽象情報の流動性と偶然性のなかで，自己を常に更新していかねばならず，それに伴いアイデンティティも再帰的に変容していく。

(3) ボランティア活動の「自己形成」仮説

自己を常に更新するということは，決して「これで良し」と定まったアイデンティティが得られることがなく，永遠にそれを求め続けるということである。バウマンは，現代人にみられるこうしたアイデンティティの希求をとらえ，「ア

イデンティティはコミュニティの代用品」[8] (Bauman 訳書 2008, p.26) と述べている。確かに，濃密な人間関係の根付いていた自生的・地縁的なコミュニティならば，自己アイデンティティの希求などありえなかったであろう。別の言い方をすれば，伝統的な社会には，現代的表現としてのアイデンティティ獲得の仕掛けは，あえて意識しなくてもその社会のなかに組み込まれていた。前述の岡本や加藤が指摘する身近な他者や社会集団との関係が，人の生涯にわたって当然の環境として与えられていたからである。

　このような伝統社会におけるコミュニティ（共同体）が消滅しつつある現代において，別の形の共同体が生まれつつあると指摘しているのが山口定である。山口 (2004, p.238) は，伝統社会の自生的・地縁的な共同体を「運命共同体」と呼び，これと対比する形で，人々の選択から生まれて共通体験と連帯感によって築かれる組織・集団を「選択的共同体」と呼んでいる。集団的なボランティア活動における人間関係は，このような意味での選択的共同体を形づくる可能性をもっている。そして，ボランティア活動に参加する人々を抽象的な情報への全面依存から解放し，他者や社会集団との具体的な人間関係を通した自己形成の契機を与えうるものといえるだろう。この点は，後述の西山 (2007) や佐藤 (1999) が実証しているところである。

　これまで述べてきたことから，次のような仮説を立てることができる。伝統社会では，身近な他者や社会集団との関係を通して自然な形で自己アイデンティティが得られていた。これに対し，再帰的近代化の進む現代では，目まぐるしく変わる抽象的な情報に依存した自己形成に陥ってしまった。そのような状況下で，選択的共同体を形成するボランティア活動においては，具体的な人間関係を通した自己形成とアイデンティティ獲得を促すことが可能となる。以上の仮説を，本書ではボランティア活動の「自己形成」仮説と呼ぶ。ボランティア活動のもたらす効果として自己形成が重視されるようになった背景には，上記のような事情があると考えてよい。これが，本項冒頭の自己形成に関する問いへの一つの回答である。

(4)〈参加の陥穽(かんせい)〉論[9]からの警鐘

　ただし，ボランティア活動やそこから生まれる選択的共同体をアイデンティティ獲得の場と考えたとき，そこから新たな支配や排除の問題が発生する可能性もある。

　例えば，バウマンは，アイデンティティ闘争が包摂の一方で隔離・除去・排除を招く可能性を秘めていることを指摘する（Bauman & Vecchi 訳書 2007，p.123）。初谷（2001, p.71）は，本書でいう選択的共同体の一典型としてのNPOについて，これを利用できない個人が疎外される可能性を問題視している。エーレンベルクは，ボランティア活動に支えられる市民社会は資本主義の構造的不平等や市場からの影響を免れないため，そのような社会を過大評価することは危険と述べる（Ehrenberg 訳書 2001, pp.275-338）。

　ネオリベラリズムやそれを補完する新保守主義の台頭を危惧する立場の論者は，ボランティア活動やコミュニティづくりの活動が，これらの政治イデオロギーに利用されるという観点から，警鐘を鳴らしている。例えば，アドヴァンスト・リベラリズムの広がりを懸念する，酒井隆史や渋谷望はその典型的な論者であり，国家によるコミュニティを通した統治，コミュニティ活動に参加できる者とできない者の選別，といった問題を指摘している（酒井 2001, pp.72-139；渋谷 2003, pp.46-67）。ボランティア動員論に警鐘を鳴らす中野敏男の場合は，ボランティア活動の鼓舞が国家システムにとって安上がりで効率のよい動員だという観点から，やはり市民参加を通した政治権力による支配の可能性を憂慮する（中野 2001, pp.250-300）。

　以上のように，ボランティア活動が生み出す選択的共同体による諸活動は，具体的な人間関係を通した自己形成の契機となりうる反面，新たな支配構造と市民・国民選別（参加できない人々の疎外）を発生させる可能性をもつ。さらに，選択的共同体が促進するコミュニティ形成は，市場と資本主義による制約条件のために，十分な進展をみないかもしれない。「ボランティア活動やNPOへの参加が推奨されるなかで，そうした参加にもこれらの思いがけない落とし穴（陥穽）がありうる」ということを指摘するという意味で，本書では上記で紹介

した諸論理を〈参加の陥穽〉論と総称することにする。こうした問題も十分に考慮したうえで，ボランティア活動が促す自己形成を考える必要がある。

3. 自己と社会の再帰的変容
　　～社会創造に対するボランティア活動の効果を手がかりに～
(1) 社会レベルのリスクと反作用
　前項で検討したのは，再帰的近代化における個人レベルの問題に対するボランティア活動の効果である。本項では，再帰的近代化における社会レベルの問題に対するボランティア活動の効果を考える。つまり，なぜボランティア活動に社会創造の効果が期待されるようになったか，というもう一つの問いに対する回答を追究する。

　すでに述べたように，ベックは再帰的近代化における社会レベルの問題—つまり制度的再帰性—に関し，再帰性理論，省察理論という二つの考え方を提示している。前者は悲観性，後者は楽観性の強い見方である。この点についてギデンズは，再帰的近代化に伴う社会レベルの諸問題に対し，人々が積極的にその解決に向けて関わっていくこと (active engagement) の可能性が高いと述べ (Giddens 1990, pp.148-149)，省察理論に立脚した論理を展開している。つまり，深刻な社会問題に対する反作用として，それを解決するための市民活動等が必然的に発生するというとらえ方である。このような市民活動は，本書でいう創造型ボランティア活動にほかならない。したがって，ボランティア活動の効果として期待されるもののうち，自己形成が再帰的近代化に起因するものであったと同じように，社会創造もまた再帰的近代化に伴う必然的な期待として浮かび上がってきたものといえる。

　さて，そのような社会創造を推進するようなボランティア活動（本書でいう創造型ボランティア活動）は，それぞれ固有の社会課題の解決のために，さまざまな討論を生み出すとともに試行錯誤を繰り返していく。こうした草の根的な動きが多様な人々や組織を巻き込み，あるいは複数の活動組織が相互作用をもつようになってくると，次第に固有の社会問題に関する公共空間（公共圏）と

いえるようなものが醸成される[10]。公共空間においては、公開の論議や試行錯誤が沸き起こり、そこから新しい公共的価値が練り上げられ、公的セクターに対する批判・提案と新しい社会の模索が行われる[11]。

それでは、ボランティア活動はどのような過程のもとに、こうした公共空間を醸成しながら社会的影響力を高めていくのだろうか。この点を検討するために、先行研究における主要な論点を抜粋する。

(2) 先行研究にみる公共空間論

はじめに、日本における公共空間（公共圏）論議に大きな影響を及ぼしたハーバーマスは、自由な意思に基づく非国家的・非経済的な結合関係、すなわちアソシエーションによる意見形成の活動—それは公共的な討議を促進する—を通して自律的に「かたちづくられうる」ものが公共圏だとしている（Habermas 訳書1994, pp.xxxvii-xxxix）。一方で、こうした公共圏が、政治的・経済的侵略者の手中にあるメディア権力に脅かされていることも指摘する（同, pp.xL-xLii）。このように彼の公共圏論は、自律的なアソシエーションによる公共的な討議という規範論的な側面と、実際にはメディア権力に支配されるという事実認識の両義性をもっている（花田 1999, pp.13-14）。公共圏がメディア権力に支配されるという危惧は、既に述べた市民参加の落とし穴に警鐘を鳴らす〈参加の陥穽〉論の考え方とつながる考え方である。

佐藤慶幸は、経済アソシエーションとしての協同組合に着目する。彼は、その一例としての生活クラブ生協を、危機の共同主観化に基づく対話的コミュニケーションとネットワーク型連帯から生まれ、オルタナティブ社会をめざした対案提示実行型の社会運動と位置づける（佐藤 1991, p.93, 108, 267）。干川剛史もハーバーマス的な規範論に立脚し、とくにインターネットなどのデジタル・ネットワークを通した公共圏の提案・分析を行っている（干川 2003）。一方、阿部潔は公共圏を「主体－構造」の媒介空間ととらえることにより、フェミニズム実践のように「私的」な事柄を「公的」問題として論議できることや、アイデンティティ形成という分析角度が導入できることなど、多次元的な考察が

可能となると述べている (阿部 1998, pp.238-250)。

　花田達朗は，ハーバーマスの公共圏論が規範と実態の弁証法に準拠するために規範の更新を常に強いられていると指摘し，社会と空間の弁証法による公共圏概念を提案する (花田 1999, pp.3-46)。つまり，文化・政治・経済的な社会的諸関係によって公共圏という空間が生産され，公共圏における言説・情報・記号・表象などの生産・流通・消費を通して社会的諸関係が再生産され，それがまた公共圏に影響を及ぼす。花田によれば，こうした弁証法的な変容過程でとらえることによって，公共圏は現実態と可能態（現実の先にある地平へと方向づけられた可能的なもの）の二重性から理解することができ，ハーバーマスの規範的コンセプトから離脱できる。

　メルッチは，社会運動との関係から公共空間を次のように論じている。現代の社会運動は，政治権力との直接対決よりも権力関係の可視化による政治への影響——つまり，支配的コードへの象徴的挑戦——に焦点をあてている (Melucci 訳書 1997, pp.61-91)。同時に，運動に伴う参加者同士の相互交渉・相互影響のプロセスは，運動内部に集合的アイデンティティを形成する (同, pp.22-32)。社会運動が権力の可視化や集合的アイデンティティの形成につながるためには，政治制度や国家構造とは独立の社会的な空間——すなわち公共空間——が必要である (同, p.87, pp.217-226)。

　三上剛史は，ベックのリスク社会論を出発点に，次のような公共空間を構想する (三上 2003, pp.88-115)。機能的な政治・経済システムから生まれるさまざまなリスク（逆機能）に対し，人々は私的生活の防衛といった観点から共感をもつ。それが，リスク回避を目的とする〈機能的連帯〉——つまり NPO (NGO) やボランタリー・アソシエーション——に支えられたリスク回避システムを生む。これが新しい公共空間であり，既存システムが生み出すリスクに対して〈再帰的〉に構成され，ポジティブな意味での「再帰的近代」の担い手といえるものである。そして，既存システムによる逆機能を防ぐためのものだから，政治・経済などの諸システムとは相互依存関係にありながらも，それらの利害からは独立している必要がある。

(3)〈自己と社会の再帰的変容〉を媒介する公共空間

　これらの論議をもとに，次のような公共空間を構想することが可能である。まず，危機の共同主観化による連帯（佐藤），支配的コードへの象徴的挑戦（メルッチ），逆機能に対抗する機能的連帯（三上）という視点は，現実の政治・経済システムから生まれた諸問題（リスク）への反作用として，ボランティア活動など[12]個々人の危機感や想いが結集した集合的な行動が沸き起こる，という考え方である。これは，ベックによる前述の省察理論が成り立つ可能性に立脚するものであり，先にあげたギデンズ（Giddens 1990, pp.148-149）のとらえ方と共通である。そのような行動を契機として意見形成（ハーバーマス），対案提示実行（佐藤），リスク回避（三上）といった諸活動が行われる空間，しかも既存の政治・経済システムから独立していながら必要に応じて対抗（ハーバーマス，メルッチ）と相互依存（三上）の関係を保つ空間を，公共空間と呼ぶことができる。公共空間における言説などの生産・流通・消費を経て，既存システムを是正するための新しい社会的諸関係が生まれ，それが公共空間の修正や新たな公共空間の創造につながり，公共空間での試行錯誤やコミュニケーションの結果がフィードバックされて社会的諸関係にまた影響する（花田）。このように，公共空間の働きによって社会システムは再帰的に変容していく。当然のことながら，その過程はデジタル・ネットワークの仕組みによって効果をあげ，効率化することが可能である（干川）。

　同時に，公共空間は主体と構造を媒介する役割も担っている（阿部）。そして，集合的アイデンティティの形成（メルッチ）を通して，活動に参加する個々人が現実社会における自分の位置を確認することができる。しかも，公共空間での諸活動そのものからの反作用，そして自分たちの活動によって社会的問題の是正や新たな社会関係の生産が実現したという事実からの反作用は，自己を再形成するための契機を提供してくれる。再形成された自己は次の段階の諸活動に取り組み，公共空間を媒介としてさらに新しい社会関係の生産に影響を及ぼし，その結果による反作用がまた次なる自己の再形成を促す。つまり，ギデンズのいう〈再帰的プロジェクト〉としての自己が，たんに外側から与えられた

抽象的な情報に基づく受身的な営みではなく，自ら生み出した具体的な活動や社会的事実と向き合うという能動的な営みとして可能となるのである。

　以上のように，自己の再帰的な変容と社会の再帰的な変容が相互に影響を及ぼしながら進行する過程（この表現は長いので，以下〈自己と社会の再帰的変容〉と略）を媒介するものとして，公共空間を構想できる。そして，自己の変容，社会の変容，公共空間の三者を結びつけるのがボランティア活動である。2.(1)で述べた制度的再帰性と自己再帰性に対応させると，ここでいう社会の再帰的な変容は前者，自己の再帰的な変容は後者に相当する。さらに，両者の再帰的な変容は，公共空間を通して結びつく表裏一体の過程である。

　具体的にイメージするため，里山保全の活動を行っているボランティア組織（A団体）を想定し，上記の枠組に沿って説明してみよう。A団体は，都市開発でリスクの高まった環境問題（里山の自然破壊）に対し，危機感を共有した市民からの反作用として生まれた。A団体は，さまざまな人や組織の参加に基づく開かれた討議や試行錯誤の場（公共空間）を醸し出し，そこではワークショップによる意見形成，行政への対案提示，絶滅危惧種の保護というリスク回避の試みといった諸活動が行われる。このような公共空間は，局面に応じて行政（場合によっては企業も）との対抗あるいは相互依存の関係をとる。以上の諸過程を経て，地域の自然を守るための法制度や組織間・住民間の連携という新しい社会的諸関係が生まれる。それがA団体の活動にフィードバックされて次のステップへと活動が展開し，公共空間を媒介にさらに新しい社会的諸関係の実現へとつながる。こうして，里山保全を推進するA団体が醸成する公共空間は，環境問題に関する地域運営システムの再帰的な変容を促していくのである。

　一方，この活動は，参加者に次のような影響を与える。多様な関係者との討論や共同作業，そして活動成果の達成感とそれによる地域運営システムの変革の実感などが，集合的アイデンティティの形成と維持・発達を促す。参加する個々人からみれば，これらの過程を通して環境問題からみた自分自身の社会的な位置の確認と理念形成が促されるとともに，生活・行動や意識・態度を見直

す―変える―きっかけが与えられる。このように変容した人々によって活動は次のステージへと展開し，その成果がさらなる自己の変容を促す。こうして，自己の再帰的な変容が成り立つ。

(4) ボランティア活動の「自己／社会形成」仮説

本項の (2) と (3) で述べてきたように，社会創造を促進するほどの成果をあげるボランティア活動は，活動の過程のなかで公共空間を醸成している。そこで生まれる人間関係，及び活動成果（社会形成）からの反作用によって，ボランティアにおける自己の再帰的変容が促される。それは，抽象的な制度・知識への全面依存による再帰的な更新過程からの解放を意味する。ギデンズのいう〈再帰的プロジェクト〉としての自己が，具体的な人間関係と活動成果を通して実現するのである。一方で，ボランティアによる諸活動は，既存システムによる逆機能の改善に取り組み，社会の再帰的な変容を促す。自己の再帰的変容と社会の再帰的変容は，ボランティア活動が生み出す公共空間を媒介として，相互に影響を及ぼしあって表裏一体的な関係のもとに進行する。

以上に示したメカニズムは，ボランティア活動が公共空間を媒介に〈自己と社会の再帰的変容〉を促す，という仮説である。これを本書では，「自己／社会形成」仮説と呼ぶ。選択的共同体としてのボランティア組織が自己形成に効果をもつという「自己形成」仮説は，さらに公共空間の概念を用いてボランティア活動の社会創造機能を検討することによって，「自己／社会形成」仮説にまで総合化された。同時に，本節 2. の冒頭に述べた問い―すなわち，ボランティア活動のもたらす効果として，社会創造と自己形成が重視される理由―に対しては，ボランティア活動が公共空間を媒介に〈自己と社会の再帰的変容〉を促すという，「自己／社会形成」仮説によって答えることが可能である。

なお，「自己形成」仮説だけであれば，ボランティア組織でなくても，趣味や教養のサークル・団体にもあてはまる。しかし，〈自己と社会の再帰的変容〉の効果を説明する「自己／社会形成」仮説まで総合化されたことによって，それらの自己充足性の強い趣味・教養等のサークル・団体と異なるボランティア

組織の意味が明確になったといえる。

(5) 個人と社会の現代的な弁証法

自己の再帰的変容と社会の再帰的変容が表裏一体の関係にあることは，別の表現をするならば「自己と社会が弁証法的に変容する」ということである。この点については，アイデンティティ論の先駆け的な存在であるエリクソンが，すでに指摘している。つまり彼は，「個人のアイデンティティの危機と歴史発達における現代の危機とが，互いに他を定義し合い，相互関連的」(Erikson 訳書 1973, p.16) だと述べており，自己(アイデンティティ)と他者・社会が弁証法的な関係をもちながら変化するものととらえていた (鑢 2002, pp.299-300)。アイデンティティと社会の弁証法的な変化をさらに明確に定式化したのは，構築主義 (社会構成主義) に先鞭をつけた社会学者のバーガーとルックマンである。アイデンティティの形成と維持は社会構造によって規定され，一方で「アイデンティティは社会構造を維持し，修正し，場合によってはつくり変えるなどして，既存の社会構造に対して逆に働きかけもする」のである (Berger & Luckmann 訳書 1977, p.294)。より端的にいえば，「社会は人間の産物である」とともに，「人間は社会の産物である」(同，p.105)。

しかし，ギデンズらの再帰的近代化論においては，弁証法の片方の極である「社会」が実在性を失い，実在と遊離した抽象的な情報をもとに自己の再定義・更新が行われなければならなくなった。そこへ，具体性の高い人間関係を内包するボランティア活動が新たに登場し，公共空間を媒介に具体性の高い社会的現実とボランティアをつなぐ役割を担うようになった。つまり，自己と社会の弁証法的変容を，現代的に再創造する可能性をもっているのがボランティア活動だといえるのである。

4．実証的な先行研究の評価〜「自己／社会形成」仮説の観点から〜

〈自己と社会の再帰的変容〉に着目した「自己／社会形成」仮説の検証に資する，実証的な先行研究[13]はあるだろうか。現在のところ，対人援助のボラ

ンティアが援助対象者からの反作用によって自己を再形成することを実証した研究，さらにそうした自己形成の過程が組織の変革にもつながる可能性を指摘した研究はある。その多くは，阪神・淡路大震災におけるボランティア活動を対象とするものであり，一連の研究から見出すことのできる重要な視点は，ボランティア活動における人と人との関係―つまり相互性―である。具体的には，以下のとおりである。

　まず，原田隆司は，震災における自らのボランティア活動体験をふまえ，そこでの活動が，さまざまな葛藤を生みながらも「人と人との絆のレベル」の人間関係を醸成したことを指摘している（原田 2000）[14]。山下祐介は，震災ボランティアの聞き書き集の内容分析をふまえ，震災ボランティア活動が「不特定多数の人と人とを結びつけていく，仕掛けであった」と述べている（山下 2002, pp.255-261）。

　西山志保は，このような「人間関係としてのボランティア」の問題をさらに深く掘り下げ，サブシステンス（subsistence）という概念を提起している（西山 2007）。サブシステンスとは，「人間の生を支えあう根源的関わり」（西山 2007, p. ii）を意味する用語である。西山（2007, pp.126-127）は多くの関係者へのインタビュー調査を通して，被災者がボランティアの応答によって自己存在を再認識するとともに，ボランティアは相手（被災者）の「まなざし」によって自己変容を遂げることを実証した。つまり，「ボランティアと当事者が相互に自己を振り返り，相互変容することで，お互いの固有性を支えるという関係形成の過程」（西山 2007, p.129）が成立する。その基底をなすのがサブシステンスだというわけである。西山は再帰性という用語を用いていないものの，実証された事象は援助対象者からの反作用を受けたボランティアの再帰的変容である。

　佐藤恵は，ギデンズらの再帰性の考え方を取り入れ，やはりインタビュー調査をふまえた分析を行っている（佐藤 1999）。まず，震災ボランティアの世界観や自己アイデンティティが，援助対象者からの反作用によって再帰的に変容することを実証している。さらに，ボランティアが自己のあり方を再帰的に見

直すことが，組織のあり方や活動を再帰的に変革していくことも確かめられている。このように，より広い世界としての社会の再帰性までは分析していないものの，自己形成の再帰性が組織変革の再帰性とつながっていくことは確かめられている。

以上の実証研究が示しているのは，ボランティアが援助対象者からの反作用を受けて，再帰的に変容することである。さらに，佐藤恵の場合はボランティアの再帰的変容と組織の再帰的変容がつながることも示している。しかし，上記の原田から佐藤まで4人の研究では，援助対象者や組織の枠を超えて，地域社会やさらに広い世界からの反作用によるボランティアの自己形成までは分析できていない。したがって，社会学の分野では，本章で設定した「自己／社会形成」仮説を検証した研究はまだない。

第2節　成人学習論の系譜

1. 状況的学習と非状況的学習

前節では，〈自己と社会の再帰的変容〉をボランティア活動が促進する可能性について考察し，それに関する社会学の先行研究の実態を確認した。そこで扱った自己形成や自己変容とは，自己の成長やアイデンティティ獲得の過程であり，それはレイヴとウェンガーが「状況に埋め込まれた学習＝状況的学習（situated learning）」（Lave & Wenger 訳書 1993）と呼んだ学習に該当する。我々は，生活や諸活動の具体的な状況のなかで，それらを向上させようと苦労・工夫することによって多くのことを学び，そうした取り組みの成果の反作用（はね返り）からも学ぶことが多い。このような意味での学習は，生活や諸活動といった諸状況と切り離されるのではなく，それらと表裏一体的な関係のもとに生まれ出る。これが，状況的学習と呼ばれるものである[15]。

一方，知識・価値観・技術等を習得するために設定された特別な活動を，我々は学習ないしは学習活動と呼ぶことが多い。例えば，公民館やカルチャーセンターなどでの学級・講座，同好の志で結成する学習サークル，テレビ等の

通信教育などに参加することである。多くの世論調査においても，学習や学習活動に関する質問項目は，このような活動を選択肢に設定している。このような学習（学習活動）は，状況的学習とは異なり，他の生活や活動といった諸状況から切り離され，一定の時間と空間を占有して行われる独立の活動である。したがって，これを非状況的学習（non-situated learning）と呼ぶことができる。

環境，福祉，国際などそれぞれの領域におけるボランティア活動が社会創造をめざす場合，新しい知識・価値観・技術等を学ぶことは必須の条件であり，そのためには非状況的学習が必要となる。したがって，ボランティア活動の社会形成機能をとらえるためには，非状況的学習の側面からも検討しなくてはならない。

以上のことをふまえると，ボランティア活動の自己形成と社会形成の機能を検討するためには，状況的学習，非状況的学習といった概念を含む学習論からのアプローチが必要となる。そこで本節では，ボランティア活動との関係に焦点をあてながら成人学習論の系譜を辿り，この領域において自己形成と社会形成との関係がどのように扱われてきたのか，そしてこうした問題に焦点をあてた実証的な先行研究があるかどうかを確認する。

2. 研究アプローチの変遷

三輪建二は，戦後の成人学習論の系譜を特徴づける三つの主要なアプローチを提示している（三輪 2004b, pp.29-33）。第1は1960～1970年代に支配的だった学習課題・学習内容論，第2は1970年代に登場した生涯教育論と成人発達研究，第3は1970年代後半から提起されはじめた相互主体的な学習過程論と実践分析論である。それに続く1980年代後半は，「学習内容編成論や成人発達研究がそれぞれ研究を深めつつも，相互主体的な学習過程論が成人学習論のなかに明確に位置づくようになるという点で，一つの転回点」にあたるという（三輪 2004b, p.33）。1990年代に入ると，相互主体的な学習過程の研究は，省察的な転回から organizational learning への発展—つまり，省察的な実践に支えられた相互的な学習過程を組織や制度の変革へとつなげる理論と実践の

模索—をみせた (同, p.38)。三輪は, その後さらに省察的な実践の可能性に着目し, 実践と省察のサイクルによって学習支援者の力量形成を促す試みについての動向を整理している (三輪 2009, pp.243-303)。

佐藤一子も, ほぼ同様の変遷を次のように表現している (佐藤 2006, pp.101-126)。ポリシー・メーキングの主体の形成に焦点をあてた学習内容編成論の興隆が続いたあと, アンドラゴジーや心理学的アプローチによる体系的な理論研究が起こり, 1980年代後半以降は「学習者志向」に立つ「アイデンティティ形成」「相互の対話的関係性の発展」「ふり返り」(省察) を通じた主体的あるいは相互主体的な自己の形成過程の研究へと, 成人学習論のパラダイム転換が起こった。さらに, 地域づくり学習, 環境教育など, 現代の社会文化的状況のもとでのポリシー・メーキングの主体の形成という目的論的な課題への新たな着眼が起こり,「心理学的なアプローチによる学習過程分析とともに,(社会教育)実践の成立条件となる社会的要因を変えていく過程」への着眼も重要となっている。

上記の佐藤の指摘が三輪と異なる点は, 学習過程の社会的な波及効果について, 地域づくりや環境問題を例示しながら, 三輪のいう組織・制度よりもさらに広範な社会文化的状況への着眼を強調していることである。

以上のように, アプローチ (A) 政治主体形成に必要な学習課題・学習内容をめぐる研究→ (B) (社会 (政治) とは独立した) 私的な個人としての自己の形成に対する着目からアンドラゴジーや生涯教育・成人発達の研究→ (C) 社会関係に焦点化した自己形成という観点から相互主体的な学習過程の研究→ (D) 組織・制度・地域の変革 (社会形成) と学習過程 (自己形成—政治主体形成を含む—) との関係をめぐる研究, という四つのアプローチが時代を追って台頭してきたというのが, 戦後の成人学習論の経緯である。

ここで, 1970年代まで支配的であったという学習課題・学習内容論が, 必ずしも好意的に評価されてきたわけではないことを指摘しておかねばならない。当時の第一人者であった宮原誠一自身が,「学習過程」における「内部的な構造の発展の過程」の必要性を指摘し, 自らの研究が学習過程の構造分析にまで

至らなかったことを反省的にふり返っているのである（社会教育基礎理論研究会 1992, pp.108-109）。実際，学習課題・学習内容論には，演繹的な学習課題の設定という問題（三輪 2004a, p.13），時代ごとの課題が学習内容として展開されて伝達・処理されるというサイクルの繰り返し（柳沢 1989, p.103）という問題があり，学習過程の分析に手を付けないかぎり，成人学習の構造やメカニズムの解明につながらない。宮原の問題提起のあと，笹川孝一が学習過程（とりわけ社会的活動家の自己形成）に関する仮説モデルを構想する（笹川 1981）など，いくつかの試みがあったものの，データに基づく学習過程の分析まで至らなかった[16]。

　結局のところ，上記の三輪や佐藤の指摘に表れているように，本格的な学習過程論の展開は，生涯教育論と成人発達研究の台頭を経て 1980 年代後半まで待たねばならなかった。社会教育基礎理論研究会（1992, pp.115-122）は，社会教育実践の研究に関する総合的なレビューを行い，その到達点と課題を整理した。それによると主要な視点は四つあり，本節冒頭でも触れた「①自己形成・アイデンティティ」のほか，「②相互性・相互主体性，社会的相互作用」「③学習・学習論」「④分析者と学習者との関係」である。このうち，成人の学習過程を分析するための概念として重要なのは①と②であり，これらが先に述べたアプローチ (C) の主要な研究視点となった。その後は，実践コミュニティ，変容的学習（意識変容の学習），省察的実践など，学習過程の分析ツールとなりうる多様な概念が流通するようになった。これらの比較的新しい概念は，自己形成の過程やそれと社会形成との関係を分析するために有用性が高く，アプローチ (C) と (D) の発展を後押しするものである。

3. 各研究アプローチとボランティア活動との関係

　成人学習論における研究アプローチの変遷を上記のように辿ってみると，前述のボランティア活動の変遷とほぼ重なる。つまり，アプローチ (A) は対抗型ボランティア活動，(B) はボランティア活動の停滞，(C) (D) は創造型ボランティア活動が広がった時代に活発化した。そこで次に，これらのアプローチ

が活発化したそれぞれの時期について，成人学習論とボランティア活動との関係を概観するとともに，各時期に行われた実証研究の傾向を整理する。

(1) アプローチ (A)：学習課題・学習内容論

対抗型ボランティア活動としての住民運動と成人の学習との関係について，事例調査の分析を含めて精力的に解明しようとした代表的な研究者は藤岡貞彦である。藤岡 (1977, p.269) は住民運動の教育的機能について，次のように述べている。

> ますます多様化していく住民の生活と権利の要求を系統的・総合的に組織化し，現状の防衛から将来の展望へ認識を発展させていくためには，民衆にとって学習が必要不可欠である。事実また，住民運動ほど学習にささえられてきた民衆運動は例をみない。(中略) 住民運動の教育的意義をここでとくにとりだして措定するゆえんは，それが単に政治・経済的側面についての権利要求や意識化たるにとどまらず，今日一つの主権者としての地域住民意識を育てる教育運動となって，政治主体形成の意義をにないはじめているからである。

このように，藤岡は住民運動が学習によって支えられるとともに，運動の結果として参加者の学習 (すなわち個々人の意識における政治主体ないしはポリシー・メーキングの主体の形成) を生み出すというメカニズムを指摘し，このメカニズムをもって住民運動に教育機能が備わるとしている。1970年代には，藤岡以外にも住民運動をはじめとする社会的な運動 (本書でいう対抗型ボランティア活動) と学習との関係が重要であることについて，社会教育におけるさまざまな論者が考察した。この種の社会教育研究を総合的に整理した小林繁によれば，これらの研究には「住民運動の有する人間形成的機能」への着目という共通の視点を読み取ることができる (小林 1988a, p.26)。しかし，藤岡の研究自体が学習内容編成論や民衆大学の提案に焦点化されている (藤岡 1977) ことに表れてい

るように，この時期にそうした学習過程のメカニズムを検証するような実証研究は行われなかった。

ここで，藤岡の上記指摘にある「住民運動が学習によって支えられる」ことを最も顕著に示した先駆的な事例は，1963～64年の沼津・三島石油コンビナート誘致阻止運動だろう。度重なる住民の学習会や高校生を含む住民自身による調査活動などを通して，コンビナートの害を事前評価した精力的な活動については，宮原（1966），藤岡（1985）のほか，社会教育以外の分野における論稿でも紹介されている（田中 1968；溝田 1971；西岡 1973；宮本 1979 など）。その後に続く対抗型ボランティア活動の成功例を調査した多くの研究者の論稿をみても，そこには問題解決に向けた住民の弛まぬ学習が要因となっていたと指摘されている（秋元 1970；久冨 1974；佐藤 1974；高口 1977 など）。

一方，運動の結果としての政治主体形成については，教育社会学の分野で松原治郎らのグループが実証的な研究（松原 1977）を行った。そこでは，住民運動に参加したリーダー層のインタビュー調査とフォロアー層のアンケート調査によって分析がなされている。リーダー層については，公共性概念の意味転換の兆し，充実感を通した主体性の確立，議会・政党・行政・マスコミ等の社会的な環境に対する認識における主体性の形成，社会・政治認識の高まりとコミュニティづくり等の自治意識の形成といった側面での意識変容が確認されている（鐘ヶ江 1977，pp.52-71）。フォロアー層については，成人の政治的社会化に対して住民運動への参加が効果をもちうるかどうかを分析するため，政治的コミットメント（政治関心，政治的有効性感覚，地域への愛着など）と政治的能力（責任履行能力，意見表明能力，説得・交渉能力など）の面から参加前後の変化を尋ねたところ，政治関心と政治的有効性感覚を中心として多くの項目で変化がみられ，住民運動が成人の政治的社会化に寄与する可能性が確認されている（鐘ヶ江 1975；鐘ヶ江 1977，pp.71-91）。

以上のように，個人を分析単位とした実証研究としては唯一，松原グループの研究があり，そこでは住民運動を通した政治主体形成の可能性が表れている。ただ，この研究は，運動への参加前後の変化をとらえたのみであり，その変化

の過程（つまり学習過程）を分析したものではなかった。こうして，対抗型ボランティア活動の興隆期には，これらの活動と成人の学習との関係が論議・考察され，一部に活動を通した政治主体形成の可能性を示す実証研究が行われたものの，そのような活動における学習過程をとらえた実証研究は行われなかったのである。この点は，前述の宮原の反省に表現されているとおりである。

「住民運動の有する人間形成的機能」が注目されたという小林繁の指摘には，当然のことながら運動のなかで学ぶという学習過程への着目が含まれていたはずであり，それは本書でいう状況的学習の過程を意味する。しかし，実際の研究は，非状況的学習と親和的な概念である学習課題や学習内容に焦点をあてることによって進められたのである。この時代に，学習の課題・内容からみた非状況的学習とともに，運動自体から生まれ出る状況的学習にも視野を広げ，二つの学習概念を総合的に活用した実証研究がなされていれば，成人学習論の発達は別の展開をみせていたかもしれない。実際には，状況的学習に関する実証研究の普及は，アプローチ（C）が台頭する時代まで待たねばならなかったのである。

(2) アプローチ（B）：アンドラゴジー・生涯教育・成人発達論の台頭

1970年代に入ると，政治主体形成への関心に基づく学習課題・学習内容論とは別に，個人の発達・成長への関心に基づくアンドラゴジーや生涯教育・成人発達論が登場した。1971年に答申を提出した中央教育審議会，社会教育審議会が，共に生涯教育の考え方を打ち出したことに表れているように，文教政策上でもこの時期には生涯教育が注目されはじめた。現実の成人教育事業においても，カルチャーセンターや大学公開講座が顧客を集めはじめ，1970年代の後半にはこれらが急成長した。このように，対抗型ボランティア活動の衰退が始まった1970年代後半は，個人の学習需要に応えるための学習機会が急速に広がった時期に相当する。

政治主体形成を重視していたアプローチ（A）の場合は，実際の研究が学習の課題・内容論に偏重していたとはいえ，政治的・社会的な存在として学習者

をとらえていた。しかし，アプローチ（B）が浸透したこの時期は，私的な個人としての学習者像が前面に出ることになった。その象徴の一つが，上記のカルチャーセンターや大学公開講座の急成長である。学習それ自体の推進が，政策的にも重要となった。

このような背景から，1980年代に入ると矢野眞和，藤岡英雄[17]などが，アンケート調査に基づく量的分析を通して，行動連鎖の視点から学習の継続・発展のメカニズムを探究した（矢野 1983；藤岡 1986）。1990年代に入ると，インタビュー調査（質的分析）を用いて個人の学習の実態を探ろうとする倉内史郎らの研究が登場した（倉内・鈴木・西村・藤岡 1993）。これは，成人の学習が学習内容・方法・レベルの点で「個別化」に向かっているという認識のもとに，32人に及ぶ対象者のインタビュー録にほとんど手を加えず掲載することにより，今後の研究に資する貴重な資料を提供したものである。その後，量的分析についても，角替由弥子，田中雅文などによって，矢野や藤岡と同様に行動連鎖の視点から学習の継続・発展を分析する研究が引き続き行われた（角替 1993；田中 2000）。これらの研究のすべては，非状況的学習としての学習活動を扱ったものである。

こうして，成人学習論の焦点が相互性やアイデンティティへと移行しはじめた1980年代後半以降にも，「個人の学習それ自体」，しかも非状況的学習に着目した実証研究が断続的に行われた。この背景には，ちょうど1980年代後半以降，臨時教育審議会を契機に生涯学習に関する行政が台頭し，政策的には学習それ自体の推進が積極的に図られたことがあるとみられる。しかも，その主流の一つは，当時流行した「生涯楽習」「生きがい学習」という言葉が表すように，楽しく生きがいを求める学習であり，前述の私的な個人のための学習であった[18]。

(3) アプローチ（C）（D）：学習過程分析の進展

1980年代後半になると，成人学習論の世界では学習それ自体の構造にとどまるのではなく，学習者の社会関係やそれを通した自己形成に着目した研究が

本格化した。この時期になって，ようやく状況的学習の実証研究が試みられるようになったのである。その先鞭をつけたのは，前述の社会教育基礎理論研究会であり，そこでの一連の研究成果は『叢書 生涯学習 I～X』(全10巻，雄松堂出版，1987～1992年) にまとめられている。同研究会は，記録された資料を活用し，過去の活動に対して自己形成と相互主体性の側面から「あとづけ分析」を行っている。主なものを抜粋すると，下記のとおりである。

　柳沢昌一は土田杏村，村田晶子は丸岡秀子，浅見芙美子は真壁仁といった，特定の社会活動家の半生を追いながら，民衆との相互主体的な交流や社会形成の活動を通して各人が自己形成をはかっていく過程を分析している (柳沢 1987；村田 1987；浅見 1987)。小林繁は「'84葛飾区民セミナー」，入江直子は中野区女性会館での自らの経験と記録をもとに，そこでの学習者が他者との相互主体的な関係を通してこそ主体形成を遂げることができる事実を検証した (小林 1988b；入江 1992)。

　さらに，柳沢・浅見 (1988) は，自身がかつて行った中野区江原地区におけるPTA運動の調査記録をもとに，〈自己と社会の再帰的変容〉に相当するメカニズムに関心をおき，あとづけ分析を行っている。柳沢・浅見のこの研究では，「再帰性」ないしは「再帰的」という用語を用いていない。しかし，分析内容は，自己形成と社会形成が相互に影響しながら再帰的に変容することに着目したものである。そのように解釈できる理由は，以下のとおりである。

　運動主体となった母親に対するインタビュー調査の結果によれば，校庭確保の運動のなかで，そのつどはね返ってくる区議会や地域社会からの反応によって，当事者たちが母親としての責任意識の範囲を「我が子→一小学校全体の子どもたち全体→地域・全都・全国の教育→それに影響する教育行政」と段階的に広げていったという (柳沢・浅見 1988, pp.301-310)。このように，社会形成からの反作用を受ける母親としての責任意識の変化を追い，それが再帰的に拡大していった様子を描いているのである。このような変化を本書の用語で表現すれば，〈自己と社会の再帰的変容〉である。ただし，この研究が扱う自己認識はあくまでも母親の役割という自己の一側面にすぎない。

上記に紹介した諸研究は，いずれも既存の資料・記録を用いたあとづけ分析であるため，そこから得られる知見には限界がある。しかしながら，これらの分析は，第1に相互主体的な関係を通して自己形成がなされること，第2にそうした自己と社会が相互に影響しながら再帰的に変容する可能性があることを示唆している。この第2の点こそ，前述の三輪が指摘した organizational learning と佐藤が指摘した地域づくり学習というアプローチ，つまり組織・制度・地域の変革（社会形成）と学習過程（自己形成）との関係に焦点をあてた研究への橋渡しとなるものである。

　このように，1980年代後半以降の成人学習論においては，相互主体性を通した自己形成とともに，社会形成と相互に影響しあう自己形成という観点への関心が高まっていく。アプローチの変遷をふり返ってみれば，（A）における政治的・社会的な存在という学習者観に対立するかのように（B）が登場し，その（B）における私的存在としての個人という学習者観の段階を経て，（A）（B）二つの対立する学習者観を統合ないしは止揚するかのように，（C）と（D）ではアイデンティティや相互主体性，さらには組織・制度・地域の変革（社会形成）との関連で自己形成をとらえる観点が生まれた。成人学習論のアプローチが，一種の弁証法的な経路で発展してきたといえるだろう。さらに，前述のバーガーとルックマンの言葉を借用して（A）と（D）の違いを表現するならば，「社会は人間の産物」という楽観的な立場から政治主体の形成を訴えていた（A）に対し，（D）では「社会の産物としての人間」と「人間の産物としての社会」が相互に影響を及ぼしながら変容するという観点に立つものといえる。

　鈴木敏正は，1980年代以降にポストモダン的性格をもつとともに停滞した「新しい社会運動」[19] との対比から，それに代わって活発化している内発的発展としての地域づくり運動（及びそれを支える地域づくり教育）は，ポスト・ポストモダン的な性格をもつと述べている（鈴木 1999, pp.195-205）。その根拠は，地域づくり運動や地域づくり教育が主観と客観を再統一すること，私的個人と社会的個人の矛盾を地域レベルで解決することなど，ポストモダンを超える役割が期待されていることにある。本書の用語に置き換えれば，鈴木がポストモ

ダンを超える運動としての地域づくりに期待することは，まさに上記の自己形成と社会形成との関係という観点―アプローチ (D) の観点―への止揚にほかならない。

　こうして，アプローチ (D) では自己と社会が相互に関係をもちながら変容するという考え方が鮮明となっており，それは前節で提示したボランティア活動の効果に関する「自己／社会形成」仮説における，「自己の再帰的変容と社会の再帰的変容が相互に影響を及ぼしながら進行する」という基本認識とほぼ符号する。実際，上記の鈴木による地域づくり運動（教育）で想定されるのは，「地域・社会の変革を推進するボランティアが，その過程のなかで自らの成長や意識変容を遂げていく」というメカニズムであり，上記の基本認識との共通性が高い。

(4) アプローチ (C)(D) における実証的な先行研究
① 個人を分析単位とする研究

　それでは，この時期の成人学習論における実証研究はどのようになされてきたのだろうか。個人を分析単位とする研究は，2000年前後を境に活発化してきた。それらを概観すると以下のとおりである。

　第1に，ボランティアを対象とする研究はそれほど多くないものの，インタビュー調査を中心とする次の研究がある。いずれも状況的学習を扱ったものである。三宅隆史は，阪神・淡路大震災における救援ボランティアたちに，活動を通した状況的学習（論文中の用語としては「インシデンタル (incidental) な学習」と表記されている）が生起する過程を分析し，他者や社会的現実とのつながりのなかで自分探しなどの自己形成が起こることを実証した（三宅 1999）。小川誠子は，社会教育施設におけるボランティアが，職員，ボランティア，施設利用者という異質な人々によって構成される実践コミュニティ[20]のメンバーであると位置づけ，そこでの他者との相互関係を通したボランティアの学びを分析している（小川 1999）。山田志保らは，医療生協保健委員を対象に，班会や保健大学での学習とそれに続く地域保健活動の実践を通して彼／彼女らが多様

な力を獲得し、それが意識変容と主体的参加につながっていくことを実証した（山田・髙橋 2002）。西原亜矢子は、医療電話相談を行っているNPOのボランティア・スタッフが、常に自分の支援のあり方をふり返り、問い直しながら力量を形成していることを実証した（西原 2004）。酒井朗らは、進路多様校の高校生に対する大学生の進路支援ボランティア活動を調査し、支援を受ける側との相互作用によって触発されるボランティアの意識変容と、それらを通して彼女たちが自己の役割・立場を見出し成長していく過程を実証している（酒井・広崎・千葉 2007）。

なお、海外での研究でも、ボランティア活動を通した成長については実証されてきた。例えば、イギリスのボランティア活動を調査したエルスドンによれば、活動を通してさまざまな偶発的学習（unpremeditated learning：本書でいう状況的学習に相当）を経験し、それによって成長を遂げるボランティアが多いことを指摘している（Elsdon 1995）。一方、エルゼーは、オーストラリアの医療機関を拠点とするボランティア活動のケーススタディを行い、活動を通して、メンバー自身が自分についての再発見や自信の向上といった学習効果を得ている事実を発見している（Elsey 1993）。

上記の研究は、いずれも対人援助のボランティアが主な対象であり、組織・制度・地域といった広範な社会環境の変革に取り組む活動ではない。したがって、本書のアプローチ分類に即していえば、（C）の相互主体的な学習過程の研究といえる。さらに、援助対象者からの反作用がボランティアの自己形成に影響する事実を扱っているものの、その点への着目が弱いため、再帰性を通した自己形成という側面からの分析がない。

第2に、ボランティアのなかでも、リーダー層に特定して自己形成を分析したものとして内田和浩の研究がある（内田 2001, pp.62-93, 113-132）。ここでは、「地域づくりの主体」形成をテーマに、リーダーの発達段階仮説を設定しながら、学習と実践を通した主体形成の過程を明らかにしている。ただし、地域づくりの成果（社会形成）から主体形成（自己形成）への反作用など再帰性を探るためのデータと分析はない。自己形成の内容についても、地域づくりリーダーとし

ての役割の発達という側面に限定されている。

　第3に，ボランティア以外の対人援助者として，青少年指導などの専門職がある。それに関する研究として，ユースワーカーを対象とする水野篤夫の研究がある。そこでは，「実践記録に基づいて同僚と共に事例研究を行うことで，自らの仕事をふり返って力量形成を遂げる」という過程が確認されている（水野 2004）。この研究は，援助対象者との相互性ではないものの，同業者との相互性における省察（ふり返り）の過程を分析したものである。

　第4に，女性のエンパワーメントに焦点をあて，それを促すための講座の受講者を対象とする研究がある。池田和嘉子は，「講座での学習を通して自分の行動を変え，それによる周囲の家族等の反応を受け，それを学習グループで話し合う，という積み重ね」から，女性の意識変容が促される可能性を検討した（池田 2004）。南澤由香里は，講座を修了してからPTA活動を経験し，そこからの反作用によって再就職への自信がついたという過程を確認している（南澤 2006）。いずれの研究も，自身の行動の結果からの反作用が次の意識に影響するというメカニズムが働く可能性を示している。

　第5に，実践コミュニティの成員としてのアイデンティティ獲得を分析したものとして，松本大の研究がある（松本 2007）。松本は移動サービスのNPOに着目し，その成員であるタクシー運転手へのインタビュー調査を通して，彼／彼女らが実践とコミュニケーションを経てNPOの理念や規範を内面化していく過程を明らかにした。

　以上に整理した先行研究の特徴をまとめると，次のとおりである。

　第1に，ボランティアの学習過程（状況的学習）に関する研究は，援助対象者との相互性に焦点化したものが多く，社会形成に焦点をあてたものはほとんどない。第2に，実質的には再帰的なメカニズムを扱っていると思われる研究は少なくないものの，明示的にその概念を用いて分析を行った研究は南澤（2006）のみである。しかも，南澤の研究は，分析対象となった女性自身の生活体験を再帰性の観点からあとづけたにすぎず，相互主体性や社会形成の視点からの分析を行っているわけではない。

これらのことから，先行研究には成人学習論のアプローチ (D) の主要な関心であるである「自己形成と社会形成との関係」を分析した実証研究はほとんどなく，しかもアプローチ (C) のターゲットとしての「相互主体性による自己形成」を再帰性の概念から分析した研究もないことがわかる。唯一，内田の研究がアプローチ (D) に該当するものの，再帰性の側面からの分析は行われておらず，しかも自己形成が地域づくりリーダーとしての役割形成に特化している。なお，前述のように，柳沢・浅見 (1988) は資料に基づくあとづけ分析とはいえ，〈自己と社会の再帰的変容〉といえる現象を分析している。ただし，この研究においても，自己とはあくまでも母親の役割という自己の一側面にとどまっている。

② **組織等を分析単位とする研究**

本書が社会形成の側面から分析を行うためには，個人の側からみた自己形成と社会形成との関係だけでなく，組織やプロジェクトを分析単位として，それらの学習促進と社会形成との関係にも焦点をあてることが重要である。このような視点から行われた研究は少なくない。いずれも，個人が分析単位でないために自己形成の過程を扱えていないものの，ボランティア活動の学習促進と社会形成との関係について分析している。主な研究を概観すると，以下のとおりである。

NPO とボランティア組織は同じものでない。しかし，ほとんどの NPO がボランティア活動の場を提供し，またボランティアに支えられていることから，NPO の学習促進と社会形成との関係についての研究は本書にとって参考となる。こうした側面からの研究には，生涯学習 NPO 研究会，佐藤一子，平岩千代子などが取り組んでいる (生涯学習 NPO 研究会 1998；佐藤 2001；平岩 2008)。そこでは，NPO がボランティア・スタッフや外部の人々の学習を促進し，それが社会変革や社会的な事業の推進に結びつく事実を浮き彫りにしている。

一方，地域づくり団体が学習を通して実際の地域づくりに効果をあげていくという過程については，千田忠，柴田彩千子，宮﨑隆志・鈴木敏正，若原幸範などが研究成果を提出している (千田 2001, pp.122-149；柴田 2003；宮﨑・鈴

木 2006；若原 2007）。若原（2007）はリーダー個人へのインタビュー調査をふまえているものの，分析している内容はグループやプロジェクトの発達過程である。これらの研究は，ボランティアとして関わっている地域づくり主体の学習活動や，外部に向けた学習機会の提供が，地域づくりに対して大きな役割を果たすことを実証している。

さらに，組織改革に焦点化したものとして，柳沢昌一の研究がある（柳沢 2004）。これは，大学の教員と学生によって構成される集団を省察するコミュニティととらえ，そこでの教育実践の蓄積がひいては大学組織の改革につながる可能性を検討したものである。

以上の実証研究は，いずれもボランティア活動による学習促進と社会形成との関係について，それぞれなりの視点から分析している。しかし，これらの先行研究には，主に二つの問題が残されている。第1に，すべての研究が事例分析によって行われており，量的調査に基づく分析はまだない。そのため，それぞれ異なる側面からの知見に止まっており，包括的な傾向を見出すまでには至っていない。第2に，学習促進と社会形成との関係については，いずれの研究も，学習促進が社会形成の広がりや深まりを促すという楽観的な過程を描いている。そのため，前述の〈参加の陥穽〉論が指摘する新たな支配や排除（あるいはそうした問題の回避）といった，負の側面に焦点をあてたものはない。成功事例を楽観的に描いて評価する傾向が強い。この点に関し，福嶋順も「（これまでの社会教育研究は）特定の視座から選択的にNPOの価値を論じてきた」（福嶋 2007, pp.118-119）と指摘しており，（NPOへの参加の格差の問題を含め）NPOの限界性にも注目すべきと述べている。

このように，組織やプロジェクトを対象とした研究には，上記二つの問題が残されており，これらに着目した研究の必要性が高いといえる。

第3節　学習論に関する諸概念の整理

前節で先行研究の検討を行った際，実践コミュニティ，意識変容，省察（ふ

り返り）といった用語が登場した。そこで本書の分析に役立てるため，本節ではこれらに関係する基本概念の確認と整理を行う。

1. 実践コミュニティ
(1) 学習装置としての実践コミュニティ

ウェンガーは，人々が共同でさまざまな実践に取り組む過程を，一種の学習過程とみることができると主張した。つまり，目的をもった複数の人間の共同的な実践のなかで状況的学習が発生することに着目したのである。彼の実践コミュニティ（community of practice）の考え方には，そのことが明確に表現されている。ウェンガーによる実践コミュニティの概念を要約すると，次のとおりである（Wenger 1998, p.45）。

私たちは，人間として生きているかぎり，さまざまな事業[21]の遂行に参加する機会がある。例えば，仲間とともに何らかの事業の遂行に取り組むとすれば，そこには仲間同士の相互作用や，事業を取り巻く広い世界との相互作用が発生し，状況に応じてそれらの相互作用を調整していかねばならない。このような経験から，私たちはさまざまなことを学ぶ。つまり，仲間と共に諸事業に取り組むことは，それ自体が学習過程なのである。このような集団的な学習は，事業の遂行とそれに付随する社会関係の両方を内包する諸実践として結実する。仲間関係に共有された事業を持続的に遂行することによって一種のコミュニティが生まれ，そのコミュニティの内部にはこれらの諸実践が充満しているのである。このようなコミュニティを，実践コミュニティと呼ぶ。

以上のウェンガーの説明に表れているように，実践コミュニティとは，目的をもった共同事業の遂行に伴って生まれ出る共同体のようなものであり，そこでの諸実践にはさまざまな学習が内在しているわけである。個々人の立場からみると，学習とはコミュニティの実践に対する参加と貢献の結果にほかならない（Wenger 1998, p.7）。こうした学習的な側面を前面に出すならば，実践コミュニティを「あるテーマに関する関心や問題，熱意などを共有し，その分野の知識や技能を，持続的な相互交流を通じて深めていく人々の集団」（Wenger &

McDermott & Snyder 訳書 2002, p.33) と定義することもできる。

　それでは，実践コミュニティに発生する学習とはどのようなものだろうか。ウェンガーによれば，実践コミュニティには，相互関係を通した参加，共同で行う事業，レパートリーの共有という三つの次元があり，それぞれの次元において下記のようなメンバーの工夫・努力や種々の営み―及びそれを通した学習―が生起する (Wenger 1998, pp.73-84, 95)。

- ○<u>相互関係を通した参加の次元</u>：参加の方法を見出すこと，相互関係の持ち方を発展させること，付き合いやすい人とそうでない人を見分けること，などを通して相互関係に基づく参加の形態を進化させる。
- ○共同で行う事業の次元：事業への関わり方をお互いに調整すること，参加者同士で事業責任を持ち合うよう学ぶこと，事業範囲を定めるのに苦労すること，などを通して事業の理解・調整を進める。
- ○<u>共有されたレパートリーの次元</u>[22]：多様な要素に付与する「意味」を練り直すこと，道具・人工物・表現などの生産と適用，諸イベントの記録と想起，新たな言葉の創出と古い言葉の再定義や破棄，日常手順の創出と打破，などを通してレパートリー，スタイル，言説を発展させる。

(2) アイデンティティ

　実践コミュニティのメンバーは，実践における学習 (learning in practice) を通して記憶，習慣，技術を獲得するのみならず，実践を発展させるとともに意味を練り上げる能力を高め，ひいてはアイデンティティの獲得を成し遂げる (Wenger 1998, p.96)。このアイデンティティ獲得の過程について，ウェンガーは次のように説明している (Wenger 1998, p.151)。メンバーは，実践コミュニティで活動することによって，他者との関係を発達させるとともに (参加)，実践の効果を目の当たりにすることができる (具象化)。この二つが重なり合って構成される豊かな経験と，それに対する社会からの評価 (社会が下す活動への解釈) との間に相互作用が起こり，それがメンバー自身にとっての活動の「意味」

を練り上げていく。その「意味」によって，メンバーは自己アイデンティティを確認することができるのである。

　さらにウェンガーは，アイデンティティを時間の次元でとらえることが重要だと主張する。つまり，「アイデンティティは一種のトラジェクトリー（trajectory：変化の軌跡）としてとらえることができ，そのような意味でのアイデンティティは，「現在」というものを練り上げる過程のなかに過去と未来を統合していくのである」(Wenger 1998, p.155)。一方で彼は，空間の次元からもアイデンティティの性格を指摘する。実践コミュニティが単に事業を遂行するだけでなく，その事業が物事のより広範な仕組みに対してどのように結びつくかが重要だとし，「実践のなかで形成されるアイデンティティは，つねにローカルとグローバルの間の相互作用でもある」(p.162)と主張するのである。

　以上の(1)と(2)で述べてきたことから，ウェンガーによる実践コミュニティとそこでのアイデンティティ獲得の要点を整理すると，次のとおりである。実践コミュニティにおける活動—つまり相互関係を通した参加，共同で行う事業，レパートリーの共有といった諸次元—は，さまざまな状況的学習を生起させる過程に他ならない。そうした学習過程を通して，記憶，習慣，技術の獲得のみならず，メンバーのアイデンティティ獲得が成し遂げられる。ここでアイデンティティとは，参加と具象化を織り合わせながら（つまり，実践の効果を目の当たりにするとともに，他者との関係を発達させるという経験を積みながら）「意味」を練り上げる過程から生成するものであり，(決して固定性の強いものではなく)時間的・空間的次元に沿って変化する流動性の強いものとして概念化される。

(3) 意味システムとしての世界観

　バーガーは，「自己の生活史がその内部に位置づけられるような普遍的な意味の体系（意味システム）」を世界観と呼び，次のように指摘している(Berger 訳書 2007, pp.91-96)。世界観とは，すべて共謀に他ならない。共謀する人々（つまり共謀者）とは，特定の世界観が自明とされるような，特定の社会状況を構築する人々のことである。そうした社会状況のなかで醸成される社会的世界に

よって世界観は形成されるのである。したがって，人は，ある社会的世界から別の社会的世界に移動するにつれて，自分自身の世界観を変えていく。

以上のバーガーの指摘をふまえるならば，実践コミュニティは，共謀関係をもつ人々（コミュニティのメンバー）によって意味システムとしての世界観が練り上げられるような社会的装置である。そして，実践コミュニティが醸成する社会的世界が内外の環境に応じて変化することをふまえるならば，そこで練り上げられる意味システム（世界観）も変化する。前述バーガーの言葉にあるように，そうした意味システムの内部に自己の生活史が位置づくことをふまえ，さらに本章末の注6）で述べているように，個々人の自己アイデンティティを「人が自身の生活史の流れのなかで再帰的に理解する自己」（Giddens 1991, p.53）と理解するならば，自己アイデンティティはこうした意味システム（＝世界観）に応じて生成し，また変化するものと解釈できる。

本項で述べてきたことを，本書の趣旨に照らして要約すると，次のようになる。特定の目標に向かうボランティア活動は，その活動を通して実践コミュニティを生み出す。ボランティアは，そこでの活動を通して状況的学習を経験し，それによって自らの世界観（意味システム）を練り上げるとともに，それに応じた自己アイデンティティを獲得する。活動の変遷に応じて世界観は変容し，それにともないアイデンティティもまた移り変わる。こうした理解は，第2章の分析枠組の参考となるものである。

2. 変容的学習（意識変容の学習）
（1）準拠枠の変容としての変容的学習

次に，アイデンティティにとって重要な影響を与える意味システムの変化という問題を考えるために，変容的学習（transformative learning）の理論を検討する。

近年において，変容的学習の理論は，他のいかなるアプローチよりも成人教育者の注意を集めているといわれる（Merriam & Caffarella 訳書，2005, p.398）。変容的学習に関する研究の第一人者であるメジローによれば，その概念は次の

とおりである (Mezirow 2000, pp.7-8) [23]。

　　変容的学習とは，これまで当然と思ってきた準拠枠 (frame of reference)―それは，意味パースペクティブ，精神の習慣，精神構造といったものである―を，より包括性，識別力，開放性，変化に対する感情的な包容力，そして省察性の高いものにするプロセスをいう。そのプロセスが実現することによって，我々の準拠枠は，行為を導くうえでより正確で正当性のある信念あるいは見解を生み出すことができるのである。

ここで，準拠枠とは次のように定義される (Mezirow 2000, p.16)。

　　「意味パースペクティブ」，すなわち前提と期待の構造のことであり，それを通して我々は感覚的な印象 (sense impressions) をフィルターにかけて自分の中に取り込むことができる。それは，認知的，情緒的，意欲的な次元から構成されており，意図・期待・目的の傾向を事前に枠付けることによって，知覚・認知・感覚・性向を選択的に形成するとともにその範囲を決めることができる。

(2) 準拠枠の変容とは何か

　わかりやすく表現すれば，準拠枠とは，我々が「何に関心を向けそれにどのような意味付けを行うか，何を優先的に重要なものと考えるか等を方向付けるような存在」(常葉－布施 2004, p.92) である[24]。それでは何をもって，こうした準拠枠が「より包括性や識別力などの高いものとなった」，すなわち「変容的学習が生じた」と判断するのだろうか。メジローは，次のような四つのタイプの学習過程の提示によって，そのことを説明している (Mezirow 1997, p.7)[25]。

　第1は，「既存の観点の精巧化 (to elaborate an existing point of view)」であり，これは今まで抱いていた観点を拡張・増強するものである。第2は，「新

たな観点の創出 (to establish new points of view)」である。ここでいう「新たな観点」とは既存の観点と調和的で，それを補強するような観点を意味している。第3は，「既存の観点の変容 (to transform our point of view)」であり，これまで抱いていた観点を根本的に変えることを意味している。メジローによれば，こうした経験を繰り返すことにより，自分を支配していた精神の習慣を変容させることができる（つまり第4のタイプに発展する）。第4は，これまで抱いていた思い込みを批判的に省察することによる「精神の習慣の変容 (to transform our habit of mind)」である。

上記の第1と第2が既存の準拠枠を強める学習過程であるのに対し，第3と第4は既存の準拠枠から脱却する学習過程を意味している。第3の学習過程は，観点のレベルで意識が変わることを意味する。そして第4の学習過程は，第3の学習過程を繰り返すことにより，観点のレベルを超えて精神の習慣のレベルで意識が変容することを意味している。つまり，個々の観点の変容が蓄積されることによって，最終的には観点を支配する精神の習慣―つまり準拠枠（変容的学習の概念に表れていたように，メジローは「精神の習慣」と準拠枠をほぼ同一のものとしている）―自体が変容する（常葉―布施 2004，pp.97-98）。この第3と第4の学習過程こそが，変容的学習と呼ばれるものである。

変容的学習について多くの研究を積み重ねてきたブルックフィールドやクラントンも，似たような表現でこれを説明している。ブルックフィールドによれば，「変容」とは「根本的な問いと思考・行動様式の再秩序化」が条件であり，「より詳しい，明解な，洗練された，深い理解に至る」といった程度の変化はそれに含まれない（Brookfield 2000, pp.139-140）。クラントンの定義によれば，変容的学習とは「自己を批判的にふり返ろうとするプロセスであり，私たちの世界観の基礎をなす前提や価値観を問い直すプロセスである」である（Cranton 訳書 1999，p.204）。

このように，既存の意識（準拠枠）が根本的に変化するとき「意識変容」と呼べるのであり，そのような変容のプロセスを「変容的学習」と呼ぶわけである。したがって，教室や講座などで学習それ自体のために仕組まれた非状況的

学習における意識変容のみならず，生活やさまざまな活動のなかで行われる状況的学習でも意識変容が起これば，それは変容的学習である。そのような考え方から，永井健夫は生活を通して起こりうる変容的学習の例として，「自国の文化に基づいて自己形成してきた人が，その文化の問題点に気づいてライフスタイルなどを改める」「他国の文化に同化した特定の民族出身者が，民族的アイデンティティに目覚めて社会運動に関わるようになる」「企業戦士だった人が，家族・地域の重要性に気づいてボランティア活動に取り組むようになる」をあげている（永井 2007, pp.108-109)。

　なお，これまでの変容的学習の研究では，意識変容を促すための主な要素として批判的ふり返り（critical reflection）が強調されてきた。前述のクラントンの定義にもそれは表れている。メジローやブルックフィールドも，同様の考察を繰り返し行っている（とくに論文名・書名でも謳っている Mezirow (2003), Brookfield (1987) など)。これは，もともと変容的学習が，被抑圧性や偏見といった好ましくない状況からの解放をめざして追究されてきたという背景によるものと思われる。それは，メジローの考え方に影響を及ぼした成人教育者の一人がフレイレであること（Merriam & Caffarella 訳書，2005, p.375)，そのフレイレは南米の被抑圧層の意識変容を通して彼らの解放をめざしたこと，といった事実からも裏づけることができる。

　以上のことから，これまでの成人学習論で扱われてきた変容的学習とは，第1に意識（準拠枠）の根本的な変化をもたらすプロセスであること，第2に状況的学習にも適用できる概念であること，第3に批判的ふり返りを主要な要素として含んでいることを，確認することができた。

(3) 実践コミュニティ論との関係

　上記の変容的学習と，本節1.の実践コミュニティ論との関係について，要点をまとめると次のとおりである。実践コミュニティ論で述べた意味システム（世界観）は，メジローのいう準拠枠と類似の概念である。つまり，実践コミュニティにおける状況的学習を通して世界観が変化するとは，準拠枠が根本的に

変わることである。こうして，実践コミュニティにおける世界観やアイデンティティの変容を検討する際，変容的学習の理論を適用できることがわかった。

3. 省察的実践
(1)〈技術的合理性〉を超えて

変容的学習の理論は，既存の準拠枠の根本的な問い直しや批判的ふり返りを重要な要素として含んでいた。そこで次に，ふり返り（省察）をめぐる学習論，すなわち〈省察的実践〉(reflective practice) の理論を概観する。

〈省察的実践〉の概念を国際的に広めたのは，ショーンである。彼は，専門職における仕事の遂行に関し，〈技術的合理性〉(technical rationality) のモデルが直面する限界を受け止め，これに代わる〈省察的実践〉のモデルを新たに探究した（Schön 訳書 2007, pp.21-77）。ここで，〈技術的合理性〉とは，知を道具的な決定に適用することが知的な実践であるという考え方に基づくものである。しかし，このモデルでは，複雑性，不確実性，不安感，独自性，価値観の衝突という諸現象への対応が困難である。そこで，単に知を実践に適用するという情報の一方向性ではなく，実践しながらもその結果をふり返る（つまり省察する）ことによって実践を進化させる，という情報の双方向的なメカニズムを前提とする〈省察的実践〉の独自の構造を分析し，専門職の質的向上をめざしたのである。

上記のような〈省察的実践〉の概念は，専門職の実践以外にも，日常生活やボランティア活動，実践コミュニティなどあらゆる生活・活動場面に適用することができる。我々は，何か目的をもって実践するとき，その結果をふり返る（つまり省察する）ことによって実践をさらにいい方向にもっていこうとするものである。

さて，〈省察的実践〉論における一つの鍵概念は，〈実践の中の省察〉(reflection in practice) というものである。つまり，専門家は自らの実践を改善していくため，実践しながら（実践と同時進行で）省察を繰り返していくということである。ただし，ショーンがいう〈実践の中の省察〉は，「行為がその状況に変

化を与えることのできる時間帯の制約を受ける」(Schön 訳書 2007, p.64)。例えば,「オーケストラの指揮者であれば,演奏1回分を実践の一単位と考えるかもしれないが,別の意味では演奏会の全シーズンも一単位となる」(同, p.64)。つまり,実際に演奏していないときの省察であっても,シーズン中であれば〈実践の中の省察〉と位置づけることもできる場合もある。これをボランティア活動に当てはめるならば,実際の活動時でなくても,一つのプロジェクトの継続期間における省察は,やはり〈実践の中の省察〉といえるわけである。

(2) 省察と再帰性との関係

次に,省察 (reflection) と再帰性 (reflexivity) との関係を考える。一般に,専門職の省察は,自分の行った実践結果からの反作用 (はね返り) に基づいて行う。それは,以下のように説明することができる。ショーンは,科学分野での実験を通した理論開発の過程について,次のように指摘している (Schön 訳書 2007, p.196)。

> 省察によってもたらされる二種類の動きを見ることができる。一つ目は,理論を省察することが実験につながるということである。二つ目は,実験の予期しなかった結果を省察することが,理論あるいは発明につながるということである。

つまり,現存の理論をふまえて実験を行い,その結果をふまえて新たな理論が生まれ,そこから新しい実験を行ってさらに新理論の発見…という循環が起こるということである。これは,理論と実験がそれぞれ自らの結果の反作用を受けて進化していくこと,それを促進するのが省察であること,を示している。本書の用語でいえば,このような過程は再帰的な循環に他ならない。

一方,ジャービスは,再帰的近代化と省察的学習との関係について,次のように指摘している (Jarvis 1998, pp.62-63)。学習社会は,再帰的近代化がもたらす本質的な事態であり,このような社会では,環境の再帰的変化にいつも対

応するために，すべての人々が新しいことを学ぶよう求められている。しかし，学ぶべき知識の概念それ自体も変化しており，確かで真実性をもつものから，変容的で相対的なものへと姿を変えてきたのである。こうした環境下では，人々は自分の置かれた状況や保有する知識に対して常に省察的にならざるをえない。再帰的近代化における省察的学習は，教師や教育機関から何かを教わるというよりも，一つの生活様式といえるものである。この生活様式とは，本書でいう状況的学習と同様の概念と考えてよい。

ジャービスによる上記の見解は，ギデンズによる「〈再帰的プロジェクト〉としての自己」と類似の状況を想定している。自己を再帰的に見直し――つまり省察し――，変容させていく必要があるという，再帰的近代社会の自己の特徴を表している。ジャービスやギデンズは，自分の行動がもたらす再帰的な結果を受けて自己理解（アイデンティティ獲得）が起こり，それに基づいて次の行動のあり方を省察して実行するという循環的なメカニズムが働くことを指摘している。再帰的近代社会では，そうしたメカニズムが「抽象的な制度・知識からの情報に全面依存」しがちであり，ボランティア活動に参加することによって，「（抽象的でない）具体的な人間関係と活動成果からの反作用」による自己形成が可能となる，というのが本章における「自己／社会形成」仮説の趣旨である。

上記のようなボランティア活動では，ショーンによる科学者の理論と実験との関係が，アイデンティティや世界観と活動との関係に置き換わる。つまり，「自己／社会形成」仮説をもとにすれば，活動結果（社会形成）からの反作用を受けて省察が起こり，アイデンティティと世界観の変容（自己形成），さらには新たな活動の展開につながるというメカニズムが想定可能となる。このような考え方は，第2章の分析枠組の基礎となるものである。

第4節 研究の目的と枠組

1. 先行研究と学習論の整理

これまで述べてきたように，本書では再帰的近代社会における創造型ボラン

ティア活動の意味に着目し，それが〈自己と社会の再帰的変容〉を促進する役割をもっているのではないかと考える。ボランティア活動のこのような側面に焦点をあてて検証を試みた実証的な先行研究はほとんどないため，本書はその限界を超えることをめざすものである。なお，本章で検討してきた先行研究の現状を整理すると，下記のとおりである。

　第1に，社会学の分野（第1節）では，ボランティアの自己アイデンティティが援助対象者からの反作用（はね返り）を受けて再帰的に変容すること，ボランティアの再帰的変容と組織の再帰的変容がつながることは検証されている。しかし，援助対象者や組織の枠を超えて，地域社会やさらに広い世界からの反作用によるボランティアの自己形成までは分析していない。しかも社会学研究では，上記のような自己アイデンティティの変容を学習論として分析することは行っていない。

　第2に，成人学習論の分野のなかで，ボランティアを分析単位とする研究（第2節のアプローチ（C）（D））は次のとおりである。一つには，援助対象者との相互性を通した状況的学習に焦点化したものが多く，社会形成にまで視野を広げて状況的学習を分析した研究はほとんどない。二つには，相互性に焦点をあてた研究において，他者からの反作用を再帰性の概念から明示的に分析しているものはない。三つには，社会形成を扱った研究はあるものの，再帰性の観点が欠如している，自己アイデンティティが役割認識に特化している，といった問題がある。

　第3に，成人学習論の分野のなかで，組織やプロジェクトを分析単位とする研究（第2節のアプローチ（C）（D））については，次のとおりである。一つには，いずれも事例分析から構成されており，包括的な傾向を明らかにしたものはない。二つには，成功事例を学習から社会形成へと一方向的・楽観的に描く傾向が強く，〈参加の陥穽〉論が指摘する新たな支配や排除（あるいはそうした問題の回避）の可能性を考察したものはない。

　第4に，成人学習論のうち，上記以外の研究の現状は次のとおりである。一つには，学習課題・学習内容論が中心だった時代（第2節のアプローチ（A））には，

「住民運動の有する人間形成的機能」が注目されていたにもかかわらず，そのような人間形成（自己形成）の過程に焦点をあてた実証的な研究はほとんど行われなかった。二つには，アンドラゴジー・生涯教育・成人発達論の台頭した時代（同アプローチ（B））には，「個人の学習（非状況的学習）それ自体」の変化に関する研究は行われたものの，それとボランティア活動や自己形成・社会形成との関係についての研究はなかった。三つには，ボランティア以外を分析対象としたアプローチ（C）（D）の研究には，社会形成の視点から明示的に再帰性概念を用いたものはない。

次に，第3節で行った学習論の諸概念の検討結果を整理すると，次のとおりである。

ボランティア活動は，その活動を通して実践コミュニティを生み出すとみなすことができる。ボランティアは，そこでの活動を通して状況的学習を経験し，それによって自らの世界観（意味）を練り上げるとともに，それに応じた自己アイデンティティを獲得する。活動の変遷に応じて世界観は変容し，それにともないアイデンティティもまた移り変わる。世界観やアイデンティティの変容を検討するにあたっては，変容的学習の理論を適用することができる。さらに，〈省察的実践〉の概念を適用すれば，〈自己と社会の再帰的変容〉は「活動結果（社会形成）からの反作用を受けて省察が起こり，世界観とアイデンティティの変容（自己形成），さらには新たな活動と社会形成の展開につながる」というメカニズムとして表現できる。

2. 研究の目的と枠組

これまでの検討内容をふまえ，序で述べた本書のねらいを社会学と成人学習論の概念に立脚して学術用語で表現し，研究目的として再定義すると次のとおりである。「自己／社会形成」仮説に立ち，ボランティア活動が〈自己と社会の再帰的変容〉（つまり，自己の再帰的な変容と社会の再帰的な変容が相互に影響を及ぼしながら進行する過程）を促進する可能性を分析する。その際，とくに状況的学習と非状況的学習の役割に着目し，自己形成と社会形成におけるボランテ

ィア活動の意味を学習論の側面から検討する。

　この目的を達成するため，以下の四つの研究課題（サブテーマ）を設定する。

【研究課題1】社会形成を通したボランティアの自己形成
【研究課題2】学習活動とボランティア活動の連鎖及び自己形成との関係
【研究課題3】NPO活動における学習促進と社会形成との関係
【研究課題4】ボランティア組織による社会教育施設の運営が社会形成に及ぼす影響

　以上の研究課題の相互関係をあらかじめ整理すると，次のようになる。

　研究課題1と2は，個々のボランティアを分析単位とし，主としてボランティア活動が社会形成を通して自己形成に及ぼす影響を分析するものである。このうち，研究課題1では状況的学習，研究課題2では非状況的学習の役割に焦点をあてる。

　〈自己と社会の再帰的変容〉に対するボランティア活動の影響を検討するためには，社会形成に主な関心をおいた分析も不可欠である。その場合の分析単位は，個人というよりは組織がふさわしい。そこで研究課題3と4では，組織を分析単位とし，主として社会形成に焦点をあてた分析を行う。このうち，研究課題3では，ボランティア活動の場を多様に生み出す組織体としてのNPOに着目し，そこでの学習促進と社会形成との関係に焦点をあてる。研究課題4では，そうした社会形成にともなう〈参加の陥穽〉の回避と限界の可能性を考察する。

　各研究課題の内容は，下記のとおりである。なお，各研究課題を分析する章・節及び研究課題間の相互関係を含め，研究の全体枠組を図1-4-1に示す。

【研究課題1】社会形成を通したボランティアの自己形成
　　再帰的近代社会における個人は，抽象的な制度・知識が提供する情報に依存した自己形成に陥りやすい。ボランティア活動は，こうした拘束から個人

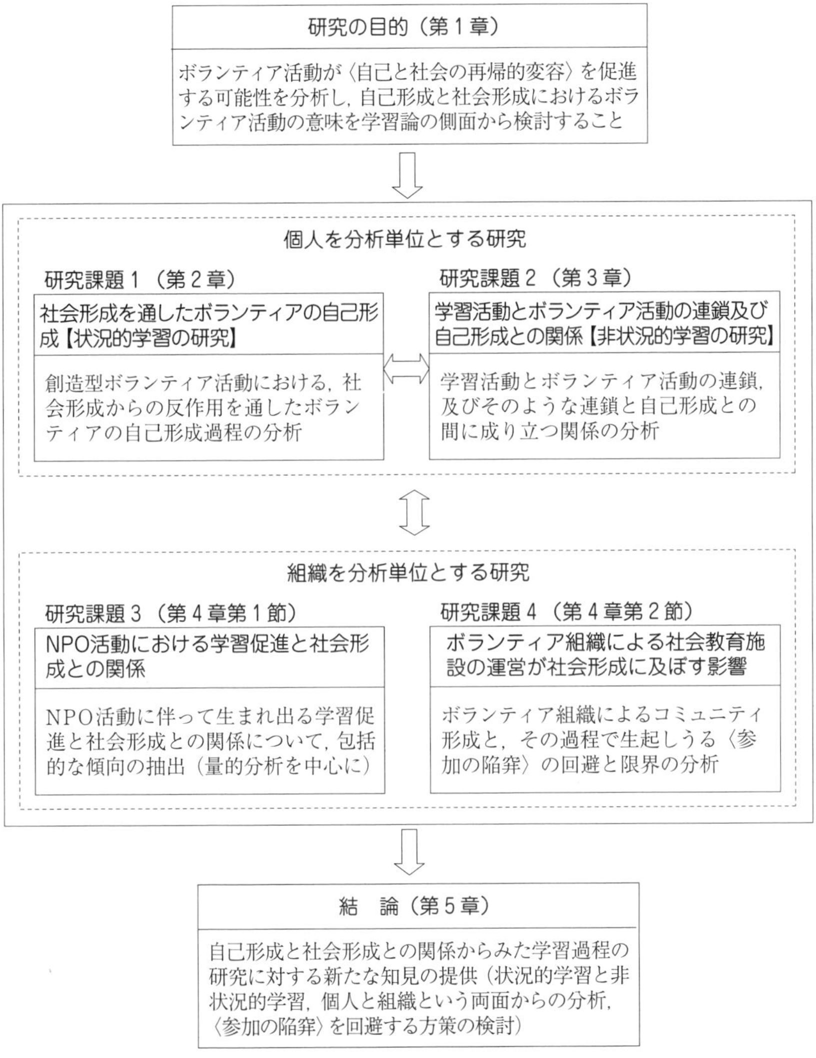

第 4 節　研究の目的と枠組　　59

```
┌─────────────────────────────────────┐
│　　　　　研究の目的（第 1 章）　　　　　│
│　ボランティア活動が〈自己と社会の再帰的変容〉を促進│
│　する可能性を分析し，自己形成と社会形成におけるボラ│
│　ンティア活動の意味を学習論の側面から検討すること　│
└─────────────────────────────────────┘
                   ⇩
┌─────────────────────────────────────────────┐
│　　　　　　　　　個人を分析単位とする研究　　　　　　　　　│
│ ┌──────────────────┐ ┌──────────────────┐ │
│ │　研究課題 1（第 2 章）　　　│ │　研究課題 2（第 3 章）　　　│ │
│ │ 社会形成を通したボランティアの自己形 │ │ 学習活動とボランティア活動の連鎖及び │ │
│ │ 成【状況的学習の研究】　　　　　　　│ │ 自己形成との関係【非状況的学習の研究】│ │
│ │ 創造型ボランティア活動における，社 │ │ 学習活動とボランティア活動の連鎖，│ │
│ │ 会形成からの反作用を通したボラン　⇔ │ 及びそのような連鎖と自己形成との │ │
│ │ ティアの自己形成過程の分析　　　　 │ │ 間に成り立つ関係の分析　　　　　 │ │
│ └──────────────────┘ └──────────────────┘ │
└─────────────────────────────────────────────┘
                   ⇳
┌─────────────────────────────────────────────┐
│　　　　　　　　　組織を分析単位とする研究　　　　　　　　　│
│ ┌──────────────────┐ ┌──────────────────┐ │
│ │　研究課題 3（第 4 章第 1 節）│ │　研究課題 4（第 4 章第 2 節）│ │
│ │ NPO活動における学習促進と社会形 │ │ ボランティア組織による社会教育施 │ │
│ │ 成との関係　　　　　　　　　　　│ │ 設の運営が社会形成に及ぼす影響　│ │
│ │ NPO活動に伴って生まれ出る学習促 │ │ ボランティア組織によるコミュニティ│ │
│ │ 進と社会形成との関係について，包括│ │ 形成と，その過程で生起しうる〈参 │ │
│ │ 的な傾向の抽出（量的分析を中心に）│ │ 加の陥穽〉の回避と限界の分析　　│ │
│ └──────────────────┘ └──────────────────┘ │
└─────────────────────────────────────────────┘
                   ⇩
┌─────────────────────────────────────┐
│　　　　　　　結　論（第 5 章）　　　　　　　│
│　自己形成と社会形成との関係からみた学習過程の│
│　研究に対する新たな知見の提供（状況的学習と非│
│　状況的学習，個人と組織という両面からの分析，│
│　〈参加の陥穽〉を回避する方策の検討）　　　　│
└─────────────────────────────────────┘
```

図 1-4-1　研究の全体枠組

（ボランティア）を解放し，具体的な人間関係と活動成果（社会形成）からの反作用（はね返り）を通して自己形成を促す可能性を秘めている。このような自己形成の過程は，状況的学習に他ならない。しかし，社会形成からの反作用を通したボランティアの自己形成に着目した実証的な先行研究は，ほとんどない。そこで，創造型ボランティア活動を事例としてそのメカニズムを解明するための分析枠組を設定し，主としてボランティアに対するインタビュー調査を通して検証する。

【研究課題2】学習活動とボランティア活動の連鎖及び自己形成との関係
　本章第2節で確認した研究アプローチ（B）では，非状況的学習としての学習活動それ自体の構造に関する研究しか行われなかった。しかし，第2節の冒頭で指摘したように，ボランティア活動による社会創造にとって，非状況的学習による知識等の習得は重要である。そこで，成人アンケート調査の結果を用いて，学習活動とボランティア活動の連鎖，及びそのような連鎖と自己形成との間に成り立つ関係を分析し，非状況的学習の側面からボランティア活動と自己形成との関係についての知見を生み出す。

【研究課題3】NPO活動における学習促進と社会形成との関係
　本章第2節で確認したように，これまでのNPO研究や地域づくり研究の成果は，ボランティア活動が学習促進を通して社会形成を成し遂げる，というメカニズムを示唆している。しかし，いずれも事例研究であることから，個別の傾向の抽出にとどまっている。そこで，これらの先行研究の知見を参考に分析枠組を設定し，NPOを対象とする全国調査のデータを用いて，NPO活動における学習促進と社会形成との関係についての量的分析（一部質的分析）を行い，包括的な傾向を浮き彫りにする。

【研究課題4】ボランティア組織による社会教育施設の運営が社会形成に及ぼす影響

組織を分析単位とする NPO や地域づくりの先行研究は，いずれも成功例を楽観的にとらえ，学習を媒介に社会形成が進展するという一方向性の発達過程を描いている。〈参加の陥穽〉論が指摘する諸問題——つまり新たな支配・選別（疎外）の可能性や，市場・資本主義に起因するコミュニティ形成の限界——に焦点をあて，そのような問題を回避する可能性を考察した実証的な先行研究はない。そこで，本書では公的社会教育施設を運営するボランティア組織の事例分析を行い，その活動が社会形成の一環としてのコミュニティ形成に対して及ぼす効果，及びその過程のなかで〈参加の陥穽〉論を超克する可能性を分析する。

注
1) 日本のボランティア活動を推進する民間組織の双璧といわれてきた，㈳日本青年奉仕協会（2009年解散）と（社福）大阪ボランティア協会の定義によれば，前者（ボランティア白書編集委員会 1995，p.205）は自発性（自立性），無償性（非営利性），公共性（公益性），先駆性（社会開発性），後者（早瀬 2004，p.2）は自発性，社会性・公益性，無償性を基本要素としてあげている。社会学関係の辞書によれば，『教育社会学辞典』ではボランティア活動を「自発的な意志に基づいて，無報酬で行われる広義の社会福祉に関連した援助活動」（柴野 1986，p.796），『新社会学辞典』ではボランティアを「地域社会が直面する問題を解決し予防するために，あるいは社会や地域社会の向上をめざして金品・サービスを無償で提供する人々」（樽川 1993，p.1357）と定義している。なお，上記の「広義の社会福祉」とは，「社会的な幸福つまり社会成員の欲求充足の程度が最も高い状態」（副田 1986，p.427）を指し，環境，国際，教育などあらゆる公共的な領域が想定されている。上記四つの文献は少しずつ表現が異なるものの，土志田が整理した三つの原則をほぼ含んでいるものと理解できる。
2) ボランタリズムの歴史をレビューした西山（2007，pp.50-51）によれば，政府は戦後数年の間に，自発的な参加という衣を着せつつ，共同募金や社会福祉などの民間活動団体を管理統制下におく体制を確立した。したがって，現実の政策としては1960年代に入る以前から「善行奨励・誘導型」が定着していたと考えてよい。
3) 住民運動と市民運動との関係については，包括的な概念としての後者の一環が前者だと考えるのが妥当である。高田（1998，p.161）によれば，市民運動は時代とその担い手によって，平和運動，民主化運動，反公害運動，住民運動，消費者運動，学生運動，対抗文化運動などさまざまな形をとる。
4) 1960～70年代の対抗的な運動が既存の政治・経済・社会の枠組への抵抗や批判に力点をおいたのに対し，1980年代後半以降の運動（活動）は，新しい枠組を「創る」ことに力点をおくものと位置づけることができる。本書では，そのことを強調するた

めに，後者のめざす社会形成を「社会創造」と表記し，そのようなボランティア活動を創造型ボランティア活動と呼んでいる。

5) これらの刊行時期が2000年前後に集中しているのは，1995年の阪神・淡路大震災を契機にその後数年間はボランティア活動への注目度が極端に高かったためである。

6) ギデンズのいう自己アイデンティティとは，「人が自身の生活史（biography）の流れのなかで再帰的に理解する自己」のことであり，「行為主体自らによって，再帰的に解釈される時間的・空間的な継続性をもったもの」(Giddens 1991, p.53) である。

7) 本書では再帰的近代化論をもとに自己アイデンティティのゆらぎを浮き彫りにしているが，ポストモダン論の立場においても，表現は異なるものの同様の見解が提示されている。例えば，アイデンティティの流動性と脱中心化（三上 1993, pp.89-124），多面的・多元的な自我の形成（船津 1998, p.411）といったポストモダン論に特有の言説は，身近な他者や社会集団との関係から安定的な自己アイデンティティを獲得することが困難，という実情の裏返しとみてよい。今田高俊による「現代における自己アイデンティティの不安定さ」の指摘（今田 1998, pp.286-289）も，ギデンズのいう〈再帰的プロジェクト〉としての自己という考え方と共通性が高い。今田によれば，現代人は，絶えず自己を変えていく内的能力，その時々に意味を再編成して自己アイデンティティを再定義しうる能力が求められている。しかも，その再定義の過程は，シミュラークルやハイパーリアリティなど実在と遊離した表象に影響されるため偶然性に支配されやすく，いわばマスタープランなき自己組織化の過程である。ここで，自己組織化とは，システムが環境とのあいだで相互作用を営みつつ，みずからの手でみずからの構造をつくり変えていく性質を総称する概念である。このように，具体性や実在性のない情報をもとに，自己の責任でモニタリングを繰り返して自己アイデンティティを変更していく過程について，ギデンズと今田は別の表現で類似の問題提起をしている。

8) バウマンのいうコミュニティとは，自生的・地縁的なコミュニティである。後述の山口（2004, p.238）の用語でいえば，それは「運命共同体」であり，「選択的共同体」のことではない。

9) ここでの陥穽とは，落とし穴の意味である。中野敏男は，本項（4）で引用している中野（2001）の第3章第1〜4節の初出論文のタイトルを「ボランティア動員型市民社会論の陥穽」（『現代思想』vol.27-5, pp.72-93）としており，政治権力によるボランティア活動の鼓舞を新たな支配の兆しととらえ，これを陥穽（落とし穴）と位置づけて警戒している。本項（4）で紹介する各論者は，いずれも中野と同様に市民参加の負の側面に警鐘を鳴らす立場なので，本書ではこれらの論理を総称して〈参加の陥穽〉論と呼んでいる。

10) 公共空間は"public space"，公共圏は"public sphere"に相当する日本語として使われる。後者の英語は，Habermas (1990) の書名に含まれる"Öffentlichkeit"の英訳である。これと同様の意味を表す概念を，Melucci (1989) は"public space"と表現している。本章では，討論だけでなく実際の諸活動が行われる場や空間を含む概念としては，公共空間のほうがイメージしやすいと考え，先行文献の引用の場合を除きこちらの用語を用いる。

11) 長谷川公一は，本書でいう公共空間を公共圏と呼び，その主な条件を次のように整

理している（長谷川 2003, pp.202-203）。①〈公論形成の場〉〈社会的合意形成の場〉であり，②公共的な関心をもつ人々が集まって，自由で平等な，開かれた対話をつうじて〈公益〉とは何かを討議する場である，③国家や公権力を監視し対抗する批判の場でもある。しかも論議するだけにとどまらずそれに基づいて，④社会的実践が行われ，〈公共性〉と〈共同性〉の価値が実現される場である。これらを通して，⑤同世代及び次世代の公共的な関心が育まれる政治教育と世代継承の場でもある。

12) 論者によって NPO，アソシエーション，社会運動と異なる用語が使われているが，いずれも文脈からみて本書でいうボランティア活動ないしはボランティア組織に相当するので，本章の以下の部分ではすべてボランティア活動，ボランティア組織という表記で統一する。

13) データ分析による研究は，主として量的データに基づく仮説検証型の「実証主義的（positivist）」研究と，主として質的データに基づく仮説生成型の解釈的研究や構築主義的研究などに大別できる（桜井 2002；箕浦 1999；Merriam 訳書 2004）。本書でいう実証研究，あるいは実証的な先行研究とは，それらデータ分析による研究の総称——つまり，上記の「実証主義的」研究のみを指すのではない——であり，理論研究や特定の理念に基づく演繹的な考察の研究と区別するための概念として用いている。

14) 原田隆司は，その後も人間関係からみたボランティア論を追究している（原田 2010）。

15) 学習という概念は，教育社会学や教育心理学に関する辞書においても，広義の意味としては「経験による行動の変容」（井上 1986；東 1977）と定義されており，ここでいう状況的学習はこうした広義の学習の範疇に入るものと考えてよい。

16) この点に関するレビューは，柳沢（1989），社会教育基礎理論研究会（1992, pp.105-112），三輪（2004a）などに詳しい。

17) 藤岡英雄は，この論文以外にも長期間にわたって成人学習の継続・発展をテーマに多様な研究を実践した。その成果は，藤岡（2005），藤岡（2008）にまとめられている。

18) この点についての考察は，田中（2003, pp.13-16）に詳しい。

19) 伊藤るりは，運動の多義性や行為の意味の多元性を強調するメルッチ（Melucci, A.）の「新しい社会運動」論が，「社会運動の人格化」や「英雄的社会運動」という観点から遠く離れ，「（モダンの特徴である）大いなる物語」（進歩，自由，人間解放，社会主義社会建設など）の終焉を説くポストモダン思想にかぎりなく近いと指摘している（伊藤 1993, pp.139-145）。本文における「新しい社会運動」についての鈴木敏正の解釈は，この伊藤の指摘をふまえたものである。

20) 実践コミュニティの概念については，本章第3節の1.を参照。

21) ここでいう事業（enterprises）とは，大規模なものや経済活動に関するものに限らず，何らかの計画に基づいて遂行されるものの総称である。例えば，家族で企画した旅行，友人との共同によるイベント，ボランティア組織の社会的な事業など，すべてを含む。

22) ウェンガーによれば，レパートリーとは日常手順，言語，道具，物事を行う方法，物語，身振り，様式，行為などを指す（Wenger 1998, p.83）。これらは，コミュニティがその存在過程を通じて生み出し，あるいは採用した諸概念を反映したものであり，その実践の重要な部分を構成するに至ったものである。そこには，メンバーが彼らを取り巻く世界について意味ある表明を生み出すための拠り所となる言説や，彼らがメ

ンバーシップの形態とメンバーとしてのアイデンティティを表現するスタイルも含まれる。

23) メジローは，その後の論文 (Mezirow 2003, p.209) のなかでも，準拠枠と同義語として使っている意味パースペクティブの変容 (perspective transformation) について，「これまで抱いていた前提を，より包括的で識別力，浸透性，統合性のあるパースペクティブを許容できるものに変えること」と述べており，本文で示した準拠枠の変容とほぼ同じ趣旨の表現となっている。

24) 準拠枠は，教育社会学で従来から頻用されてきた概念であり，そこでの辞書的な定義は「個人や集団の経験，知覚，解釈を組織化し，一貫したものにする基準を与える態度や価値のシステム。社会的状況における認識や評価や判断の枠組となるものである。」(渡辺 1986, p.458) とされており，メジローによる概念もほぼ同様とみてよい。

25) 本文で引用した1997年の論文では，エスノセントリズムを例にとって説明しており，第1と第2のタイプはエスノセントリズムの強化，第3と第4のタイプはエスノセントリズムからの解放として描かれている。こうした四つのタイプは，1991年に刊行された著書 (Mezirow 1991, pp.93-94) でも提示されており，そこでは同様の学習過程をより一般化した表現で説明している。ただし，当時は観点 (point of view) を意味スキーム (meaning schemes)，精神の習慣 (habit of mind) を意味パースペクティブ (meaning perspective) と表現している。

第2章

社会形成を通したボランティアの自己形成

はじめに：本章の目的と枠組

　本章の目的は，活動成果としての社会形成からの反作用（はね返り）に着目し，再帰性の概念を用いてボランティアの自己形成の過程を分析することである。したがって，ボランティアの学習過程（自己形成）に関する実証的な先行研究のなかでは，社会形成と再帰性の両方に焦点をあてたものが参考となる。しかし，第1章で確認したように，これに該当する先行研究はほとんどない。そこで本章では，第1章で構築した「自己／社会形成」仮説に学習論の諸概念を組み込み，ボランティアの自己形成に関する図2-0-1のような仮説枠組を設定する。これは，以下のように説明することができる。

　第1に，創造型ボランティア活動は独自の社会的使命に応じた公共空間を醸成する。そうした公共空間において，ボランティアは構成員相互の関係に基づく共同の事業実践に参加するとともに，事業実践のさまざまな手法や活動枠組を生み出していく。ウェンガーのいう実践コミュニティの諸次元との関係でいえば，構成員相互の関係は「相互関係を通した参加」，共同の事業実践は「共同で行う事業」，さまざまな手法や活動枠組を生み出すことは「レパートリーの共有」に相当する（第1章第3節1.を参照）。このようにして，創造型ボランティア活動は実践コミュニティを生み出す。

　第2に，活動成果からの反作用（はね返り）を受け，それを契機に省察（ふり返り：reflection）が触発され，それを経て新たな活動に取り組み，またその結果からの反作用が生じる。このように，社会形成に影響を及ぼそうとする一連

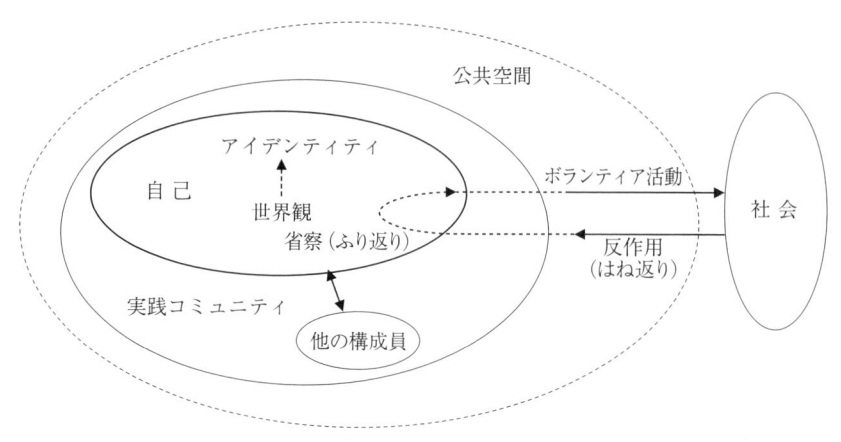

図 2-0-1　〈再帰型学習〉の仮説モデル

のボランティア活動では，反作用とそれを受けた省察が循環的に連なっていく。本書では，こうした現象を〈再帰的循環〉と呼ぶ。

　第3に，活動によって生じる〈再帰的循環〉は，ボランティアの世界観(準拠枠＝意味システム)の変容を促す。世界観(準拠枠)が根本的に変わったときは意識変容と呼ぶにふさわしく，それに伴ってアイデンティティも変容する。

　本章における自己形成とは，上記のような〈再帰的循環〉を経て，新しい世界観とアイデンティティが獲得されること(そのような意識変容)を指すものとする。そして，こうした自己形成の過程は一種の状況的学習とみなせるものであり，そのような状況的学習を本書では〈再帰型学習〉[1]と呼ぶ。

　ただし，〈再帰型学習〉の先行研究はほとんどないため，このテーマに対しては量的調査に基づく仮説検証型の研究よりも，質的調査を用いた解釈的，構築主義的アプローチによる仮説生成型の研究がふさわしい。したがって，本章がめざすのは，図2-0-1で提示した仮説モデルを，より現実に近い精緻なものに高めていくことである。

　データ収集には，インタビューを中心とする質的調査を用いる(一部，簡単なアンケート調査を併用する)。調査は，基本項目を設定しながらも，対話のなかで柔軟に質問内容を再編成していく半構造化インタビューとして行う。半構

造化インタビューは,「その場の状況や回答者の世界観, そして, そのテーマに関する新しい着想に対応しやすくなる」(Merriam 訳書 2004, p.108) といわれており, 本章のように仮説生成型の研究で, しかもボランティアの世界観やアイデンティティを扱う場合に適している。さらに, 被調査者との対話から仮説を練り上げるために,「アクティブ・インタビュー」の方法論に準拠する。アクティブ・インタビューとは, 回答者とインタビュアーのコミュニケーションによって意味が組み立てられ, 協同で知識を構築していくようなインタビューである (Holstein and Gubrium 訳書 2004, p.21)。

以上のように, 本章の分析に用いるインタビュー調査は, 半構造化されたアクティブ・インタビューの形態をとり, それを通して〈再帰型学習〉の構造に関する仮説モデルを精緻化していくことになる。

調査は二つのタイプの非営利組織から協力を得て, それぞれに属する成人ボランティアを対象に行う。一つは, 全国的にも名が知られた大規模な組織である特定非営利活動法人 (以下「NPO 法人」) グラウンドワーク三島を取り上げ, そこでの中心的なメンバーを調査対象とする。いま一つは, 父母を中心とする地域住民が地道に活動する小規模な組織として, 東京都板橋区立蓮根第二小学校「ビオトープをつくろう会」を取り上げ, その中心的なメンバーを調査対象とする。この二つの組織を調査対象とする理由 (本書の趣旨に照らして適格性が高いという裏づけ) については, 各節の冒頭で事例の概要を記述したあとで明記する。

第1節 地域づくり活動を通したボランティアの自己形成
～NPO 法人グラウンドワーク三島の事例研究～

1. 事例の概要と適格性

ここでは, まず事例となった NPO 法人グラウンドワーク三島の概要を述べ, 続いてそれが事例として適格であることを説明する。

(1) NPO 法人グラウンドワーク三島の概要

NPO 法人グラウンドワーク三島 (以下, GW 三島) が活動している三島市 (以

下，自治体ではなく地域としての三島を表現するときは，「三島地域」と表記する）は，1963〜64年に隣接の沼津市，清水町とともに石油コンビナート誘致の阻止運動に成功した先駆的な地域であり，この運動の成功が全国の公害防止運動に力を与えた。このことは，田中（1968），溝田（1971），松原ほか（1971），飯島（1973），宮本（1979）など，当事の住民運動を分析した諸文献に明記されている。したがって，三島地域におけるこの住民運動は，本書でいう対抗型ボランティア活動の典型例といってよい。

　GW三島は，その後における対抗型ボランティア活動の停滞期を経て，1990年代になってから生まれた団体である。創設者の渡辺豊博氏によれば，かつて「水の都」「水網都市」と呼ばれていた三島地域では産業活動の活発化が湧水の減少を招き，それに伴い市民は家庭雑排水の垂れ流しやゴミの投棄などによって川の環境悪化の原因者になってしまった（渡辺 2005, pp.3-4）。停滞期の典型といえるそうした事態を改善しようという目的で，住民・行政・企業の三者のパートナーシップによる環境改善活動，つまり，イギリスで1980年代に始まったグラウンドワークの活動をめざして創設されたのがGW三島である。パートナーシップを中心に据え，新しい地域社会の創造をめざすグラウンドワークの活動は，本書でいう創造型ボランティア活動に相当する。こうして，三島地域には，対抗型ボランティア活動の時代からその停滞期を経て，創造型ボランティア活動の典型であるGW三島が誕生した。この活動は，再帰的近代化における環境面でのリスクを回避するためのボランティア活動と位置づけることができる。

　GW三島は当初，その母体である「三島ゆうすい会」からスタートした（1991年）。その後，他の市民団体との連携組織として，「三島ゆうすい会」を含む8団体によりグラウンドワーク三島実行委員会が設立された（1992年）。それが1999年にNPO法人グラウンドワーク三島となり，現在（2007年時点）では20団体によって構成されている。

　GW三島はこれまでに，汚染された川の景観と自然の再生，絶滅した水中花の復活，荒地化した空き地の公園整備，学校ビオトープの支援など，多様な事

業を展開してきた。そして，各事業で関係諸セクター間のコーディネータ役を担い，上記で述べたように住民・行政・企業によるパートナーシップを推進してきた。

(2) 事例としての適格性

次に，GW 三島が本章の分析における事例として適切であることを，実践コミュニティ，創造型ボランティア活動，公共空間，代表性の観点から示す。

第1に，実践コミュニティという観点である。GW 三島の活動は，実践コミュニティの三つの次元である，①相互関係を通した参加，②共同で行う事業，③レパートリーの共有を満たしている。①についてはワークショップ，勉強会，集団的な作業，飲み会など，相互関係を促す仕掛けがきめ細かく用意されている。②については，そうした相互関係をもとにした共同の事業(川の再生，水中花の復活，空き地の公園整備，学校ビオトープの支援など)が数多く実践されている。③については，ワークショップなど徹底した議論による合意形成の方法，住民・行政・企業のパートナーシップを進めるための枠組，「右手にスコップ，左手に缶ビール」という合言葉など，活動の重要な部分を構成するレパートリーが多く根づいている。

第2に，創造型ボランティア活動という点については，(1)でみたとおりGW 三島はその典型といってよい。しかも，対抗型ボランティア活動とその後の停滞期も典型的に現れているのが三島地域である。したがって，対抗型で全国を先導した三島地域がその後の停滞期を経て，グラウンドワーク方式によって創造型のボランティア活動でも全国を先導するようになったという構図が成り立つ。

第3に，公共空間についてである。当該事業の推進のためにGW 三島がコーディネータとなり，公開性の高いワークショップや具体的な実践を通した議論や試行錯誤が行われ，新しい地域のあり方が提案・実現されてきた。行政や企業とも対等な協力関係が維持され，市民は参加を通して環境や地域づくりを学ぶことができる。このような条件を備えた場は，第1章第1節3.で述べた

公共空間の条件及び同章末の注11)で紹介した長谷川(2003, pp.202-203)の公共圏（公共空間）の定義に，ほぼ合致する。GW三島に参加するボランティアは，こうした公共空間において，他の参加者との相互関係，共同の事業実践，事業実践のさまざまな手法や活動枠組を体験する。

　第4に，代表性については次のとおりである。「地域づくり団体自治大臣表彰」(1996年)，「あしたのまち・くらしづくり活動賞」の内閣総理大臣賞(2006年)など，全国レベルの受賞経験があり，グラウンドワークの活動団体としては日本で代表的な事例である。

　以上のように，GW三島は本章における事例分析の対象組織として適格だと考えてよい。

2．調査の概要
(1) 調査の対象と方法

　今回の調査では，活動の中心的な役割を担っているメンバー（すべてボランティア）を調査対象とした。具体的には，GW三島の事務局を通して調査対象者の紹介を依頼し，調査協力が可能な中心的スタッフとして，コアスタッフ(8名)，それに準ずるスタッフ(2名)，アドバイザー(3名)を紹介してもらった。そのうち，実際に承諾の得られたコアスタッフ6名，スタッフ2名，アドバイザー3名に対してインタビュー調査を行った。調査対象者は，表2-1-1に示すとおりである。Dさん(1995年より参加)を除き，全員がGW三島の設立当初から活動してきたメンバーである。

　インタビューは，半構造化されたアクティブ・インタビューの形態をとった（用語の説明は，本章「はじめに」参照）。インタビューの時間は各人につき1時間30分前後であった。インタビュー調査の結果はすべてICレコーダに録音し，トランスクリプトに起こしたうえで，自己形成に関わる内容を中心に各人が語った内容の要旨を作成した。本節では，それをもとに自己形成の分析を行う。

第1節 地域づくり活動を通したボランティアの自己形成　71

表 2-1-1　調査対象者の一覧（グラウンドワーク三島）

	年齢・性別	職業	役割	調査日時
A	70代前半・女	薬剤師	コアスタッフ	2007.8. 4　13:00～
B	50代前半・男	地元企業社長	スタッフ	2007.8. 4　15:00～
C	50代後半・男	私立美術館長	スタッフ	2007.8. 4　17:00～
D	50代前半・男	大学教員	アドバイザー	2007.8.10　13:00～
E	60代後半・男	市議会議員	コアスタッフ	2007.8.10　15:00～
F	60代後半・男	元大手企業静岡支店長	コアスタッフ	2007.8.12　 9:00～
G	50代後半・男	地元企業社長	コアスタッフ	2007.8.12　11:00～
H	60代前半・男	建築設計事務所長	アドバイザー	2007.8.14　16:00～
I	60代前半・男	コンサルタント	アドバイザー	2007.8.14　17:30～
J	60代前半・女	元小学校教諭	コアスタッフ	2007.8.20　10:00～
K	50代前半・男	寝具店主	コアスタッフ	2007.8.20　13:30～

（注）GW三島では，組織体制上は事業推進の中核となるコアスタッフ，各事業の実施段階でリーダー的な役割を担うスタッフに分かれている。しかし，実際にはコアスタッフかスタッフかにかかわらず，事業の性格と本人の適性に応じて役割を柔軟に分担している。表にあげたコアスタッフならびにスタッフは，いずれも各事業の実施段階でリーダー的な役割を担ってきた人たちである。アドバイザーというのは，専門的な知識を持ちながらGW三島の活動に参加している人たちのことであり，プロジェクトごとに必要に応じて専門的な知識の提供を行う。

(2) 調査項目

インタビュー調査の基本的な項目は，下記のとおりである。ただし，半構造化インタビューの性格から，その場で質問項目の修正・追加・削除を適宜行うとともに，毎回のインタビューの反省から項目修正を繰り返し行った。

・活動の概要：参加のきっかけと活動経験，現在の役割と活動
・活動の成果：よかったこと，学んだこと，自分がどのように変わったか，自分にとってのGW三島，GW三島にとっての自分
・今後の展望：これからやってみたいこと，自分自身及びGW三島の課題など

3. 調査の結果

本章の冒頭に述べたように，本書では，世界観が根本的に変わることを意識変容とみなす。そのような基準に照らしたとき，AさんとEさんの語りのな

かでは，GW三島の活動を通した意識変容に相当することが表明されなかった。Iさんの場合は，仕事への好影響を語ってくれたものの，それは主にビジネス上のメリットであり，本書でいう意識変容に相当する変化は語られなかった。本項では，それ以外の対象者について，自己形成に関わる語りの内容の要旨を下記に整理する。語りのなかにある〔　〕の記述は，語りの意味が正確に伝わるよう，前後の文脈や本人の補足説明から判断して筆者が挿入したものである。なお，【　】の記述は，語りの途中でインタビュアーである筆者が投げかけた質問である。

① Bさん

本業の建設業で培ったノウハウを生かして，植樹や造成作業の統括，そこに参加する市民ボランティアへの指導などを担当している。

Bさんによれば，常に難しい課題が忙しいスケジュールで本部から降ってくる。例えば，川原の自然再生事業で，「明日までに350本の木を植える場所を作ってくれと。機械を持って行ったが，草ぼうぼうで固くて土が掘れない。明日木を植えに来るんだから今日しかないというのでご飯も食べないでやってセーフ」といった状況が度々おこる。「〔本部から〕いろんなネタをわけわからなくいっぱい出して」くるので，「その中で試行錯誤を常にしなければならない」そうである。こうした現状について，Bさんはボランティア事業でありながらも「仕事より厳しい」と表現する。

しかし，そのような苦しみをそのつど乗り越えることが，自分の満足につながるのであり，それは本業では得られないことだという。例えば，「物を作って完成させる」こと，「子どもたちが本当に喜んで」くれること，「木が生長してそこが憩いの場所に」なることなどが喜びとなる。「できる人もできない人も一緒げにして何とか物を作っていく」ということも，仕事ではなくボランティアの世界ならではの良さだという。作業のときに，例えば半ズボンとサンダルで参加するボランティアに厳しく注意するということなどは，本業ではありえない。そうした一見非効率的な営みは，別の側面からみれば能力に関係なく

多様な人々が平等に参加できる活動であり，そのような共同的な活動のなかに喜びがあるという。

さらにBさんは，植樹や造成作業におけるさまざまなノウハウをボランティアに教えていくということ，そのために自分も勉強するという「学び－教える」循環に生きがいを覚える。「そういうものを一つ一つ教えていきたいなあ。自分も教えながら，いろんな雑誌を見ていろんな情報を仕入れ，また教えていくという形をとります。人にものを教えるって自分で一生懸命勉強しないと教えられませんね」と語った。

このように，活動を通して人と「出会えることが嬉しい」，「〔相互に影響し，影響され〕お互いさまのなかで回っている」という感じだという。そして，活動経験を積むなかで仲間意識が強くなり，メンバーが病気のときに見舞う，生活上の情報交換を行うなど，さまざまなつながりができてくるという。また，Bさんは，趣味のサークルなどでのつながりは自分の喜びにとどまるが，グラウンドワークは「地域に還元していく」活動であり，「人に影響を与えていく」活動なので，こちらのつながりのほうが「絶対的にいい」と断言する。後述「幸せのスパイラル」に表現されているように，活動成果の多くが地域から「肯定」的に受け止められていることが，励みになっているようである。

Bさんは，大人同士のみならず，高校生など次世代の若い人たちとのつながりも大切にするようになった。グラウンドワークの活動を通して，「地域にうるさいおやじがいたり，世話焼きのおばさんがいたり，いろんなコミュニティができて」いて，かつての地域社会のように「当たり前にみんながやっていた」世代間のコミュニケーションが実現できている。そのことが，一つの喜びとなっている。実際のところ，高校生の話を聞くとともに人生助言をした経験を語るときのBさんの表情は，とても明るかった。

以上のような活動を通して，自分が日々変わっていることを感じるという。本人はそれを「幸せのスパイラル」と呼び，次のように表現する。

　　一生懸命何かやれればお金がなくても幸せ。(中略)【GW三島の活動で

幸せ感が広がってきたという感じがしますか？ 2)】それはしますね。当然。（中略）だいたいは肯定されていい状態になってきているんですね。（中略）ありがとうだとか言われたりですね，地域がよくなったよとか，もう歴然と変わってくるもんですからね。それが年数をかけてやっているとどんどん変わってくるじゃないですか。それは子どもの成長と同じなんですね。（中略）幸せのスパイラル。きっとそういうことだと思いますね。確実に，そうでないと今にたどり着けませんものね。急にここになんて来れないですもんね。階段上って一つずつしか来ないですね。2段，3段も飛べないと思うんですよ。

　成果が肯定的に評価され，それを励みに次の活動に取り組んでまた成果をあげる。それが評価されて次の取組みへ……。こうして，地域社会の改善と本人の幸せ感が相互に影響を及ぼしながら段階的に広がっていく。Bさんは，そのメカニズムを「幸せのスパイラル」と表現した。このような認識は，長年のボランティア活動を通して生まれたものだとし，「ボランティア活動が自分をつくってくれた」という。会社の仕事だけだと「もっと利益追求」していたと語るBさんである。

② Cさん

　源兵衛川の清掃活動の取りまとめ，GW三島への視察者に対する現地案内が主な役割である。とくに，源兵衛川の清掃は中心的な立場で，ほとんど毎月15年間続けている。Cさんがめざすのは「三島のブランド化〔三島市がすばらしい地域になること〕」であり，源兵衛川をきれいにすることは，そうした目標を達成するために重要な位置を占めている。

　ゴミだらけであった源兵衛川をきれいにしようと立ち上がった15年前，周囲からは「こんなに死んだ川はよみがえらないよ」「やめたほうがいいよ」と言われたという。それだけに，ゴミ拾いに参加してくれた人には，「自力でやった」とか「面白かった」という実感をもってもらわないと活動が続かないと思い，そのための演出に苦労した。今でも，活動への参加者には「やってよか

った」という充実感を感じてもらうよう、いつも悩んでいる。ともあれ、当時は拾った分だけはきれいになるから、とにかく拾い続けた。

　もう一つの役割である視察対応についても、相手のレベルや関心に合わせて話す内容や案内の仕方を変える工夫をしているという。相手がボランティアであろうと、視察者であろうと、参加者のニーズや充実感を常に考えて役割を果たそうとしている様子がわかる。

　さて、源兵衛川については、清掃活動が3年過ぎたころから「画期的に」変わり、5年過ぎたら「一気に」変わったという。つまり、5年目までは見向きもしなかった人たちが、「体験したいとか、やりたいとか」言うようになり、ゴミを捨てる人も減ってきた。こうした経験から、Cさんは「人間の心を変えるには風景を変えるしかない」「説得では人間は動かない」とつくづく感じた。

　このような成功体験から、Cさんは「世界が変わって広がった」という感覚をもつことができたという。言い換えると、「世の中捨てたもんじゃない」ということである。源兵衛川の清掃を始める前は商店街の活性化に取り組んでおり、その時はなかなか地域社会が動いてくれない世の中の現実に絶望していた。しかし、源兵衛川をきれいにする活動は15年で成功し、上記の思いに至ることができたという。同時に、次のような認識をもつこともできた。

　　【Cさんご自身の人間関係が広がった感じもありますか？】正直、広がりました。広がりました。ええ。【それがご自身の成長にもつながったと思えますか？】自分自身は気がつかないけど、多分そうなっていると思います。自分自身はあんまり変わっていないと思っているけれど、多分変わっていると思いますね。やっぱりその人間っていうのは信頼するに足るなっていう。

　このように、Cさんは人間関係の広がりと人への信頼感が自分のなかで育ったことを感じている。それは、今の職業生活にも生きているとのことである。前述の「世界が変わって広がった」「世の中捨てたもんじゃない」という表現は、

このような自分のなかでの変化を表したものである。

　こうして，「三島のブランド化」の一環としての源兵衛川の清掃が15年で成功したことから，「まだまだやれるな」という感じをもっているという。次の新たな展開をどのように進めるか，現在では模索中である。

　なお，5年前につくった「湧水マップ」という地図は，子どもたちと一緒に調査した成果物である。Cさんは，三島が子どもたちの利用する街になってほしいと願っている。親は何事にも「構えてしまう」のに対し，子どもは「裸の目」で見るし，「子どもに引きずられて親が変わるって感じ」だという。「三島のブランド化」に向けて，子どもたちへの期待を膨らませているようである。

③ Dさん

　Dさんは，もともと昆虫の調査・研究が専門である。源兵衛川の下流における生物調査の依頼を受けたのが発端で，それ以来アドバイザーとしてGW三島に関わっている。現在は，自然観察会の計画づくりや講師選定などの助言，GW三島の事業対象地における生態系や生物の調査を担当するほか，自分自身でも自然観察の講師を務める。

　GW三島に関わるようになって，元々の専門である昆虫の調査・研究からみれば「外」にあたる部分が広がってきたとのことで，次のように語ってくれた。

> 〔私は〕もともと「虫屋」なんですよね。(中略) 自分が趣味で写真を撮ったり昆虫に関してやっていたわけですけれども，昆虫だけでなくその周りの自然環境も含めて入ってきて……。(中略) そうすると今度は環境の再生まで入ってきて，そうすると今度は人との関わりに入ってきますよね。(中略) 世界が広がったんじゃないでしょうか。そういう意味ではよかったと思います。

　Dさんは，もともとの専門の関係から虫のことは得意であった。しかし，GW三島に関わるようになってからは，上記のように自然環境や生態系全体，さらにそれを再生するための方向についての助言が求められるようになったと

第1節 地域づくり活動を通したボランティアの自己形成

いう。そのため,「虫だけやって話してたんじゃすまないよ」とわかり,自分なりに勉強して幅広い知識を身につけたそうだ。そのような努力の結果,最近では「以前に比べると〔それらについても〕自分のものとして話せるようになったかな」と思えるそうである。

　子どもたちを対象に自然案内の講師を務めるようになったことも,世界の広がりの一部である。もともと子ども相手が得意でなかったDさんは,ビオトープをつくった保育園で毎月自然を見せて園児を案内するようになってから,「〔当初はどうしようかと思ったけれど〕子どもに対する関心のもたせ方とか,説明のしかたに慣れてきた」「子どもに対する接し方が多分変わってきた」という。このように,小さい子にも自然案内の対象を広げることができた——つまり対象者の底辺が広がった——ことは,よかったと思えるそうである。

　ところで,子どもたちを相手にしているうちに,「小さい子だからこそ生半可なことで教えるのって,いけないんじゃないか」と考えるようになったという。その背景には,次のような経験がある。イネ科の植物について教えたことを子どもたちがよく理解していて,自主的に観察した結果を後日報告にきたそうで,「本当にちっちゃい子ってすごいな」と思ったそうである。Dさんは,今の子どもたちにこそ環境を守っていく役割を期待したいと考えている。環境保全の活動を「引き継いでくれる世代がないと,ちょっと困るなあと思う」からこそ,子どもたちにがんばってもらいたいと思うDさんである。

　Dさんは当初,自分の活動や意識が昆虫だけの世界を超えてこのように広がってきたことについて,「何か専門外の部分が広がっちゃった」という,やや残念な印象があったという。しかし,今では大学でそのような部分を教える立場になったこともあり,上記のように世界が広がってよかったと思えるようになったという。一方で,「以前に比べたら,一番専門の部分に関われる時間が少なくなってきた」とのことで,「なんかこれ複雑な気分なんですけど」と語る。それでも,GW三島で活動してきたことによって,「思いがけない方向に広がっていって,今のようなおっきな世界になったことが,やっぱり一番良かったんじゃないか」と思えるそうである。

最後に，Dさんは，アドバイザーとしてGW三島に関わっている以上，「〔この団体のなかに〕あんまりどっぷりはつかっていない」し，「お抱えみたいになって言うことが言えないとまずい」と感じている。その点では，メンバー間のつながりやコミュニティ感覚に喜びを見出しているスタッフたちとは，一線を画している。GW三島が「環境」分野で公共空間を醸し出そうとするにあたり，それをより開かれた中立性の高いものとするための専門的な支えとなっているといえよう。

④ Fさん

「建設業として水との闘いに明け暮れた人生の償いとして，これからの人生は水との共生にあり，我々が破壊した自然を蘇生することにあると思います。これが，私がGW三島に打ち込む想いと気持ちです」。大手建設会社で活躍してきたFさんは，活動に取り組む気持ちをこのように表現してきた。GW三島では，仕事で鍛え上げた土木技術や企画・立案能力などを生かし，各種のプロジェクトの責任者となる機会が多かった。

　Fさんは，GW三島で発生する反作用と省察のメカニズムを，次のように説明する。

　　　成果といっても，ただ市民が喜んでくれるだけじゃだめなんだよね。(中略)こんなふうに我々が一所懸命やっているんだっていうことを新聞に出してくれるっていうことが，会社もそうだし，個人のそれぞれのプライドっていうものをね，ものすごい士気が出る。(中略)新聞の力が我々人間をも変えてしまう。(中略)みんなして議論していかないと新しいことは出ないんですよ。自分ひとりでは。それが一つのまた，一杯飲む酒の肴として議論する，これが非常にGWのいいところじゃないですか。

　つまり，活動の成果が新聞やマスメディアで報道されるという社会的評価(反作用)が励みになり，さらに質の高い活動を実現しようと，みんなで議論する。時には，酒を飲みながら，そのような議論をする。こうした「集団型」の省察

から生まれたアイデアが次の活動の展開につながり，また報道されてやる気が高揚する，という循環である。Ｆさんによれば，「誰もやっていないことを『いの一番』でやる。まねなんか駄目だと。そうするとみんなして一所懸命考えるじゃないですか。それが一番ね，活性化というの」につながる原動力だというのである。

こうした循環のなかでＦさんが得たことは，地元のネットワークであり，地域で支えあう友だちや地域における自分の憩いの場であった。かつてバリバリのビジネスマンであったＦさんがＧＷ三島の活動を経て到達したのは，「地域の井戸端会議が大事」「地域なくして，我々一人では生活できない」という認識である。企業人から地域人への大転換を成し遂げたＦさんは，ＧＷをやったから地域に密着できて「幸せだった，やってよかった」としみじみ語る。そして，次のようなささやかなエピソードを，嬉しそうに述べてくれるのであった。

　　知り合いが家の裏口通ったときに「どう？　おばさん元気でやってる」なんて一言。たくあんでもね，ちょっともらったから持ってきたよ，食べなよなんてね。やっぱり，このコミュニケーションをね，復活させにゃいかんと思うんだよね。

しかし，Ｆさんにとって，会社と完全に切り離した別世界の活動としてＧＷがあるわけではない。ＧＷで活躍できたのは，会社で培った土木技術，企画力，組織運営ノウハウなどが備わっていたからだという。そして逆に，ＧＷでの活動が会社の仕事に寄与した。例えば，ＧＷで学んだワークショップの手法は，Ｆさんの仕事の力量を向上させた。環境改善の活動をやっているということで，社内の特別社長賞を受賞し，「ボランティアのことならＦさん」という地位が固まった。さらに，社内で責任ある役職に就いていたＦさんの影響で，社員が地元でボランティア活動を行うようになったとのことである。「ＧＷが自分の仕事の面についても人間的な面についても，広がりを与えてくれた」と語る

Fさんである。いわば，会社の仕事とGWの活動が循環的に発展したといえるだろう。

⑤ Gさん

源兵衛川の清掃，梅花藻(ばいかも)の里づくり，境川・清住緑地の整備などの活動に順次参加してきた。水車を市民で作る活動にも参加し，「物づくりの楽しさを知ることができた」という。のこぎり使いなどの基本をプロに教わりながら素人がみんなで取り組んだこの水車づくりは，Gさんにとって非常に印象深いものであり，これがGW活動に対する参加の原点となっているとのことである。

Gさんによれば，一つの事業が終了する区切りごとに達成感や生きがいが生まれるとのことで，「一つ一つのね，やっぱり仕上げるってことは，達成感ってのを感じます。まあ，生きがいっていうんですかねえ」と述べる。同時に，作業における参加者同士の関係がとてもよかったという。例えば，「いろんな方と知り合うことができ，みんなで汗を流してビールを飲むという，終わったあとの清々しさ」「自分だけがよければいいっていうことではなくて，みんなが一緒にやることによって元気になるということを学びました」「協力してやるってことが，楽しくなるってことをね，苦痛でなくてね」「お互いの信頼関係というのは，ほんとにできますね」と語る。こうした経験は，地域における人々のつながりの重要性に関する認識の深まりを促し，Gさんはボランティア活動がそうしたつながりのきっかけを与えてくれるのだと思うようになった。

> 我々の子ども時代には，隣近所はよく知ってたわけですよね。で，何かあると助け合うという村意識みたいなものがあったんですけど，ここ何十年の間に無くなってしまって，隣に住んでいる人とも疎遠になってしまった。ボランティアが一つのそういうコミュニティづくりに大切なものになってきたんだなあ，地域っていうものが一つの大事な要素になってきたなーと〔感じます〕。

GWが参加者の生きがいとつながりを生み，それを通して地域活性化に貢献

してきた，という過程を経験的に理解しているGさんは，今後は現住地の沼津市でもこのようなGW方式で地域づくりに取り組みたいという。「学んできたことを，今度は地域にお返ししていく」「隣近所がね，やっぱり助け合っていく」「地域全体のコミュニケーションが必要」「地域が元気になるGW方式」「仲間とね，みんなでやる，みんなでやればできるんじゃないか」と語るGさんには，GW三島での成功体験が大きな自信となっており，地域住民の協力関係による地域づくりに対して希望がもてるようである。

ところで，Gさんにとって，GWの活動は仕事の苦しみから解放してくれる貴重な場でもあったそうで，しみじみと次のように語ってくれた。

> 今までは仕事だけだったものが，ボランティア活動をやることによって，やっぱり心のゆとりっていうんですか。そういうものが〔生まれました〕。(中略) 仕事がもし万が一行き詰まっても，〔通常は〕逃げ場がないっていうか……。わたしにとってはそういう逃げ場，GWが一つの逃げ場になりました。

以上のように，物づくりの楽しさ，活動ごとの成功からくる生きがい，地域における人々とのつながりの重要性，仕事の苦しみからの解放といった諸経験から，GW方式のよさを広めていきたいと強く願うGさんである。

⑥ Hさん

Hさんは，自分が手伝っていたコンサルタント会社に源兵衛川の仕事の話がきて，その担当を引き受けたことからGW三島にアドバイザーとして関わることになった。現在では，GW三島の理事も務めている。

もともと建築の構造計算を中心とするハードの分野が専門であったが，まちづくりなどのソフトな設計・計画の分野に自分の専門を移行させたとのことである。上記の源兵衛川の設計に取り組んだのは，リゾート計画をはじめいくつかのまちづくり計画の仕事を経験したあとであった。このプロジェクトが終了したとき，地元の人々にとって「やっぱりこの自然は地元のものだとか，我々

のものだとか,子孫に引き継いでいかなくちゃいけない」という意識が必要だと思ったとのことである。その後,清住緑地の自然再生の設計を住民参加で行うことになり,そのワークショップのコーディネータを引き受けることになった。Hさんによれば,「この清住緑地で住民参加の本当の意味を知った」そうである。

このプロジェクトは,当時の新河川法の趣旨に基づき,住民参画による河川生態系の復元と,住民の協力による維持管理を条件として行われるものであった。設計のためのワークショップが始まると,行政としては4トンのトラックが入るための舗装道路が必要と主張し,一方で住民は湿地を中心とする自然豊かな緑地に舗装道路は不要と反発し,両者が対立した。そのとき,コーディネータのHさんが住民側に投げかけた言葉に対する住民たちの反応が,いかに感動的であったかを次のように語ってくれた。

> 住民の側で何か対案を出すことが必要なんじゃないかって〔私が〕言ったら,〔住民が〕じゃ,自分たちが維持管理の作業をボランティアでやるって言い出したんですよ。だから,その4メーターの舗装道路は造らないでくれと。掃除もする,草刈りもわたしらがやるから,って言ったんですよ。それはすごいことでしたよ。驚いたよ,わたしもね。(中略)実はそういう方向にもっていけたらいいなと思っていたんです。そしたら,本当にそのとおりになった。感動的でした。だから住民合意というか,合意形成っていうのはこういうものなんだなあということを,そのとき実感しましたね。

源兵衛川のプロジェクトで感じた「自然は地元のもの,子孫に引き継ぐもの」という住民意識の必要性は,この清住緑地での経験を通してますます感じるようになったという。そして,清住緑地での成功によって,人と人をつなぐためコーディネータの役割に対して自信がついたとのことである。

こうして,GWの活動を支援することで人や組織をつなぐノウハウを蓄積し

たHさんは，自然環境や自然再生の知識を蓄積するために，GW三島とは別の団体であるNPO法人自然環境復元協会の活動にも理事として参加している。同協会が一番問題にしているのは，荒廃した日本の森林の再生だそうである。「つなげるタイプ」のGW三島と自然再生を根本から考えるNPO法人自然環境復元協会という，両方の活動に参加することによって，Hさんは「自然環境は人のつながりがなければ守ることはできない」と考えるに至った。

さらに進んで，「生態系の一部として人間もどう身を処したらいいのか」を真剣に考えるようになり，自分の生活もそれに適合したものにしたいという。例えば，「〔日本の〕森林をどう再生していくかというテーマ」をもちながら「田舎暮らしをしてみたい」ということを考えている。いわば，日本のあり方とそのなかでの自分自身のライフスタイルがつながった生き方である。このような到達点は，上記の「つなげるタイプの活動」と自然再生を根本から考える活動が，Hさんのなかで相乗効果を生んだ結果とみることができる。

⑦ Jさん

理事として組織全体のまとめ役であるほか，各種講演会の講師，視察対応，他地域の事例調査，行政との折衝など，GW三島の代表や窓口としての役割も担っている。そのほか，『三島アメニティ大百科』や，GW三島の構成団体の一つである「グローバル文化交流協会」が発行する各種雑誌・出版物の編集責任を負ってきた。このような活動のなかで，GW三島内外の人間関係が豊富に蓄積されている。とくに，『三島アメニティ大百科』の編集を通して形成した人間関係は，その後の活動に影響したものが多いとのことである。

Jさんは，このような多様な活動のなかで，自分や活動をふり返ることが多いという。例えば，講演の講師や会の代表として外部の人々に話をするとき，自分たちのやってきたことが何であったのかをふり返る。行政との関係においては，相手の反応（反作用）に応じた試行錯誤のなかで，常にふり返りながらコミュニケーションをとっていく。活動のなかで発生するトラブル（反作用）に対しても，当然ふり返りながら「いい形の処理」ができるよう工夫していく。それらを通して「視野が広くなった」と感じているとのことである。

次のような経験もある。韓国からの視察のフォローとして相手国の梅花藻を見たとき，三島の梅花藻との違いに驚き，三島における新たな活動の方策に想いを馳せた。つまり，韓国がGW三島のホームページを見て刺激されて視察にやってきたが，そこから交流しているうちにこちらも刺激を受けて（反作用），活動のあり方を新たな視点から見直すことができた（省察）ということである。

ところで，Jさんは，先人の知恵を次世代につなぐことが大切と考えている。GW三島が発足する伏線としては，すでに三島の水の環境を考えるための記録映画「わが街三島（1977年の証言）」を制作した三島市民サロンの活動があり，それを受け継いでGW三島が発足したという。『三島アメニティ大百科』の編集では，地元の先人たちの考えや活動を調べて大百科に盛り込む作業を行ったが，その過程で「先進的な夢を昔の方々ももってらっしゃったな」と強く感じたそうである。そこで，Jさんとしては，できるだけ子どもたちの参加を促す活動を多くし，「子どもたちへのその何でしょう，メッセージというんでしょうか，バトンを渡すっていうか，（中略）今の子どもが成人になったときに，GW三島で学んだことがその後の考え方にプラスになっていくといい」と考えている。

以上の活動を通して，JさんはGW三島の運営に関し，何かが起こってもきっと「何とかなる」という，いわば達観の境地に入ることができたという。具体的には次のように語っている。

> この会として，GWとして，「どうするんだろうなー」ってなったときにも何とかなってきちゃっているんですよ。その「何とかなる」っていうところを，大丈夫「何とかなる」って本当に思い込んでしまっている自分っていうのかなあ，安心しきっているところ，いよいよとなれば何とか，あの人にいえば何とかなるかな，この人に頼めば何とかなるかな，みたいな，そこが大きい意味での学びっていえば学びかな。【成果や困難などの経験から，そのように思えるようになったということでしょうか？】そうですね。

Jさんは、「私にとって一言でいうと、GW三島っていうのは、まあ自分にとっての学びの場だ」と思っている。それは、活動経験を通して上記のように認識できるようになったということだそうである。このような達観を支えているのは、メンバーとの強い信頼関係である。その証拠に、Jさんの語りのなかには、「いて居心地がいい」「誰に会っても『やあ』っていう感じ」「会うのが楽しみ」「一緒にいれば刺激を受けられる」「みんなが生き生きできるにはって〔思っている〕」など、それを象徴する言葉が次々と出てくる。

　以上のように、会の人間関係のなかで支えられながら活動できるに至った過程を、Jさんは明確に語ってくれた。

⑧ Kさん

　三島青年会議所の役員のときに参加しはじめ、主に学校ビオトープのコーディネータを務めている。他の事業については「時間があれば顔を出す程度」であり、「学校ビオトープはKさんに任せておけ」といわれるほど、学校ビオトープ事業で中心的な役割を担っている。小学校を皮切りに、これまで小学校2校、高等学校1校、保育園1園でビオトープづくりを行った。このうち保育園は、2007年度の全国学校ビオトープ・コンクールでドイツ大使館賞を受賞した。

　ただ、Kさんは、もともとビオトープを知っていたわけではなく、生物に興味があったわけでもない。そこで、1校目は「学校ビオトープって何だろうね、っていうところから〔先生と〕お互い出発した」とのことである。ともあれ、専門家の協力を得て、PTAや先生、子どもたちに説明してもらったりしながら、ビオトープを理解するための学習に1年を費やした。2年目ぐらいから、子どもたちに「どんな池がいい？」などと聞きながら絵をかかせたり、ワークショップを行ったりして造成したという。

　実際にビオトープが完成すると、「子どもたちの目の色が変わってきますので、そういうのを見てるのは楽しいことですよね」と語る。そのため、「〔他の学校から〕もしそういう話があれば、じゃあもう1回がんばってみようかなと思うのは、〔すでに完成した学校の〕みんなが喜んでいる姿が後押ししている」ためかもしれないと感じたそうである。Kさんの場合、マスメディアで紹介され

るなどの社会的評価よりも，目の前の子どもたちが喜んでくれることが励みになるとのことである。

　1校目でビオトープが完成したとき，「〔マスメディアで伝えられる暗いイメージとは異なり〕実際の，もうほんとに，99.9％の子どもやその親はすごい健全というか，いい子どもや家庭だよっていうのを再認識」したとのことである。このように語るときのKさんは，嬉しそうであった。さらに，ビオトープ作業をしている父親を感心して見ていた子どもがそのことを感想文に書いたこともあり，「親子でこういう作業をすることって，すごい大事だなって」思ったそうである。こうして，Kさんは，プラスイメージの子ども観をもつようになるとともに，親子で参加するビオトープ活動の意味を強く理解した。それが，次の学校への取組みに自信となっていったそうである。つまり，子どもや親への信頼感がもてたので，「新しい学校でも心配しなくてもいい，何とかなる，できないことはない」と思えるようになった。

　以上のように，子どもの喜ぶ姿や子ども・親への信頼感を支えに，2校目以降の学校ビオトープに取り組み，現在までに4校でビオトープの造成や維持管理を手伝ってきた。1校行うごとに経験を積むため，造成の面とコーディネーションの面の両方で「だんだんやり方はうまくなる」とのことである。

　学校ビオトープのコーディネータとして役割を果たすなかで，Kさんは人間関係が広がったという。それは，次にあげるように「人的な財産」「心の財産」と表現できるものだという。

　　【人間関係が広がったということはありますか？】ええ，それはあります。それが一番ですかね。(中略)新しいことをしようと思ったときには，相談に乗ってもらう人とか，声をかけられる人が，当然増えますよね。だから，そういう意味で人的な財産かな。ただそれは，人間関係を利用してあんなことができるとか，こんなことができるとか，そういう意味ではなくて，たくさん本を読んだから何だっていうのと一緒で，自分へのただ財産，心の財産，人的な財産とかそんな感じですね。

仕事との関係については，次のように語ってくれた。ビオトープづくりのやり方がうまくなるにつれて，本業（寝具店）での仕事の段取りや調整力が向上した。また，商品の材質としては，「長く使えて〔化学繊維ではなく〕最終的には土に返るようなものを売っていきたいというか，〔顧客に〕勧めていきたい」と思うようになったそうである。一方で，職業人がボランティア活動としてGWなどに関わる場合，どうしても経済基盤のゆとりが必要である。Kさんも「景気がよくなってくれるとこういう活動にも出やすいけど，なかなか本業のほうがしっかりうまくいってないと，どうしても遠ざかっちゃいますよね」と語っている。ボランティア活動が，経済環境に影響されやすい事実を端的に指摘する発言である。

4. スタッフの自己形成の特徴

3.であげた語りの要旨から，スタッフ（コアスタッフを含む）とアドバイザーの自己形成には違いが見出されたため，自己形成の特徴の分析は，それぞれについて行う。本項ではスタッフ，次項ではアドバイザーの分析結果を述べる。

(1) 再帰性からみた自己形成の過程

はじめに，〈再帰的循環〉の観点からスタッフの自己形成の過程をとらえる。

Bさんは，自分自身の段階的な自己形成を「幸せのスパイラル」と表現する。そして，ボランティア活動の成果が肯定的に評価され（反作用），それを励みに次の活動に取り組んでまた成果をあげる，という過程を長年たどってきたことから，「ボランティア活動が自分をつくってくれた」と語る。今の状態に到達するには，「階段上って一つずつしか来ない」「2段，3段も飛べない」とのことである。そして，活動にあたっては，「試行錯誤によって厳しいスケジュールを乗り越える」「人にうまく教えられるようにまず自分が勉強して，教える内容や方法を考える」といった省察的な行為によって成果をあげていく。このように，Bさんは社会形成に取り組むボランティアとして，反作用と省察が連鎖的に連なる過程—つまり本書で設定した〈再帰的循環〉—を経験しながら自

己形成を遂げてきた。

　Ｃさんは，源兵衛川の清掃活動で参加者に充実感をもってもらうために，いつも悩んでいるという。これは，日常的な活動（短期スパン）のなかで，参加者の反応（反作用）→反省と次の演出の工夫（省察）→実践→参加者の反応……という，一種の〈再帰的循環〉が起こっていることを意味する。一方，15年間の長期スパンの過程に目をやれば，周囲の批判的な見方を乗り越えるために苦労しながら（省察）清掃活動を継続し，5年過ぎた時点で成功して「世界が変わって広がった」（反作用）という。15年経た現在でも，なお新たな展開を模索中（省察）である。このように長期スパンでも反作用・省察が成り立っているものの，こちらは循環というほど繰り返し反作用・省察のメカニズムが生じているわけではない。

　Ｆさんは，各種プロジェクトの責任者となることが多かったことから，他のメンバーとともに集団レベルでの〈再帰的循環〉を経験してきた。つまり，活動の成果が新聞やマスメディアで報道されるという社会的評価が励みになり（反作用），さらに質の高い活動を実現しようと〔酒を飲みながら〕みんなで議論し（省察），結果として次の新しい活動が生まれる，という連鎖である。このような連鎖が，メンバーのやる気の高揚と活動の活性化につながるという。その過程で各人の自己形成が促される。有能なビジネスマンであったＦさん自身は，このような過程を通して「企業人から地域人への大転換」を遂げた。

　Ｇさんの場合は，事業が終了する区切りごとに達成感を覚えるという（反作用）。そして，事業終結に至るまでの作業が参加者同士の良好な関係（協力と信頼の関係）のなかで進められたことをふり返り，地域におけるつながりの重要性を再認識する（省察）。達成感とつながりを軸にするこうした〈再帰的循環〉は，GW活動に参加するＧさんの生きがいとコミュニティ意識を次第に高め，今では「みんなでやって，地域が元気になる」GW方式に強い信頼感を覚えるようになった。そして，現住地の沼津でもGW方式で地域づくりに取り組みたいと考えている。

　Ｊさんは，理事として責任ある立場におかれている。そのため，講演会等の

講師，行政対応，トラブル処理といった，GW 三島の代表的な立場の活動を経験してきた。韓国との交流など，国際的なつながりのなかでの活動も少なくない。これらの多様な活動のなかで，反作用とそれを受けての省察をそのつど経験し，それらを通して仲間との強い信頼関係に支えられた「何とかなる」という達観の境地に入ることができたという。このような経験から，GW 三島は自分にとって学びの場だと述べている。さまざまなタイプの反作用と省察を積み重ねてきた J さんの自己形成の過程も，〈再帰的循環〉の一つといえるだろう。

K さんがコーディネータとして学校ビオトープづくりに関わるときは，子どもや学校関係者との共同の学習，子どもからの提案募集やワークショップなどによる合意形成の試行錯誤といったことに取り組む。こうした省察的な行為を経てビオトープづくりに成功すると，子どもの喜ぶ姿に励まされ，子ども・親への信頼感が増してくる。そのような反作用が，次の学校での取組みにおける自信となる。こうした過程を経て，1校行うごとに力量が向上していくという。このように，各学校ビオトープづくりのなかに「省察→完成→反作用」という過程が含まれており，全体で〈再帰的循環〉が成り立っている。

以上に述べた各人における自己形成の過程の要約から，すべてのスタッフ（Cさんは短期のみ）の自己形成において，社会形成との間に〈再帰的循環〉が成り立っているとみなすことができる。C さんにおける長期スパンの過程は，連鎖といえるほど循環的に変化していくわけではないが，「省察を経て成果（5年経って人々が変わった）をあげ，反作用を受けて意識変容（人は信頼するに足る）が起こり，次の展開に向けた省察を行っている」というものである。

(2) 意識変容の到達点

それでは，上記のような反作用と省察の過程を経て，スタッフはどのような意識にたどり着いたのだろうか。事例データから各人に共通性の高い二つのカテゴリーを抽出することができる。

① 人々とのつながり

6 人のスタッフの全員に共通なのは，人々とのつながり（信頼感，仲間意識，

地域住民との関係など）が以前よりも充実し，しかもそうしたつながりの重要性を認識するようになったということである。そこには，三つの側面がある。

第1は，一般的な意味での人間関係の広がりや人への信頼感である。相談できる相手が増えたことを指して「人的な財産（心の財産）」と表現するKさん，「人は信頼するに足る」と断言できるようになったCさんの語りは，これに相当する。

第2は，活動仲間における絆である。仲間意識が強くなった（Bさん），メンバーとの強い信頼関係に支えられるようになった（Jさん）という語りがそれである。とくにJさんは，信頼関係に基づく「何とかなる」の達観に至ったことを，GW活動での「学び」の成果として高く自己評価している。

第3は，地域における人々とのつながりである。Fさんの「地域の井戸端会議が大切」「地域なくして，我々一人では生活できない」という認識は，その典型である。Gさんも，GW活動を通して地域における人々とのつながりの重要性を認識するようになり，GWのような地域住民の協力関係による地域づくりに希望を託している。

なおBさんは，上記第2の点を語るにあたり，趣味のサークルでの人間関係は自分の喜びにとどまるのに対し，GWでは地域への還元と人への影響をめざしていく活動での人間関係なので，こちらのほうが「絶対にいい」と断言している。自己充足で成り立つ趣味サークルと異なり，ボランティア活動の集団が社会形成を行うものであることを十分に認識した語りといえるだろう。

② 次世代の育成

6人のスタッフのうち4人から，次世代育成に関わるなかでその重要性を認識するようになったということが語られた。具体的には，次のとおりである。

Bさんは植樹などの活動で，次世代に物事を教えていくことに喜びを感じている。Cさんは，「子どもに引きずられて親が変わる」という印象をもっており，「三島のブランド化」に向けて子どもたちへの期待を膨らませている。Jさんは，地元の先人の知恵や三島市民サロンの活動理念などを，自分たちが吸収して活動につなげていることを重視しており，その知恵や理念を今度は次世代に継承

することが大切と感じている。Kさんは，学校ビオトープという，文字どおり次世代を育成するための事業に熱意をもって取り組んでいる。

このほか，次世代育成の関連として，次の2点を特記事項としてあげることができる。

一つは，現状の子どもに対する信頼感である。Kさんは学校ビオトープ活動を通して，ほとんどの子どもやその親・家庭が健全だという認識をもてたと語っている。自分自身で直接，子どもたちと関係をもつことによって，メディア等による誇張や言説の影響から自由になり，自分なりの子ども観を獲得することができたということである。

いま一つは，世代間コミュニケーションの重要性の認識である。Bさんは，かつての地域社会が「当たり前のようにやっていた」世代間のコミュニケーションの重要性を認識するようになり，実際に高校生を相手に人生助言をするなどの役割を演じることに喜びを見出している。

以上のことから，次世代への期待や信頼感を抱きながら，自分たちの活動や価値観を彼／彼女らに継承できることを願っている様子がみてとれる。

(3) 仕事中心からの脱却

意識変容を表明した6人のスタッフのうち，5人までが職業人でありながらGWのボランティア活動を行ってきた。その経験のなかで，各人なりに職業世界とは異なる新しい生活空間を手に入れ，仕事中心の生活ではなし得なかったことが実現できたという。具体的には，二つの側面に整理することができる。

第1は，仕事では得られないメリットがあったということである（Bさん，Gさん）。Bさんの場合は，次の3点を語ってくれた。①仕事より厳しいスケジュールで困難を乗り越えることが自分の満足につながる。②一見非効率な（ボランティア活動の）営みは，別の側面からみれば能力に関係なく多様な人々が平等に参加できる活動であり，そのような共同的な活動のなかに喜びがある。③「ボランティアが自分をつくってくれた」のであり，会社の仕事だけだと「もっと利益追求」していた。Gさんは，GWの活動が仕事の苦しみから自分を解

放してくれる，一種の「逃げ場」として貴重な場であったと語っている。GWによって，心のゆとりが生まれたという。

第2は，GWの経験が仕事に効果をもたらしたことである（Cさん，Fさん，Kさん）。Cさんは，「人は信頼するに足る」という認識のおかげで，本業のほうでも事業の企画がうまくいった。Kさんは，仕事の段取りや調整の力の向上，商品販売における「土に返る素材」へのこだわり意識の芽生えという，二つの効果があった。Fさんは，前述のように「地域人への大転換」を成し遂げる一方で，仕事にもGWの効果が現れた。例えば，GWで学んだワークショップの手法が仕事で生きた，ボランティアに詳しいFさんという社内の地位が確立した，社員がFさんの影響を受けてボランティア活動を始めたなどである。Fさんは，「GWが自分の仕事の面についても人間的な面についても，広がりを与えてくれた」と語る。といっても，仕事で培った力量がGWで活用されたことも事実であり，Fさんの場合は仕事とGWが循環的に発展したといえる。

上記の二つの側面が抽出できた。ただし，Kさんの指摘にあったように，ボランティア活動には自分自身の経済基盤のゆとりが必要であるため，本業の好調あってこそのボランティア活動だという側面も見逃すことができない。

(4) 自己形成の特徴

(1)～(3)でみてきたことから，GW三島のスタッフにおける自己形成の特徴を次のようにまとめることができる。

意識変容がみられたすべてのスタッフにおいて，〈再帰的循環〉が成り立っている。そうした過程のなかで，人々とのつながりが充実するとともに，多くのスタッフは次世代の育成に継続的に関わるようになった。職業人の場合は，ボランティア活動を通して，仕事だけでは得られない生活空間を手に入れた。このような変化のなかで，人々とのつながりと次世代の育成を重要だとする認識が醸成されたのである。

このうち，次世代の育成（活動や価値観を次世代に継承すること）というのは，いわば時間軸からみた人と人とのつながりである。一方，仲間や地域，さらに

はそれを超えた一般的な人間関係における人々とのつながりというのは，空間軸からみた人と人とのつながりである。したがって，上記の「人々とのつながり」と「次世代の育成」は，それぞれ空間軸と時間軸からみた人のつながりを意味する。このようにとらえると，〈再帰的循環〉を経た結果，GW三島のスタッフは「空間軸・時間軸で人々がつながり，相互の協力や継承をしながら地域や社会を刷新・運営していくこと」に大きな意味を見出したとみることができる。これが，彼／彼女らの抱く世界観の基礎をなすものといえる。仕事の拘束から解放されたボランティア活動の生活空間のなかで，実際にそうした活動に関わったからこそ得られた価値観だとみてよい。

バーガーの言葉を借りるならば (Berger 訳書 2007, pp.91-96)，上記のような価値観は他のメンバー等との共謀関係のなかで維持・強化され，それぞれの意識における意味システム（世界観）の基盤を形成している。各スタッフは，そうした世界観に支えられて自分の役割と位置を明確に認識することができ，それが安定的な自己アイデンティティとなっていると考えられる。

(5) 意識変容のないスタッフ

最後に，意識変容の表明がなされなかったスタッフについて紹介する。

Aさんは，GW三島の活動が始まったときからスタッフであり，今も理事として重要な役割を担っている。これまで，湧水の復活のためにさまざまな力を発揮してきた。Aさんは，他の多くのスタッフと同様，活動が成功するたびに感動を味わい，長年の活動を通して知り合いが増えた。活動してよかったこととしては，「人と知り合えた」ことが一番だという。しかし，Aさんは，度重なるワークショップや諸活動のなかで「自分より人のほうが変わってくれた」と語り，自らの変容は意識していないようである。

意識変容を表明しないもう一人のスタッフは，Eさんである。ホタルを呼び戻す活動を続けてきたEさんは，「〔活動で成果をあげても〕あんまり高揚感ていうのはない。淡々とですね，まあよかったな」という程度だという。それだけに，GW三島の活動を行うことによって，「これまでの延長線上の中で広

がりはあったとはいえると思いますけれど，こういうの〔GW 三島の活動〕をやったから新たな世界が広がったという感じはない」と語る。「やっぱり人間って，あんまり根本的に変われないんじゃないかなあ」というのが，E さんの見解である。

A さんは，人とのつながりが生まれたことを自ら高く評価しており，それにより自身の意識に対する何らかの影響はあったものと予想される。E さんは，少なくとも「これまでの延長線上の中で広がりはあった」と語っており，やはり何らかの変化はあったものと思われる。しかし，いずれも自分の根本的な変化を認めておらず，本書が意識変容の条件としている「世界観（準拠枠）の根本的な変化」には該当しないと考えられる。なおこれは，あくまでも本章における意識変容の定義に照らしたときの解釈である。

5．アドバイザーの自己形成の特徴
(1) 再帰性からみた自己形成の過程

スタッフの場合と同様，反作用と省察の観点からアドバイザーの自己形成の過程をとらえる。

D さんは，昆虫だけの世界から，人と自然や環境との関係を考える環境再生の世界に移行し，しかも大人から幼児まで幅広い対象に対して，そのような問題を教える立場になった。こうした変化は，GW 三島での活動のなかで，顧客層からの反作用にそのつど応え，工夫して乗り切ってきたことに起因する。例えば，「虫だけでなく生態系全体や環境再生の話が求められるようになったので（反作用），自分なりに勉強して努力した（省察）」「保育園でも講師を務める必要が生じ（反作用），とまどいながらも関心のもたせ方や説明に慣れてきた（省察）」「子どもが自主的に観察して報告にきたことに感心し（反作用），小さい子にこそ専門知識が必要と考えるようになった（省察）」などである。このような〈再帰的循環〉を経て，D さんは自分の世界が広がってよかったと感じている。

その特徴は，環境再生やそれに対する人々の役割，とくに小さい子の将来の役割などについて，自分なりの考え方をもてるようになったことである。そし

て，そのなかでの自分の役割を受け入れている。

　Hさんは，構造計算からまちづくり設計等のソフトな分野に専門を移した。まちづくり設計の一つである源兵衛川のプロジェクトを終えたとき，地元住民にとって自然は自分たちのものという意識が必要だと認識した（反作用）。次に，清住緑地のワークショップのコーディネータを務めたとき，地元住民が自分たちで維持管理の作業をやると宣言して合意をみたこと—つまり，「自然は自分たちのものという意識」が実際の保全活動への行動にまでつながったこと—に感動し（反作用），人と人をつなぐ役割—つまり保全活動に向けた地域住民の組織化—に自信がついたという。さらに，このようなGW三島での経験と，それとは別に行っているNPO法人自然環境復元協会での活動経験が相乗効果をもたらし，「自然環境は人のつながりがなければ守ることはできない」という考えに至った（省察）。とくに具体的な語りとして表現されていないけれども，源兵衛川の経験を清住緑地のワークショップに生かすための省察的な工夫が当然あったものとすれば，Hさんにも〈再帰的循環〉が成り立っているとみてよい。

　なお，Hさんは，上記の「自然環境の保護と人のつながり」に関する考えを自分の人生として体現するため，いずれは日本の森林を守るための田舎暮らしをしたいと望んでおり，日本のあり方とそのなかでの自分自身のライフスタイルがつながった生き方を構想している。

(2) 自己形成の特徴

　上記で述べた自己形成の過程を含め，アドバイザーの自己形成の特徴をスタッフとの比較によって整理すると，次のとおりである。

　第1に，再帰性の性格の違いである。アドバイザーは直接的に社会形成の活動を行うわけではなく，その支援を行う立場である。したがって，アドバイザーにおける成果からの反作用は，社会形成からというよりは，そうした支援の対象者や講座・ワークショップの参加者からの反作用である。

　第2に，つながりに関する意識の弱さである。仲間意識や地域における人間

関係など「人とのつながり」（空間軸のつながり）の認識は弱い。むしろDさんの場合は，独立性を保つことに意味を見出している。Hさんの場合も，コーディネータという立場上，スタッフとの間に対等性の強いつながりは認めにくい。アドバイザーの場合は，そうした独立性を保つことによって，GW三島の社会形成機能の向上に資するものと考えてよい。次世代の育成（時間軸のつながり）については，支援の対象者や講座・ワークショップの参加者に子どもが含まれるかどうかによって異なる。幼児対象の講師を務めるDさんの場合は，次世代育成の意識が高まっている。

　第3に，仕事との関係については，支援活動の経験が新たな仕事の世界を広げていくという傾向がみられる。Dさんは，虫から始まって環境再生へ（虫→自然環境→環境再生→人の関わり），Hさんはまちづくりの設計から始まり環境再生へ（まちづくり設計→人のつながり→環境再生）という変化をたどった。

　第4に，このような変化の結果，二人とも環境再生とそこにおける人の役割について自分なりの考え方を積み上げてきた。とくにHさんの場合は，自分の人生そのものを環境再生とつなげようとしている。

　以上のように，二人のアドバイザーは，支援活動による〈再帰的循環〉を通して，環境再生とそれに対する人間の役割を中心とする世界観を構築するとともに，それに支えられた（つまり環境再生における自分の役割と位置を認識する）自己アイデンティティを獲得してきたとみることができる。

　なお，Iさんは企業経営者としてGW三島の支援を続けてきた。しかし，既に述べたように，仕事への好影響を語ってくれたものの，それは主にビジネス上のメリットであり，世界観やアイデンティティへの影響は表明されなかった。例えば，「人脈が増えているのかな，という感じはしますね。仕事でもそうだし，プライベートでもね」と語りながらも，「プライベートといっても，結局最後は仕事へのメリットになっちゃうのかな。趣味がどうのとか，そんな話をしてって」という結びとなる。このように，Iさんの場合は，世界観（準拠枠）の根本的な変化という意味での意識変容は起こらなかったようである。

6. まとめ

本節の分析から得た知見を整理すると，下記のとおりである。

GW三島の場合，多くのスタッフとアドバイザーに意識変容が生じている。そして，その過程において，スタッフは社会形成，アドバイザーは支援の対象者や講座・ワークショップの参加者との間で〈再帰的循環〉を経験している。

スタッフの場合，意識変容の終着点には「人々とのつながり」と「次世代の育成」を大切にする価値観がある。換言すると「空間軸・時間軸で人々がつながり，相互の協力や継承をしながら地域や社会を刷新・運営していくこと」に大きな意味を見出すこととなった。このような価値観は，仕事の拘束から解放された新しい生活空間で，実際に人々とつながり，次世代育成の活動に関わるなかでこそ醸成されたといえるものである。そして，その生活空間における他のスタッフとの共謀関係のなかで維持・強化され，それぞれの意識における世界観（意味システム）の基盤を形成しているとみてよい。スタッフは，そのような世界観に支えられて自分の役割と位置を明確に認識することができ，それが各自の安定的な自己アイデンティティとなっていると考えられる。ただし，上記のような新しい生活空間も，ボランティア自身に経済基盤のゆとりがあってこそ意味をもつものである。経済環境がボランティア活動に影響を及ぼすことを無視するわけにはいかない[3]。

一方，アドバイザーの場合は，「空間軸でのつながり」に対する意識は弱く，むしろスタッフとの間に独立性を保つことによって，GW三島の社会形成機能を高めようとしている。つながりという点では，「自然と人とのつながり」つまり「環境再生とそこにおける人の役割」の重要性に対する認識が深くなっている。それは，新たな仕事の世界を広げることにも結びつく。このように，アドバイザーにおいては，支援活動による〈再帰的循環〉を通して，環境再生とそれに対する人間の役割を中心とする世界観を構築するとともに，それに支えられた（つまり環境再生における自分の役割と位置を認識する）自己アイデンティティを獲得してきたとみることができる。

第2節 学校支援ボランティアの自己形成
～東京都板橋区立蓮根第二小学校「ビオトープをつくろう会」の事例研究～

1. 事例の概要と適格性

ここでは，まず事例としての東京都板橋区立蓮根第二小学校「ビオトープをつくろう会」の概要を記述し，続いて，これが本研究の事例として適格であることを確認する。

(1)「ビオトープをつくろう会」の概要

荒川土手まで歩いて20分の位置にある東京都板橋区立蓮根第二小学校（以下「蓮二小」）には，荒川の自然をモデルにした学校ビオトープがある。これを支援するために生まれたボランティア組織が，蓮二小の「ビオトープをつくろう会」（以下「つくろう会」）である。同校児童の保護者を中心に構成され，「（保護者を中心とする地域住民が）ビオトープを通じ，子供達・先生方・主事さんと共に活動する会」である。

もともと蓮二小には，子どもや教職員とともにレクリエーション活動を推進するための「あそぼう会」というグループがあった。2000年初頭，当時の学校長（T校長）がその会に対して，ビオトープづくりをもちかけた。「あそぼう会」としては，「ビオトープってなに？ 美味いの？」（寺田 2003, p.26）といった程度の認識だったという。しかし，そのような「素人集団」にT校長の強い熱意が次第に伝わり，何回かの学習会を経て同年5月には「つくろう会」の結成をみた。それ以来，「つくろう会」は定例作業を月2回行っている。当時のメンバーはT校長のリーダーシップの強さをふり返って，「この行動力こそが今回のビオトープ創りの原動力の90%以上を占めているといっても過言ではないでしょう」（ビオトープをつくろう会 2001, p.4）と述べている。そのT校長と強い信頼関係で結ばれた「つくろう会」のメンバーは，頻繁に校長室で話し合いを重ねたという。

「つくろう会」は2000年7月，まず試作品としての「ミニビオトープ」を造成した。その後，教師たちもビオトープに関する学習を深め，「つくろう会」

と教師集団の支援のもとに，児童主体のビオトープづくりが実施された。こうして本格的な学校ビオトープ「いきものひろば」が，2000年の秋から冬にかけて造成された。造成後は，自然状態の維持管理(外来種の除去，池の清掃など)，授業や課外活動での活用などを，児童，教師，「つくろう会」が連携しながら行ってきた。蓮二小では，ほとんどすべての学年がすべての授業科目でビオトープを活用している(東京都板橋区立蓮根第二小学校 2002, p.12)。

「つくろう会」の参画を含め充実したビオトープ活動の実態が評価され，蓮二小は第2回学校ビオトープ・コンクール(2001年度)で㈶日本生態系協会会長賞を受賞した。ビオトープを活用した総合的な学習の時間の成果が認められ，2002年度東京都教育委員会職員賞(学校賞)も授与された。上記の学校ビオトープ・コンクールの審査員であったドイツのレーナート教授は，コンクールのあとで蓮二小を訪れたとき，教師・子どもと強い一体感で結ばれる「つくろう会」の様子に「この学校はビックリするほど父母と学校が親しいんですね」と驚いたという(寺田 2003, p.205)。

蓮二小のビオトープ活動は，校外の諸機関からの支援にも支えられてきた。制度面・資金面で支援してきた板橋区教育委員会，環境教育のノウハウをもつ同区エコポリスセンター，各種の学習会や情報を提供してきた同区環境保全課，ビオトープの専門的知識を提供した㈶日本生態系協会やシェアリングアース協会などの環境NGOである。

T校長は，2003年3月の退職後，学校ビオトープに対する助言や自然保護・環境教育を主な活動とするNPO法人センスオブアースを設立した。「つくろう会」で中心的な役割を担っていたメンバーの多くは，このNPOのスタッフとしても参加することになった。彼／彼女らは，自分自身の子どもが蓮二小を卒業した現在でも，両方の団体のメンバー(スタッフ)として参加している。

(2) 事例としての適格性
① 学校ビオトープの支援に着目する理由
「つくろう会」の適格性を述べる前に，そもそもボランティア活動のなかでも，

なぜ学校支援，とくに学校ビオトープ活動に注目するのかを，以下に説明する。

子育て中の父母は，仕事や家庭の負担が大きく，ボランティア活動への参加は容易でない。そのような彼／彼女らにとって，自らの子育てとも関連する学校支援のボランティア活動は，比較的「敷居」が低い。最近では，PTA活動やおやじの会から発展するケース，教育委員会や学校が組織的に学校支援ボランティアを養成するケースなども目立つ。教育基本法や社会教育法でも，学校・家庭・地域住民等の連携協力の必要性が謳われている。ボランティア側からみると，こうした学校支援の活動が自らの活性化や成長につながる（つまり自己形成）という観察も多い（栃木県鹿沼市教育委員会 2000；坂井 2004；岸 2008など）。このような背景から，学校支援のボランティア活動は今後，地域におけるボランティア活動の一領域として重要な位置を占めていくものと考えられる。

次に，ビオトープとは，野生生物の生息を可能とする空間を意味しており，学校ビオトープとはそのような生態系ゆたかな空間を学校教育施設として整備するものである（日本生態系協会 2000；日本生態系協会 2001；田中 1998）。つまり，学校ビオトープは，各地域固有の生態系の破壊という現代社会のリスクに対し，その反作用として広がってきた環境教育の拠点であり，本研究で取り上げるボランティア活動の場として適切である。

以上のことから，学校ビオトープを支援するボランティア活動は，今後の地域におけるボランティア活動の一形態として注目すべき領域であるとともに，再帰的近代化のもたらしたリスクに対する教育分野における反作用の現われである。したがって，これを本章の分析対象とすることは妥当であると考えてよい。

② 事例としての適格性

「つくろう会」が事例として適格であることについて，GW三島の場合と同様に実践コミュニティ，創造型ボランティア活動，公共空間，代表性の観点から確認する。

第1に，実践コミュニティという観点である。「つくろう会」の活動は，実践コミュニティの三つの次元である，①相互関係を通した参加，②共同で行う

事業，③レパートリーの共有を満たしている。①については，月2回の共同作業や必要に応じて行う校長室での話し合いなどが，交互関係を強める仕掛けとなっている。②については，そうした相互関係に支えられて，ビオトープの造成・維持，授業への協力，イベントなどでの活用といった側面から，多様な事業が実践されてきた。③については，外来種の除去，池の清掃，子どもたちへの学習支援の方法など，ビオトープや子どもたちとの関係をめぐるさまざまな手法と活動枠組が蓄積され，それらが活動の重要な部分を構成するレパートリーとなっている。

第2に，創造型ボランティア活動という点については，次のとおりである。「つくろう会」の活動は学校（学校長，教師など）との協働に基づくものであり，外部機関とのつながりにも支えられている。それを通して創意工夫のもとにミニビオトープの造成に取り組むとともに，子どもたちの主体性による「いきものひろば」造成を支援し，さらには授業等でのビオトープの多様な活用という新しいアプローチに貢献してきた。このように，協働を基本として，新しい学校教育の創造を推進してきたことから，創造型ボランティア活動といってよい。さらにこの活動は，再帰的近代におけるリスク回避を環境教育の側面から推進するものと位置づけることができる。

第3に，公共空間についてである。蓮二小のビオトープは，学校関係者のほか，行政や関連機関，環境NGO，「つくろう会」など，多様な立場の人々の意見交換と試行錯誤のもとに造成された。とくに，「つくろう会」の存在は父母や地域住民の参加に道を開いた。ビオトープをめぐって，発言，実践，学習のための開かれた場が形成され，それはビオトープのあり方についての合意形成と合意に基づく実践の舞台となってきた。つまり，蓮二小にはビオトープをめぐる公共空間が存在し，その醸成に対して「つくろう会」が貢献しているとみることができる。参加した人々はこうした公共空間において，他の参加者との相互関係，共同の事業実践，事業実践のレパートリーを体験する。

第4に，代表性については次のとおりである。まず，学校ビオトープ・コンクールでの会長賞，東京都教育委員会職員賞（学校賞）という実績があり，学

校ビオトープ活動の優れた事例といえる。一方,「つくろう会」は,ビオトープや学校支援については未経験の状態から発足している。その点では,地域における自然保護活動の経験を生かして学校ビオトープに協力するNPO法人アサザ基金(茨城県)やNPO法人グラウンドワーク三島(静岡県),学校支援の総合的な経験をもとに教師・児童と協力して学校ビオトープをつくった秋津コミュニティ(千葉県)などと,決定的に異なる。未経験からの出発だからこそ,活動を通した住民の意識変容が明確な形でとらえられるものと考える。以上のように,学校ビオトープ活動として優れたものであること,メンバーの変化が明確に把握できる可能性が高いことから,事例分析の対象として代表性が高いと判断することができる。

以上のように,「つくろう会」は本章の事例分析の対象組織として適格だと考えてよい。

2. 調査の概要
(1) インタビュー調査
① 調査の対象と方法

「つくろう会」の主なメンバー6名(すべてボランティア)に協力を依頼してインタビュー調査を行った。調査対象者は,表2-2-1に示すとおりである。インタビュー調査は,半構造化されたアクティブ・インタビューの形態をとった(用語の説明は,本章「はじめに」参照)。インタビューの時間は各人につき1時間30分前後であった。インタビュー調査の結果はすべてICレコーダに録音し,トランスクリプトに起こしたうえで,自己形成に関わる内容を中心に各人が語った内容の要旨を作成した。本節では,それをもとに自己形成の分析を行う。

上記6名の簡単なプロフィールは,次のとおりである。まず,Dさんを除く全員が「つくろう会」の発足時からメンバーとして活動し,いずれも子どもはすでに卒業している。このうち,Bさんは「つくろう会」の前会長である。Aさんは,姉妹団体の「あそぼう会」の会長を長く務め,最近になって後継

表 2-2-1 調査対象者の一覧（ビオトープをつくろう会）

	年齢・性別	職業	調査日時
A	50代前半・男	会社員	2007. 7.16　11:00～
B	50代前半・男	会社員	2007. 8.16　18:30～
C	40代後半・男	公務員	2007. 8. 7　13:00～
D	40代後半・男	会社員	2007.10. 6　13:00～
E	40代後半・女	看護師	2007.10. 6　16:00～
F	50代後半・女	学習支援員	2007.10.12　12:30～

者に譲った。Eさんは，「あそぼう会」が誕生したときのPTA会長である。2006年に入会したDさんは，現在（調査時点）「つくろう会」の会長を務めており，蓮二小には二人の子どもが在籍している。T校長が退職後に設立したNPO法人センスオブアースには，Aさん，Bさん，Eさん，Fさんが会員となっている。なお，EさんとFさんは，現在では「つくろう会」の活動にほとんど参加していない。Cさんは，週末のサッカー教室の指導者でもあり，インタビュー調査では，ビオトープ活動でも子どもに対する教育者的な立場としての自身を強く認識している様子がうかがわれた。

② **調査項目**

インタビュー調査の基本的な項目は，下記のとおりである。ただし，半構造化インタビューの性格から，その場で質問項目の修正・追加・削除を適宜行うとともに，毎回のインタビューの反省から項目修正を繰り返し行った。

・活動の概要：参加のきっかけと活動経験，現在の役割と活動，他の生活との時間配分
・活動の成果：よかったこと，学んだこと，自分がどのように変わったか，自分にとっての意味
・今後の展望：これからやってみたいこと，センスオブアースとの関係（該当者のみ）

(2) その他の調査

「つくろう会」については，上記のインタビュー調査のほか，次の調査を行う機会を得た。一つは，2002年10月～2003年4月の期間，3回にわたり「つくろう会」の会合に出席して参与観察を行うとともに，必要に応じて関係者への聞き取りを行った。二つは，筆者は「つくろう会」を母体として生まれたNPO法人センスオブアースとの交流があったため，同法人理事長（元T校長）やインタビュー調査の対象となったメンバーに会う機会が多く，そこで諸情報を得ることができた。三つは，下記の仕様に基づくアンケート調査を実施した。

・調査対象：「つくろう会」のメンバー（常時活動に参加している18名）
・調査時期：2002年10月
・調査方法：学校を通して調査票（質問紙）を配布・回収した
・回収結果：配布数18票，有効票回収数15票，回収率83%

以上の調査のうち，アンケート調査の結果は次項（2）に掲載している。その他の調査の結果は，インタビュー調査結果の分析に適宜反映させている。

3. 調査の結果

(1) インタビュー調査

第1節と同様，本書では，世界観が根本的に変わることを意識変容とみなす。そのような基準に照らしたとき，表2-2-1にあげた6人のうち，Fさんには「つくろう会」の活動による意識変容が認められなかった。そこで，Fさんの語りの特徴については後述することにして，本項ではそれ以外の対象者について，自己形成に関わる語りの内容の要旨を下記に整理する。なお，語りのなかにある〔　〕の記述は，語りの意味が正確に伝わるよう，前後の文脈や本人の補足説明から判断して筆者が挿入したものである（後述Fさんの場合も同様）。

① Aさん

他のメンバーと同様，Aさんもビオトープについては全く知識のない状態からスタートした。素人状態だったAさんが実際に学校ビオトープをつくり，そこに集まる生き物や子どもたちに接したとき，次のような感動があったとい

う。

> あんな形で〔ビオトープを〕つくれるんだという気づきがまずありました。あんな小さいビオトープに生き物がたくさん来る現場を，目の当たりにしていますよね。それについての驚きが次にありました。そして子どもたちがそれを見て目を輝かせる，その風景がありますよね。それを見て，僕らがやってきたあれだけの活動でこういう場所ができて，子どもたちがこんな表情見せるんだなと。これはすごいことだなと思ったわけです。(中略)子どもたちの表情にしても，トンボの群れにしても実際に見てきていますから，実体験の感動ってやっぱりすごいものがあったわけですよ。

そして，「これはどの学校でもできるんじゃないかな」という考えにつながり，板橋区さらには「東京中に広がっていけばかなりの可能性があるんじゃないか」と思ったとのことである。後述のアンケート調査で，「ビオトープをつくろう会」の好ましい発展方向について，「ビオトープというスポットができてから，(中略)『地域』という単位でものを考えるようになりました。これが実を結んで地域との活動がうまくいったとすれば，おそらくその先には東京，日本，世界，宇宙へと思考が進んでいくのではないかと思うのです」と回答したのはＡさんであり，その背景には上記のような感動があったのである。コンクールで受賞したことも自信につながり，そうした考え方の支えになっているそうである。このようなビオトープ活動を通したＡさんの日常態度の変化としては，「環境問題に関する数値に敏感になった」「自然破壊のことを聞くと自分で調べるようになった」「教育についても敏感になった」ということがあげられるという。

ビオトープは，定期的で地道な作業を積み重ねてこそ完成するものであるから，その過程で子どもたちとの接触が頻繁になる。例えば，ビオトープに関する授業として，子どもたちと「つくろう会」が一緒に課題を考え，数週間にわたって共に活動したという経験もあるそうだ。だから「子どもの友だちが増え

てくる。顔なじみが」とのことである。Aさんによれば，子どもたちは「教える相手」ではなく「友だち」「仲間」であり，そうした「対等の関係」を形成することを通して一種のコミュニティができあがる。

大人たちと子どもたちのつながりは，こうした「つくろう会」だけでなく，「あそぼう会」の主催する活動でもさまざまなメニューを通して形成されていく。Aさんは，このように小さい時期から大人と一緒に学校で活動する喜びを経験することによって，「その子が今度親になったときに，そういう学校にしようという気になる」ことを願い，次のように表現する。Aさんによれば，これこそが後述のコミュニティ・スクールの原点だという。

> 別れ際，子どもの言葉と笑顔は「あそぼう会」スタッフにとって何よりも報酬である。そして願うことが一つ。君たちが大きくなって自分の子どもをもつようになった頃，もしも今日の記憶が少しでも残っていたなら，君たちの子どものために学校で同じようなことをしてあげてほしい。

Aさんによれば，「つくろう会」や「あそぼう会」は父母と学校の間，そして大人同士の間にも絆を醸成する。頻繁に学校に足を運ぶことによって，「学校に対して抱いていた垣根」がなくなり，「同じ目的で集まった仲間〔つまり父母〕が利害関係のない立場で活動を始め，うわべだけでない信頼関係だとか仲間意識が強く」なっていくという。

このようにして，蓮二小では大人と子ども，大人同士，学校と地域，さらには卒業生やその親も含め，あらゆる側面でつながりができあがったという。「つながり」という言葉を強調するAさんは，「つながりには信頼関係が当然ある」と述べ，これこそ昨今話題になるコミュニティ・スクールの基本だと強調する。「つくろう会」や「あそぼう会」の活動で，「〔こうした〕本当のコミュニティ・スクールができるんじゃないか，という感触を手にした」そうである。つまり，「つくろう会」の活動自体が「コミュニティ・スクールづくりの一翼を担って」おり，「学校の活性化に役立っている」と認識でき，そのことが一層の「やる

気」をかきたて,「この関係というのは,なくしちゃいけない」という気持ちになる,とのことである。

なお,「つくろう会」を母体にNPO法人センスオブアースをつくったことで,「蓮二小以外の学校にも活動拠点が広がった」わけで,それは冒頭に紹介した「宇宙へと思考が進んでいく」という発想に結びつくものだという。しかも,同法人には「つくろう会」から移行したメンバーのほか,学生など新しいメンバーが参加しているため,これらの人々が他の学校とのつながりを広げる「一つの道」になると感じているそうである。センスオブアースによって,上記のコミュニティ・スクールにおけるつながりは,さらに広がる可能性があるとのことである。

ただし,Aさんの場合,現状ではセンスオブアースの活動に十分参加できる時間がなく,「自分のなかでの広がりは,そう手ごたえがあまりない」そうだ。「もっとがんばらなきゃいけないという気持ちもないことないんですが,やっぱり生活がありますから,そんなに時間がとれない」と語り,今後の課題としてとらえているようである。

② Bさん

Bさんは,「つくろう会」の当初から参加している。ミニビオトープづくりに誘われたとき,「あそぼう会」の延長の気分で「ちょっと手伝ったら,割とそれなりにおもしろく過ごせた」ので継続的に関わりはじめたとのことである。ミニビオトープづくりを経て「いきものひろば」(大きいビオトープ)の完成まで至ったとき,自分自身の達成感よりも,この全過程を推進した学校長の「統率力というか,やっぱり校長先生としての手腕みたいなものに驚かされ」たという。

Bさんは,「あそぼう会」の活動をきっかけに町会の役員にもなった。実際に町会の活動に参加してみて,「お年寄りがね,〔町会の維持に〕がんばってる理由が何となくわかるような気はする」という印象をもっている。「〔町会が〕なくなったら,多分ちょっとやっぱり,町の空気がぎすぎすしてしまうかなって」思うようになったという。

ビオトープづくりに参加してよかったのは，直接生き物に触れる機会が得られたことだという。例えば，「身近にカエルをさわれたり，メダカを見れたりというのは，この年になっても経験できるのはありがたかったですよね」と語る。そうした体験を通して，日常生活で虫や植物に出会ったときに，以前よりも「突っ込んで」調べるようになったという。「子どものころってあんまり調べもせずに，（中略）知ってる人から教わるしかもうすべはなかったみたいなところが，今は自分で調べられるじゃないですか」と語る表情には，ビオトープ体験を通した自分の変化を実感している様子が表れていた。さらに，社会全体の環境問題にも関心が広がり，「会社の周りでもね，吸い殻を掃くように」なったそうである。

　人とのつながりについては，次のとおりである。町会の行事などで蓮二小の子が参加してくると，「子どもが素直に育っている，すさまずにね，元気で快活にいるなっていうのがわかるだけでありがたい」「町会のお年寄りを見ていても，やっぱりお年寄りが喜ぶと，『あ，よかったな』と思う」とのことである。人の喜びを自分の喜びとすることのできるBさんである。

　一連の活動を通して会社以外の世界ができたことについて，Bさんは次のように語る。

> 「つくろう会」とか「あそぼう会」に参加する前は，本当にもう仕事でスキル磨いてっていうのがやっぱり一つの目標としてはありましたけどね，でも，それが全部じゃないなっていうふうに思いはじめて。じゃあ，仕事をとったときにね，自分が何をもてるのかなと考えると，環境とか自然のことがやっぱり大きい自分の財産になるのかなっていう気はしてますよね。（中略）そういう意味では自分自身の，何ていうかな，アイデンティティというような感じですけどね。

　さらに，上記のアイデンティティのなかには，人とのつながりも含まれるとのことで，先ほどのように人の喜びを自分の喜びにできることや，地域に知り

合いができて「普通にやっぱり朝から〔挨拶で〕声が出せる」というのが気持ちいいとのことである。「つくろう会」「あそぼう会」や町会の活動をやっていることによって，環境関係や地域関係など「いろいろフィルターをもてるようになった」ことが大きいそうだ。

センスオブアースを設立したことは，環境・自然については学習の広がり，人間関係についてはネットワークの広がりという両面で可能性を拓くことになったというものの，実際には時間がなくて思うように活動できないとのことである。センスオブアースがNPOとして発展するためには，「ある程度深い知識をもっていないとこなしていけない」「自分たち〔センスオブアース〕がやっぱり何なのかっていうことを真剣に考えなきゃいけない」「はっきりした広報機関とか連絡機関がないまま，まだ役割分担もうまくできていない」「内部のメンバーからもちょっと見えづらくなっている」という課題・問題を解決していかねばと思いながらも，自分自身の忙しさのなかでジレンマを感じているBさんである。

③ Cさん

Bさんと同様，「あそぼう会」の活動がきっかけで「つくろう会」に参加するようになった。「〔強烈なリーダーシップで〕一番音頭をとっていた」のが学校長だとのことで，自分自身は「何ができるか全然わからないでやっていた」とのことである。実際に全国コンクールで受賞したときは，みんなと一緒に「すごいな」との思いを抱いたものの，それによって自信や達成感が湧いたということはなかったそうである。

それでも，Cさんは日々のビオトープ活動からさまざまな影響を受けた。

実際，ビオトープに接していると，生き物の暮らしぶりがよくわかるという。例えば，繁茂するシロツメクサがカエルの逃げ場になっていることを発見したとき，「まさか，あの下にカエルが逃げ込んで住まいにしたり，行動半径を広げているとは知らなかったので，そういうのがどんどんわかって面白いな」と思ったとのことである。子どものときから生き物が好きで「飼いたい」とか「自分のものにしたい」という欲求が強かったけれども，このようなビオトープで

の経験を通して「生き物が生きる環境としての自然を大事にしよう」という気持ちが強くなったとのことである。

　日常生活で自然に目が行くようになったことも、ビオトープ活動の影響だとのことである。例えば、「普段だったら通りすぎるところを『あの花咲いているんだ』とか」「板橋に自然がいっぱいあるということに気がつく」ようになったそうだ。

　Cさんは、こうした自然への気づきや保護の意識だけでなく、コンポスタ、ゴミの分別など環境問題の全般に目がいくようになり、実際に熱心に行っている。もともと下水道に関する職場に勤めているので環境問題には関心をもっていたものの、「ビオトープの活動をするようになって、もっとそういう意識が高ま」ったそうである。

　その一方で、Cさんのビオトープ活動は、子どもたちとの充実した関係を育んだ。Cさんは、「子どもたちと一緒になって、これ生きているよとか、あそこにあれ来ていたよとか、そういうのが楽しいな」と感じる。そのようなビオトープの活動を通して、自分の子どもと同じ学年でない子どもとも知り合いになり、いわば「コミュニティ的なつながり」ができてくるという。子どもたちと共に過ごすそうした活動から、現代の子どもたちの問題点を含め子ども理解が進むという。例えば、次のようなやりとりがそれを表している。

　　　泥さらいやった時に、死体がヘドロで腐っちゃったんですが、「あっ、これ海の臭いだ」と言った子がいたのでどこの海かと聞いたら、東京湾の臭いだと。普通、海の臭いというと、磯の香りで思い浮かべるんですが。最近の子どもはかわいそうだなと。細かいところでそういう発見があるというか。

　それでも、ビオトープ活動を通して「子どもが生き物を大事にするようになった」と思えるそうである。Cさんとしては、さらに進んで「人間だって自然の一部だよということを体験させてあげたいな」と思っている。

そのようなCさんだけに,「子どもに興味を示してもらわなかったら意味がないという,そういうことでよりよいビオトープというのを考えて」いるとのことである。そして,「子どもたちが喜ぶと励みになる」と感じているCさんは,「基本はどうやったら子どもが面白がるかとか,これを生かした教育はどうしたらできるか」ということだと強調する。さらに,「子どもたちは自分が知らないことを机の上ではないところで学べると,すごい食いついてきますね」と語るCさんは,そのような食いつきから子どもの学習が進むことによって,ますますビオトープ活動に励みが出るとのことである。そういう経験があるからこそ,そして「子どもたちにいい影響があればという思い」があるからこそ,「泥さらいみたいな地味な活動もできる」そうだ。

④ Dさん

父母が中心となっている歌のグループ (H2O2) で活動をしているうちに,「つくろう会」のことを知った。それでビオトープの活動や見学会に参加して入会することになったという。入会は昨年,会長になったのは今年からである。したがって,Dさんはビオトープの造成には関わっていない。仕事では水文学をベースに水文資料整理を行っているので,ビオトープは仕事の内容と無関係ではないとのことである。

蓮二小のビオトープの印象として,Dさんは次のように感じている。第1に,「空気がおいしいのか,何なのかわからない」けれど「自分が変われる場」であり,都会の学校にこういう場所があることに「感動」した。第2に,「コミュニケーション」や「輪のきっかけ」をつくってくれる場である。第3に,「上下関係も全くなく,自由に」過ごすことができ,仕事のしがらみから解放される場である。第4に,「ビオトープに来たら癒されて」という「いわゆる,ふるさとになって」いる。

そのようなDさんが「つくろう会」に入って「一番」よかったと思うことは,「自然というものに対して少し意識が変わった」ことである。「感性〔という用語〕では簡単には表現できない『子どものときの気持ち』」とでもいうものが,「戻ってきた」あるいは「呼び覚まされた」と感じている。具体的には,次の

ように表現してくれた。

> 何事も生を受けてっていうか，生まれてまた死んで，また朽ちてっていうかですね，例えば草木であれば枯れてとかですよね。そういうものが見れるようになったというか，目に見えるようになった。(中略) 月ごとにこうやってきますから，そうすると，その時々の生き物にしろ，草木にしろ，変化するじゃないですか。そうすると，目に見えて変わっていってるっていうのがわかるんですね。だから，要は，周りに対して目が行くようになってきたっていうんですかね，自然に対して。

　人との関わり，とくに「ざっくばらんに対応」できる出会いが多くなったことも，活動してよかったことだという。具体的には，「隣の町内会のほうにも行って祭りの手伝いしたりとか」積極的に地域の活動に出て行く行動様式が身についた，もともと子どもたちとは「挨拶もしない状態」だったのに，「心を許してもらったみたいな感じの接し方」が「自然にできる」ようになった，お年寄りとも「おお」とか「ありがとう」と挨拶できる関係になったなどである。そのような経験から，人と接することに「苦手意識がなくなった」そうであり，それが「つくろう会」を通して学んだことの第一だそうである。そういう成果が，今後の人間関係に対するＤさん自身の期待を高めており，「〔会長として〕人に上手に〔役割を〕与えながら，もらいながら」やっていきたいと思えるようになった。

　もう一つ，よかったことをあげると，「つくろう会」に関係していなければ，「もしかすると，ちょっと変な話ですが，体を壊していたかもしれないですね」という。仕事が好きで，職場に寝泊りしたり土日も当然働いたり，という生活だったそうだ。

　ところで，会長になったことで「けっこうプレッシャーもある」という。「協力者をどうやって集めようか」「『ビオトープって何？』ということをどうやって伝えていこうか」など自分が「追い込まれて」いく。その結果，相談相手を

増やそうとしたり,「考える」ことが増えたり,それもやる前ではなく「行動してから検証する」など,これまでと違う行動様式をとれるようになったとのことである。

そうした会長としての大きな活動成果として,Ｄさんは「ごっつんこ」(泥団子を戦わせる遊び)を提案して実行したことで,昔からの遊びを伝承できたことをあげる。これによって今後に自信がつき,子どもや親の出身地の土を持ってきて「ごっつんこ」を作りたい,ビオトープの土〔ヘドロっぽい土〕を使いたい,そのような土で土俵を作ってもいい,「つくろう会」と「あそぼう会」の連携でやりたい,などアイデアは広がった。しかし,できれば「これはこの人に任せようとか,頼もうとか」,一人で考えすぎないようにしたいとのことである。そして「ごっつんこ」などを「自分にやらせてもらえませんか」という人が出てきてつながっていけばいいと思っている。とにかく,「つながり」の大切さがわかってきたＤさんは,自然を共に相手にすることで障がい者と健常者のコミュニケーションのきっかけになればいいと考えており,「ビオトープがそういう場所にもなりうる」と考えている。そして,2002年のアンケート調査で,多くのメンバーが「つくろう会」に地域・社会への波及効果を期待していたのを見て,Ｄさんもやはり「〔地域・社会にビオトープを〕広めたいな」と本気で思うと答えてくれた。

子どもとの関係については,今まで「何となく,子どもは〔勝手に〕すくすく育つだろうなっていう」思いがあったけれど,多様な子どもとの接触を通して「これは言わないとだめかな」「言い方もあるだろうな」「遠まわしでもいいから気づかせる感じの言い方をしなきゃいけないだろうか」など,教育的な働きかけの必要性がわかり,自分なりに工夫しながら対応できるようになったとのことである。教育者としては,元が「ゼロ開始」だったので,「プラスアルファされて,成長したんだろうな」と思うそうである。子どもから「先生」と呼ばれることがあり,それについてＤさんは「喜びになりますよ。思いがけず言われて,もう『えっ』て」と語る。今後は,「子どもが参画する―自分たちで何か企てるような―形にもっていければいいな」と考えており,「子ども

の主体性が当然あって，そこをサポートする，支援する形」に変えていきたいとのことである。

⑤ Eさん

EさんがPTA会長のとき，当時の学校長からビオトープをやらないかと誘われた。「多分，校長先生はまず私に一番最初に声をかけてくれた」という。板橋区の主催する勉強会にみんなで参加することから活動が始まったという。Eさんは受賞前も受賞後も，活動には毎回出ていたそうだ。当時の気持ちを次のように語ってくれた。

> 〔毎回の作業が終わったあとは〕「爽快」っていう感じでしたかね，気だるさにも，疲れたなかにも。作業も気持ちよかったし，すごく何か新鮮だったのかな。土をいじったりとかね，あと，草花をみんなで調べに行ったりとか，ですかね。お勉強も楽しかったし。(中略) 大人になって久々のお勉強っていう感じでしたよね。本を広げたり，セイヨウタンポポはこうなんだ，外来種はこうなんだとかね。(中略) 知らないことを知っていくのがすごく楽しかったですね。

このほか，知り合いが増えていくことも嬉しかったという。それまでは母親同士の付き合いが中心で，「世間話で悪いうわさ話とか，そういうのばっかりの世界の中から」抜け出したことが，「すごく何か気持ちよかった」そうである。もともと地元出身でないEさんが「地域〔町会など〕の方たちとお話する機会もあり，すごく広がりが出た」という。すばらしい講師との出会いもよかったとのことで，「身近な自然」や「草だったり鳥だったり」という話に引き込まれ，「もう，何ていうんだろう，あの感覚は，ドキドキするっていうか，ワクワクするっていうか」，大人の自分が「はっとさせられて，もっと知りたいっていう感覚にさせられた」という。

そのようにしてできあがったビオトープは，「何かほっとする」「いい場所」だという。

何か違う風が吹いている気がして。小さな空間なんですけども，気持ちのなかではかなり広い……。だって，たくさん，いっぱい，何だろうな，くったくたになったし，いっぱい汗流したし，それでできあがったあれですからね。

　このように愛着もってビオトープのことを表現するEさんである。だからこそ，受賞については，「子どもと親と先生，みんなでもらった賞だったので，あれは感動でした」という。もっとも，受賞そのものよりも，上記のようにみんなで汗流していい空間をつくれたということのほうが，Eさんには印象的だとのことである。

　そのようなビオトープづくりの活動を通して，「自分の人生観じゃないですけども，何かいろんなことがやりたくなった〔例えば草花の勉強〕」という。「全く知らないこと」であったビオトープの活動で，「何か新しいことを知るのって，そんなに新鮮で気持ちいいんだ」とわかり，「自分にもできることがあるのかもしれない」と感じたためである。「まるっきりほとんど主婦」だった自分に一種の「エンパワーメント」のようなことが起こったという認識である。ただ，今も「その気持ちは続いている」ものの，「何かこう，ちょっとできない自分に，ああって落ち込んだり」もするという。

　子どもたちの成長について感動したというエピソードもある。あるとき，コンクリートの上を跳ねているカエルに出会い，「子どもたちが，『コンクリートのところは痛いよ』と言って，そうっとこうやって持って行くところが何か，それはすごく感動しましたね」と，カエルを優しく抱く子どもたちの手つきを再現しながら語ってくれた。子どもたちの姿を見て「ああ，優しいな」と思ったとのことで，「子どもたちがこうやって持っていくのが……」と懐かしそうに，愛おしそうに繰り返すEさんであった。

　ビオトープでの活動を今ふり返ると，Eさんは「出会いってとにかく大事だな」と思うそうである。それは，当時の学校長との出会いからビオトープの活

動がはじまったからだという。その学校長が退職してから設立したNPO法人センスオブアースにも，Eさんは会員として参加している。現状では忙しくて十分な関わりがもてないものの，とにかく「自分たちの，ほんとに勉強会がしたい」とのことである。

(2) アンケート調査

調査結果から回答者の属性をみると，性別では男性8人，女性7人とほぼ同数，年齢では30歳代4人，40歳代8人，50歳代3人である。職業は勤め人7人，自営・自由業1人，主婦（家事専業）3人，主婦（パート等・内職・家族従業員など）4人という構成になっている。調査結果の概要を以下に記述する。

① 参加のきっかけと変化

「つくろう会」の活動に参加したきっかけを7項目提示し，最も重要なものを一つ選んでもらった。回答結果は，「学校や教育に役立つことをしたかった」3人，「先生・知人・家族等にすすめられた」2人，「すでに活動している人にさそわれた」2人，「他の父母等との付合いを広げたかった」2人，「なんとなくおもしろそうだった」2人，「植物や虫に関する活動をしたかった」1人，「もともとビオトープに興味があった」0人と分散している。しかも，学校や教育への貢献意識や植物・虫・ビオトープなど自然への意識に基づく参加は少ない。多様なきっかけで，「素人集団」からはじまったビオトープづくりといってよい。

次に，参加を通した自分自身の変化を10項目提示し，各々どの程度あてはまるか質問した。「非常にあてはまる」の回答数が多い順にあげると，「学校や教育への関心がたかまった」8人，「環境問題への関心がたかまった」5人，「地域のことに興味をもつようになった」5人となっており，学校・教育，環境，地域への関心が高まったことが表れている。

② 活動の感想

ビオトープ活動の感想を自由回答で記述してもらった結果は，以下のとおりである。

参加して一番よかったことについては，記述した14人のうち10人までが

自分自身の充実感を記述した。具体的には,「自分の存在を確認できた／童心にかえって充実感がある／土や生き物に触れて癒され,気持ちのリフレッシュができる／子どもの頃のように楽しめている／先生・父母との付合いができた／普段体験できないことが体験できた／今まで以上に自然に関心がもてるようになった／生活に自然環境が重要であることを認識できた／保護者の先輩から子育てのアドバイスをしてもらえた／学校の可能性の大きさと存在意義がわかった」という内容である。多様な側面から自分自身への効果が記述されており,ボランティア活動を通した自己実現という近年の傾向が明確に表れている。

次に,自分自身の成長や学びの内容を記述してもらったところ,14人の記述者のうち9人までが,自然や環境についての理解に関する内容を記述した。具体的には,「自然と共存する環境づくりと,そのための意識づくりが重要とわかった／草・木・虫への関心が深まった／自然に対する愛着がわいてきた／以前よりも鳥・葉・花に目がとまるようになった／草花や動物に対する興味がより深くなった／環境問題への関心が高まった／生態系のふしぎとすばらしさがわかった／自然の再生力に驚くとともに,区内に自然が残っていることに気づいた／遠くにいかなくても毎日自然と触れ合えることのできる大切さを感じた」という内容である。ビオトープに関するボランティア活動が,環境問題に関する体験的な学習（本書でいう状況的学習の一種）になっていることの証であろう。

最後に「つくろう会」の好ましい発展方向を尋ねたところ,地域・社会への波及効果に関する回答が多かった（14人の記述者のうち10人）。学校内での活動を超えて地域や社会全体に広げようとする気持ちが表れている。具体的な記述内容をあげると,「ビオトープを各学校,各公園に広げる活動に……／より緑を多くして,地域の人にも憩いの場となるように／自然環境の輪を広げ,生活環境を良くする方向にすすむ／環境活動を通じ,地域と密着したボランティア活動などを児童とともに行っていく／在校生・卒業生・地域住民を巻き込んで,自然のなかで集える場をつくる／地域住民がもっと参加し,町会等にもこのような活動が広がるといい／多くの人の参加によって地域にも自然を取り戻す運

動が広がるといい／「自然再生」の発信源として地域にも情報発信をしていく／子どもたち・地域住民と一緒に，地元のビオトープとして何十年も続けていきたい／「地域」を単位に物事を考えるようになった（さらに，思考は東京，日本，世界・宇宙へと進む）」となっている。このうち，最後の記述内容は10人の想いを代表するような内容なので，実際に書かれた記述内容を詳しく再掲すると，次のとおりである。

　　　　ビオトープというスポットができてから，（中略）「地域」という単位でものを考えるようになりました。これが実を結んで地域との活動がうまくいったとすれば，おそらくその先には東京，日本，世界，宇宙へと思考が進んでいくのではないかと思うのです。

　以上のように，ビオトープ活動は自然や環境への理解を中心に参加者自身の意識変容に大きく寄与しており，しかもそうした学習成果を地域や社会全体の向上に役立てようとする意識も芽生えているのである。なお，ビオトープ活動の成果を地域・社会に波及させようという目的で設立されたのが，元校長のTさんを理事長とするNPO法人センスオブアースである。つまり，このNPO法人の活動は，ビオトープを地域や社会に広げたいというメンバーの期待を具体化する役割を担うものといえる。ただし，この法人の活動自体はそうした目的に沿って発展しているものの，「つくろう会」からこの法人の会員となったAさん，Bさん，Eさんは，前述のインタビュー録にあるように，時間的な拘束などから自分自身で納得できるような活動はできていない。

4. メンバーの自己形成の特徴
(1) 再帰性からみた自己形成の過程
① 活動成果からの反作用

　インタビュー調査結果の要旨を掲載した5人のメンバーのうち，学校ビオトープの完成時から「つくろう会」のメンバーであったのはDさんを除く4人

である。このうち，AさんとEさんは，ビオトープ完成から重要な反作用を受けたことを語っている。

　Aさんは，ビオトープが完成したとき，生き物が集まり，それを見た子どもたちが目を輝かせるのを目の当たりにして，感動したという（反作用）。受賞による自信（反作用）とその感動とが相俟って，ビオトープはどの学校でもできると思い，東京中に広げられる可能性を感じた。一方，「つくろう会」と「あそぼう会」を通して，子どもと大人を含めた多様なつながりと信頼関係ができたことから，蓮二小にコミュニティ・スクールが実現するという感触を得て，「つくろう会」が学校の活性化に役立っていると認識した（反作用）という。以上のことから，Aさんはセンスオブアースが，学校ビオトープやコミュニティ・スクールを広域的に広げていく可能性をもっていると感じ，その道を模索している（省察）ものの，時間的な制約から実現に向けた取組みは進んでいない。

　Eさんは，次のように表現してくれた。みんなで勉強したり調査したりしながら，汗水流して，くたくたになってつくったビオトープ。それが完成したときは，何かほっとするようないい場所だと感じたという（反作用）。Eさんには，受賞の感動よりも，みんなでいい汗流していい空間をつくれたことのほうが印象的だった。その経験が一種の「エンパワーメント」効果をもち，「何かいろんなことができる気になった」そうである。そのために，センスオブアースのなかで勉強会をしたいとも考えるが（省察），今のところ実現していない。

　以上のように，AさんとEさんはビオトープの完成から刺激をうけ（反作用），次の段階を模索している（省察）。ただ，二人ともまだ模索段階から抜け出ておらず，反作用と省察を繰り返す〈再帰的循環〉にまでは至っていない。次の段階として新たな活動に取り組み，そこで再び成果があがれば連鎖の域に入っていくものと思われる。

　次に，Dさんのケースをみてみよう。Dさんは，ビオトープ造成時には会員になっておらず，その後入会して現在「つくろう会」の会長である。「つくろう会」の会長になったことでプレッシャーがあり，「追い込まれ」ながらいろいろ考える癖がついたという（省察）。そのなかで，企画・実行した「ごっつ

んこ」のイベントが成功したことは大きな自信となった（反作用）。Ｄさんはそれをきっかけに，「ごっつんこ」の発展方向についてアイデアを湧かしたり，他の人のつながりのなかでやれる方策を考えたりしている（省察）。

　このようにＤさんもまた，反作用・省察を経ていながらも，まだ一つの活動成果しか経験していないので連鎖の域には達していない。しかし，ＡさんやＥさんと同様，これからいくつかの事業に取り組んで成功を収めることによって，〈再帰的循環〉に入っていく可能性があるだろう。

　以上のように，ＡさんとＥさんはビオトープの完成，Ｄさんは「ごっつんこ」の成功から，それぞれ反作用・省察を経験しながらも，連鎖の段階――つまり〈再帰的循環〉――には至っていない。

② 教育的活動からの反作用

　次に，活動成果ではなく，日常の教育的活動からの影響に目を移してみよう。すると，ＧＷ三島におけるＣさんが短期スパンで〈再帰的循環〉を表明していたのと同じように，「つくろう会」の場合は子どもたちを対象とする教育活動でそのような連鎖をみることができる。それを明確に表明してくれたのは，ＣさんとＤさんである。それぞれ，語りから該当部分を抜粋すると次のとおりである。

　Ｃさんは，子どものためのビオトープのあり方を常に考え，子どもの学習支援にあたり工夫している（省察）。そのような活動の結果，子どもの食いつきがいいとビオトープ活動に励みが出るそうで（反作用），最近では子どもが生き物を大事にするようになったと思えるそうである（反作用）。今後はさらに進んで，人間も自然の一部だということを体験させたいと考えている（省察）。

　Ｄさんの場合は，子どもは勝手にすくすく育つと思っていたが，実際に子どもと接触するうちに，教育的な働きかけの必要性がわかり（反作用），自分なりに工夫しながら対応できるようになったという（省察）。その結果，子どもとの関係において成長したと思えるようになり（反作用），今後は子どもの参画を実現させたいと考えている（省察）。

　以上のように，子どもたちに対する日常の教育的活動のなかでは，教育対象

としての子どもたちからの反応によって，反作用・省察がある程度連鎖的に起こっている様子をみとめることができる。

③ 体験そのものからの影響

これまで述べてきたように，〈再帰的循環〉の概念は活動の成果（いわばoutcome，教育的活動の成果を含む）からの反作用（はね返り）を前提にしているので，それが認められないときは〈再帰的循環〉がないものと解釈される。しかし，活動の成果や子どもたちからの反作用ではなく，日常のビオトープ活動そのものから自己形成が影響を受けていることを示唆する語りもある。つまり，体験を通して何らかの情報や知識を吸収するというinput効果による影響である。

例えばBさんは，ビオトープ活動での体験からいろいろなことを学び，それによって環境や自然のことが自分の財産になったと思っている。町会などの活動についても，特別な成果をあげたわけでなくても，活動自体を通して地域の知り合いが増えて挨拶が普通にできるようになったと感じている。こうして，環境関係や地域関係の「フィルター」をもてるようになったことが，自分のアイデンティティという感じになっている，とBさん自身が語っている。

Bさんの語りは，活動成果や教育的活動の対象者（子ども）からの反作用ではなく，体験そのものから自己形成の過程が生じていることを示唆している。「つくろう会」の場合は，GW三島のように次々と事業に取り組んで成果をあげていく活動ではなく，ビオトープの日常的な維持管理の作業が中心となる。そのなかで，子どもとの共同作業や子どもの学習支援活動もあり，すでにCさんやDさんの語りに表れていたように，子どもからの反作用を受けることがある。しかし，Bさんの語りは，そのような反作用がなくても，自然の生き物との触れ合いという体験そのものから意識の変容（自己形成）が促されることを示すものである。

それを証明するかのように，Bさんはそうした体験がアイデンティティにつながることを述べてくれた。その他のメンバーの語りをみても，Cさんは「日々のビオトープ活動からさまざまな影響を受けた」，Dさんもビオトープに触れることで「子どものときの気持ちが呼び覚まされた」と語っている。Eさんの

場合も、ビオトープの完成までに過ごした時間そのもののすばらしさ（作業の気持ちよさ、専門家からの学びでドキドキする感覚など）を表現してくれた。

　以上のように、反作用・省察のメカニズムとは別に、日常のビオトープ活動という直接的な体験（以下「直接体験」）も、自己形成の過程に影響を及ぼしていることがうかがわれるのである。

(2) 意識変容の到達点

　それでは、活動成果や子どもたちからの反作用、そして日常のビオトープ活動における諸体験は、「つくろう会」のメンバーにどのような意識変容をもたらしたのだろうか。

　インタビュー調査の結果をみる前に、アンケート調査の結果を確認しておこう。アンケート調査によると、多様なきっかけから「つくろう会」に入ってきた人たちが、学校・教育、環境、地域の問題に関心をもつようになった。しかも、活動を通した成長や学びという点では、自然や環境について理解が深まったという内容が非常に多かった。「素人集団」からの出発だけに、自然と環境に関する学びが印象的だったと思われる。参加して一番よかったことを尋ねた自由回答結果では、自分自身の充実感に関する内容が多かった。

　一方、インタビュー調査における各人の語りから、意識変容に関して共通性の高いカテゴリーを抽出すると、①環境意識の変容、②人々とのつながり、③次世代の育成の三つであり、いずれも全員の語りに現れた。アンケート調査結果との対応関係を示すならば、①は自然・環境、②は地域、③は学校・教育についての関心や理解に相当するとみてよい。

　このように、今回のインタビュー調査から抽出されたカテゴリーは、2002年当時の「つくろう会」メンバーにみられる全体的な傾向とほぼ一致する。以下、各人の語りから抜粋しながら、各カテゴリーの内容を記述する。

① 環境意識の変容

　自然や環境に対する理解の深まりは、アンケート調査の自由回答結果で最も強調された点である。インタビュー調査のなかでも、「環境や自然のことが自

分の財産になり，アイデンティティにもつながる」というBさんの語りに代表されるように，ビオトープ活動がもたらす影響の中心をなすものと考えられる。

　ビオトープ活動は，生き物に直接触れながら自然環境を育てていくものである。そのため，まずは自然というものに対する意識・態度の変化を表明する語りが目立つ。具体的には，次のようなものがある。新しい虫や植物に出会った場合，〔子どものときは人に聞くしかなかったが，〕今では自分で突っ込んで調べることができる（Bさん）。子どものときの「飼いたい」という意識から，そういう生き物の生息環境としての自然を大事にという意識に変化した（Cさん）。子どものときの気持ちが呼び覚まされ，自然の移り変わりに目がいくようになった（Dさん）。大人になって久々のお勉強で，セイヨウタンポポや外来種を学ぶのが楽しかった（Eさん）。いずれも，子ども時代との関係で語られており，自然との触れ合いが自分の半生を見つめなおす機会にもなっているようである。

　そのほか，環境全体に対する意識の変容も次のように語られている。環境問題に関する数値に敏感になった（Aさん）。自然破壊のことを聞くと自分で調べるようになった（同）。会社の周りでも吸い殻を掃くようになった（Bさん）。コンポスタやゴミの分別など環境問題の全般に目がいき，実際に行動するようになった（Cさん）。

② 人々とのつながり

　人々とのつながりが充実するとともに，その重要性を認識するようになったことについては，GW三島でも全員が語っていた。「つくろう会」の場合も同様で，人と人とのつながりのなかにいる自分を肯定的に評価していることが，各人の語りに表れている。とくにAさんは，「大人と子ども，大人同士，学校と地域，さらには卒業生やその親も含め，あらゆる側面でつながりができあがった」と述べており，これがコミュニティ・スクールの基本だという。さらに，子どもは自分たちにとって「友だち」「仲間」であり，そうした「対等の関係」が重要だとまでいう。

　蓮二小のコミュニティ・スクール化に対して，「つくろう会」の活動が貢献

してきたことについては，本節1.(1)の活動概要で述べたように，ビオトープづくりや授業に関して「つくろう会」と子ども・教師の一体感が強いこと，そのことを学校ビオトープ・コンクールの審査員であるレーナート教授が驚嘆したことなどからも，裏づけることができる。

そのほか，特徴的な語りとしては，お年寄りの喜びは自分の喜び（Bさん），子どもたちと一緒の活動を楽しむ（Cさん），人と接することに苦手意識がなくなった（Dさん），みんなで分担してつながりを広げたい（同），出会いの大切さを感じた（Eさん）などがある。

③ 次世代の育成

学校ビオトープの活動は，当然のことながら子どもたちと共に過ごす時間が少なくない。そのため，次世代の育成については各メンバーが固有の意識を抱いている。大きく分けて三つのタイプの意識が浮き彫りになった。

第1は，〈教育型〉である。これは，教育者としての自分自身を高めていきたいという意識が表れた語りである。例えばCさんは，「どうやったら子どもが面白がるか，これを生かした教育はどうしたらできるか」ということを常に工夫し，子どもに対する教育者としての自分を明確に認識している。Dさんの場合も，「ごっつんこ」などの活動を「子どもが参画する形にもっていければいいな」と考えるなど，やはり教育的なアプローチを工夫している。ただし，Cさんが子ども自身の興味，Dさんが子どもの参画を強調することからうかがわれるように，二人とも教え込むのではなく，子どもの主体性を引き出す気持ちが強い。これは，大きいビオトープである「いきものひろば」が，あくまでも子ども主体で造成されたことからも影響を受けているものと考えられる。

第2は，〈見守り型〉である。これは，子どもたちの成長を見守り，その健全な様子を嬉しく思うタイプである。Bさんの「子どもが素直に育ち，元気で快活にいるなっていうのがわかるだけでありがたい」，Eさんの「〔カエルを優しく抱く子どもたちの姿に〕すごく感動しましたね」という語りがこれに相当する。

第3は，〈期待型〉であり，将来を担う子どもたちへの期待の気持ちが強く

表現される語りがこれに相当する。具体的には、コミュニティ・スクール的なつながりを継続・発展させたいと願うAさんが、イベントのあとで子どもたちに投げかけたというメッセージ「君たちの子どものために学校で同じようなことをしてあげてほしい」に表れている。

上記のように、それぞれの立場や経験によって少しずつ異なるもの、次の時代を担う子どもたちの育ちを大切に思う意識としては共通だといってよい。学校ビオトープの活動を通して、子どもたちに対する成長支援の感覚が生まれたといっていいだろう。

(3) 新しい生活空間の獲得

GW三島では、多くのスタッフが仕事中心の生活から解放され、ボランティア活動が形づくる新しい生活空間での経験を享受していた。その傾向は、「つくろう会」でも同様である。ただし、「つくろう会」では、女性メンバーのEさんが主婦の閉塞的な関係から解放されたことを強調しており、新しい生活空間の獲得には仕事のみならず主婦業からの解放も含まれる（表2-2-1に示すように、Eさんは調査時点では看護師）。これは、参加して一番よかったことを尋ねたアンケート調査結果に現れていた、「自分自身の充実感」と関連性の強い内容である。

仕事からの解放は、アイデンティティやフィルターをもてるようになったというBさん、「つくろう会」に関係していなければ体を壊していたかもしれないというDさんの語りに表れている。このような傾向は、GW三島における「仕事とは別の世界を手に入れた」と共通のものである。「つくろう会」の場合は、そのほかに「母親同士の世間話や悪いうわさ話ばかりの世界から抜け出すことができた」というEさんの語りがある。主婦の世界は、職業人でいえば仕事の世界に相当する。

以上のように、自分にとって所与のものである、また生活上の必要な労働としての仕事や主婦業による全面拘束から解放され、それらとは別の生活空間を手に入れたという喜びが大きかったものといえる。

(4) センスオブアースをめぐる問題

学校ビオトープの活動を地域・社会に広げたいという会員の想いを実現したのが、NPO法人センスオブアースである。当時の学校長のTさんが理事長を務めるこのNPOは、環境保護や環境教育に特化した活動を展開している。しかもインタビュー調査の結果に表現されているように、センスオブアースは環境問題を軸にしながら、自分たちの学習を広げ（Bさん）、蓮二小のコミュニティ・スクールのつながりをさらに広げていく（Aさん）可能性をもっている。Eさんの場合には、自分のやりたい草花の勉強がこのNPOの活動のなかで実現すれば理想だと思っている。とくに、AさんとEさんにとっては、次の段階の反作用・省察が生起し、自己形成の過程が〈再帰的循環〉へと発展していく可能性がある。

しかし、このNPOの会員にもなっている上記3人がインタビュー調査で語ったように、仕事や他の活動で忙しいために、現実にはその活動に参加する十分な時間がない。それぞれなりに、センスオブアースが自己形成の次の段階を拓いてくれる可能性を感じているものの、実際には困難な状態のようである。

(5) 意識変容が生じなかったメンバー

Fさんは、「昔から動物とか、そういうのは好きだったので、やっぱり自然破壊っていうのは……意識的にはあったので、とくに「つくろう会」に入ったから〔環境や自然に対する考え方が変わった〕っていうのはなかったかな」と語った。環境や自然に関すること以外でも、とくに活動を通した変化はなかったそうである。このように、Fさんの場合は「つくろう会」の活動によって大きく世界観が変わったとは語っていないため、明確な意識変容は生じなかったようである。

5. まとめ

〈再帰的循環〉からみた「つくろう会」メンバーの自己形成の過程について、次の点を指摘することができる。第1に、ビオトープの完成や「ごっつんこ」

の成功といった活動成果に関し，連鎖といえる段階には達していないものの，反作用・省察が生じていることが確認できた。第2に，日常の教育活動という短期スパンでみると，子どもの反応からの反作用によって〈再帰的循環〉が生じている。第3に，反作用・省察のメカニズムとは別に，日常のビオトープ活動における直接体験から自己形成が影響を受けている。

　以上の傾向は，意識変容を表明したスタッフの全員が〈再帰的循環〉を経験していたGW三島と異なっている。これは，次のような要因によるものと考えられる。

　GW三島は，事業を次々と実践して成果をあげていく団体であった。そして，インタビュー調査の対象となったスタッフは，それぞれの事業をリーダー的な立場で繰り返し実践し，そのつど，反作用を受けて〈再帰的循環〉を通した自己形成を遂げていた。

　それに対し，「つくろう会」の活動は，自然に触れながらの日常的な維持管理，そして子どもとの共同作業や子どもの学習支援が中心である。したがって，現状では，短期スパンで子どもからの反作用による〈再帰的循環〉は起こっているものの，事業の結果からの反作用・省察の連鎖は生じていない。このあと，「ごっつんこ」のように学校ビオトープを使った事業が頻繁に行われたり，センスオブアースに参加しているメンバーがそこでの事業で成果をあげると，連鎖が起こってくるものと思われる。一方で，日常の地道な作業が中心だからこそ，反作用・省察とは別に体験そのもの（直接体験）からの影響も受けやすい。体験自体による意識変容は，「つくろう会」で顕著に表れたことである。

　次に，そのような過程の行き着く先として，共通性の高いカテゴリーを三つ抽出することができた。それは，環境意識の変容，人々とのつながり，次世代の育成である。GW三島との違いは，環境意識の変容が強調されていることである。これは，学校ビオトープがまさに環境教育のために設置されていること，日常の維持管理がビオトープの自然度を高めるために行われることなどから，自然や環境に対する意識の変容が促されやすいためと思われる。

　上記の意識変容の結果は，次のことを示している。第1にGW三島と同様，

「空間軸・時間軸で人々がつながり，相互の協力や継承をしながら地域や社会を刷新・運営していくこと」に大きな意味を見出している。第2に，GW三島と異なる点として，「人々とのつながりだけでなく，自然とのつながりも大切にしながら地域や社会を刷新・運営すべき」という価値観（環境意識）もメンバーに育っている様子がうかがえる。第3に，上記のような意識は，仕事や主婦業の拘束から解放された新しい生活空間で，実際に自然や人々とつながり，次世代育成の活動に関わるなかでこそ醸成されたといえる。そして最後に，上記の価値観が基盤となって，メンバーの世界観と自己アイデンティティが形づくられていると考えられる。

第3節　結　論

本章では，二つの非営利組織を事例に取り上げ，そこで活動するボランティアの自己形成を分析した。GW三島は，全国的にも名が知られた大規模な組織であり，事業を次々と実践して成果をあげていくNPO法人であった。一方の「つくろう会」は，父母を中心とする地域住民が地道に活動する小規模なボランティア組織であった。GW三島のように繰り返し事業を展開するのではなく，自然に触れながらの日常的な維持管理や子どもとの共同作業，子どもへの学習支援が活動の中心であった。

以上のような相違点をもつ二つの非営利組織のメンバーを対象として分析を行った結果，下記のことが明らかになった。

1. 本章で得た知見

本章では，図2-0-1で設定した〈再帰型学習〉のモデルを出発点に，社会形成に取り組むボランティアの自己形成のメカニズムを分析してきた。その結果，下記の知見を得ることができた。

第1に，ボランティアは，社会形成（教育活動を含む）の結果からの反作用と省察を経て自己形成を実現する。とくに，事業結果が繰り返し発生する場合（に

れはGW三島に顕著であった）や，対象者からの反応がそのつど生じる教育活動の場合（こちらは「つくろう会」に顕著であった）には，反作用と省察が連鎖として生じる〈再帰的循環〉によって自己形成をはかっている[4]。

第2に，反作用・省察を経なくても，直接体験によって自己形成が実現する場合もある。例えば，「つくろう会」で表れていたように，自然との触れ合いを通して環境問題に関する意識が醸成されるなどがそれである。

第3に，反作用・省察や直接体験の過程を経て，「空間軸・時間軸で人々がつながり，相互の協力や継承をしながら地域や社会を刷新・運営していくことに高い評価を与える価値観」が醸成され，それが各自の世界観（意味システム）の基盤を形成する。ボランティアはそのような世界観に支えられて自分の役割と位置を明確に認識し，それが安定的な自己アイデンティティの獲得につながる。この傾向は，どちらの事例にも明確に表れていた。

第4に，上記の価値観と世界観は，ボランティア活動が提供する新しい生活空間（仕事や主婦業から解放された生活空間）のなかで，実際にほかの人々や次世代と共に活動すること（前述バーガーのいう共謀関係）によって生まれ，かつ維持・強化されるものである。これも，両事例に表れていた傾向である。

第5に，直接体験が，例えば自然との触れ合いだとすれば，「人々とのつながりだけでなく，自然とのつながりも大切にしながら地域や社会を刷新・運営していくことに高い評価を与える価値観」が醸成されるなど，価値観や世界観の鍵となるカテゴリーは「人々とのつながり」だけでなく，活動の内容によって変化する。この特徴は，とくに「つくろう会」で明確に表れていた傾向である。

第6に，組織の活動を支援するアドバイザー（専門家）の場合も，支援活動に伴って活動の趣旨に適合した価値観を抱くようになり，それぞれの世界観とアイデンティティを獲得していく可能性をもっている。これは，GW三島の二人のアドバイザーに表れていた傾向である。なお，ショーン（Schön訳書2007）に代表されるように，専門職（専門家）の省察的実践に関する多くの研究は，専門職の力量形成や活動成果の向上に焦点が当てられている。西原

(2004) は，専門職というよりも専門的なボランティアが対象であるけれども，そこでも省察を通した活動成果の向上に焦点を当てている。これらに対し，本章の分析は，専門家の世界観とアイデンティティの獲得に焦点をあてた点がユニークといえるだろう。

2.〈再帰型学習〉の修正モデル

上記の知見に基づいて本章「はじめに」の図2-0-1を修正すると，図2-3-1のとおりである。これが，本章での分析をふまえた〈再帰型学習〉の修正モデルである。モデルが表現しているように，組織的なボランティア活動は，具体的な社会形成の活動成果からの反作用に加え，直接体験や人々のつながりを通して世界観や自己アイデンティティを獲得していくことを可能とする。いわば，ギデンズのいう〈再帰的プロジェクト〉としての自己を，「抽象的な制度・知識からの情報に全面依存」することによってではなく，「具体的な人間関係と活動体験，そして活動成果からの反作用」によって実現することができるわけである。データ分析の結果，状況的学習の一種としての〈再帰型学習〉について，このような修正モデルを描くことができた。

とはいうものの，二つの事例から得た知見に基づいているため，未だ仮説の域を出ていないといってよい。今後，事例分析を積み重ねることによって，さらに修正や精緻化を施していく必要がある。

最後に，変容的学習の研究潮流における本章の特色を示す。第1章第3節で整理したように，従来の意識変容の理論には批判的ふり返り（critical reflection）の概念が色濃く組み込まれている。しかし，本章で浮き彫りにした〈再帰的循環〉による意識変容には，必ずしもそうした批判性が組み込まれているわけではない。「前提を批判的に問い直す」のではなく，「活動成果をふまえてさらなる向上への道を模索する」過程である。例えば，GW三島のFさん（事業の成功経験からさらに質の高い活動を構想する），「つくろう会」のAさん（学校ビオトープやコミュニティ・スクールの成功をもとに活動を広域化する道を模索する），Dさん（子どもの成長に対する支援の成功からさらに子どもの参画の実現を構

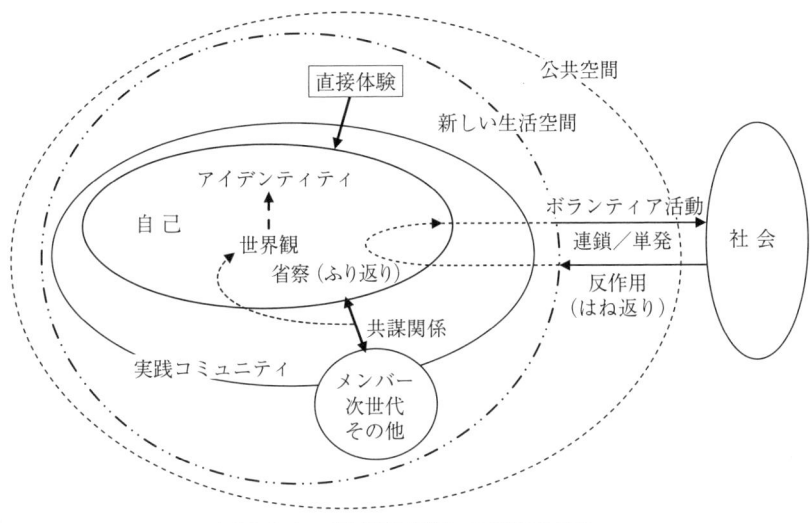

図 2-3-1 〈再帰型学習〉の修正モデル

想する）などの語りにそれが表れている。このように，本章では，「批判的ふり返りによらない意識変容の過程」の存在を示すことができた。

注
1) ここでいう〈再帰型学習〉に近い用語として，reflexive learning を提起した論文として，次のものがある。Edwards & Ranson & Strain（2002）は，学習を認知（recognition），省察（reflection），再帰性（reflexivity）という三つの局面に分け，それぞれ「自覚・認識」「実践への参加を通した理解」「スキームの分析と変容」を意味するとしている。第3の局面である再帰性のレベルにおける学習が reflexive learning である。したがって，ここでの reflexive learning は，本書における変容的学習に近い。一方，Dyke（2006）は，reflexive learning を「マクロな社会構造」と「ミクロで日常的な他者との相互作用」の両方から影響を受けた学習として位置づけている。これらの論文のどちらにおいても，reflexive learning は本書でいう〈再帰型学習〉とは異なる意味で用いられている。本書では，〈自己と社会の再帰的変容〉を促進する状況的学習を〈再帰型学習〉，そのプロセスでのふり返りを省察と位置づける。
2) 調査者からのこのような投げかけは，誘導的な印象を受けるかもしれない。しかし，本章の冒頭に述べたように，ここでのインタビュー調査は，対話のなかで対象者のストーリーをつくっていくという，アクティブ・インタビューの考え方で行った。そのため，対象者の表情や語調，語りの熟し加減をみながら，対象者の意識をある言葉で

表現すればぴったりと感じられたときに，このような投げかけをしている。そのうえで，対象者の反応の仕方（間合い，語調，表情，頷き方など）をみて，その投げかけが対象者の意識を明確にとらえたと判断できた場合のみ，語りの記述にそれを載せた。そのように判断できなかったときは，言葉としては肯定した場合でも削除している。例えば，「つくろう会」のAさんのインタビュー調査では，上記のような投げかけに対し，言葉上は「そのとおりです」という回答があったものの，間合いや語調・表情からみて完全な同意ではないと判断した部分があったので，その部分は記述から削除している。

3) 山内（2001, pp.198-203）や仁平（2003, pp.100-103）が示すように，ボランティア活動への参加率は所得や学歴などによって異なっている。今回のインタビュー調査でKさんが指摘したように，ボランティア活動にとって経済基盤のゆとりは重要といえる。

4) 〈再帰的循環〉を発生させる反作用には，マスメディア等による社会的評価（GW三島のFさん），物づくりの達成感（同Gさん），子どもたちの成長（同Kさん）など肯定的なものだけでなく，トラブルの発生（同Jさん）など否定的なものも含まれる。

第3章

学習活動とボランティア活動の連鎖及び自己形成との関係

はじめに：本章の目的と枠組

　本章の目的は，非状況的学習とボランティア活動との関係を行動連鎖の観点から分析するとともに，そのような連鎖と自己形成との関係を分析することである。それによって，社会形成の活動を通したボランティアの自己形成について，非状況的学習という要素を組み込んだメカニズムとして考察することができる。第1章第2節の冒頭で述べたように，非状況的学習とは学級・講座，学習サークル，通信教育での学習など，一定の時間と空間を占有して行われる学習の諸活動の総称である。簡便化のため，以下の部分では非状況的学習を「学習活動」と表記する。

　第1章第4節の1.で述べたように，学習活動とボランティア活動との間における行動連鎖を対象とした実証的な先行研究，及びそのような行動連鎖とボランティアの自己形成との関係を分析した実証的な先行研究は，これまでほとんど行われていない。そこで，本章では下記の枠組を設定し，これらのテーマに関する新たな知見を生み出そうとするものである。

　成人学習の傾向を分析したピーターソンによれば，成人の学習活動には"The Education-More Education 'Law'"（教育を受けた者ほど教育への関心が高くなる法則）が存在するという（Peterson 1980, p.424）。これは，学歴が高い者ほど学習実施率が高い，という事実をもとに考え出されたものである。この法則を援用して"Education"を"Learning"に変えれば，「学習すればするほど，さらに学習したくなる」という，いわば〈学習活動の自己増殖〉の法則も成り立

つとみてよさそうである。

　このような観点から，成人の学習活動が成立・継続するメカニズムを諸条件の連鎖 (chain) で表現したものが，クロスによる COR モデル (chain-of-response model) である (Cross 1981, pp.124-151)。COR モデルは，七つの変数——すなわち自己評価，教育への態度，目標の重要性と目標達成への期待，生活の変化，学習の機会と障害，情報，学習活動への参加——によって，学習活動の成立過程を説明するものである。それによれば，自己評価や教育への態度などの内面的条件から情報や学習の機会などの外的な条件までが順次満たされ，あるいは相互に関係をもちながら，最終的に学習活動への参加が実現する。それがまた，自己評価や教育への態度などに対する影響力としてフィードバックされる。「おそらく，学習活動への参加によって，自己評価の向上，教育への積極的な態度の創出，成功（目標達成）に対するより強い期待への誘導などが促され」(Cross 1981, p.129, カッコ内筆者)，学習活動への参加が循環的に継続していく。これが，クロスによる〈学習活動の自己増殖〉の過程である。

　学習の自己増殖過程を実証データによって分析した国内の先行研究としては，次のものがある。藤岡 (1986) は，パネル調査を用いて学習者の学習関心と学習活動の経年変化を分析し，過去の学習活動の経験が現在の学習活動にプラスの影響を及ぼすことを実証した。矢野 (1983) や川崎市生涯学習振興事業団・川崎市教育委員会 (1991) など，その他の先行研究でも同様の傾向が確認できる。

　しかし，すべての学習活動がこうした循環に乗るとはかぎらない。クロスのCOR モデルや上記の実証研究が主張するフィードバック効果が成り立つためには，何らかの条件が必要ではないだろうか。その点に注目して，「動機」の重要性を立証したのが矢野 (1983) である。矢野は，過去の学習経験，現在の学習経験，将来の学習要求の組み合わせにより「学習参加の行動連鎖モデル」を考案し，学習経験が次の学習要求を強めていくという法則を「学習のふくらみ」と呼び，逆に学習活動を経験したにもかかわらず途中で放棄してしまう法則を「学習のちぢみ」と呼ぶ。矢野の分析結果によれば，「学習のふくらみ」にプラスの影響を及ぼす要因として，学習動機の強さが働いている。つまり，

学習の「ふくらみ」と「ちぢみ」の分岐点には，学習活動の開始前の状態が要因として潜んでいるわけである。

　それでは，学習活動の修了後に働く要因はないのか。例えば，学習成果を生活のさまざまな場面で生かすこと，意識・生活上の「好ましい」変化が起こることなど，学習がもたらす諸効果が次の段階での学習活動に影響を及ぼすと考えることができる。クロスの COR モデルにおいて，学習活動とそれに起因する各種の変化—すなわち自己評価の向上，教育への積極的な態度の創出，成功に対するより強い期待など—との間には，このような学習の効果が介在しているはずであり，その一つが「ボランティアとしての学習成果の活用」と考えてよい。成人教育の特色の一つが「応用の即時性」—すなわち学んだことをすぐに活用すること—である（池田 1987, p.25）という点をふまえると，ボランティア活動などで学習成果を生かすことは，成人教育研究において重視されるべき現象であるはずだ。

　以上のことをふまえ，本章では次のような分析を行う。

　第1に，学習活動とその成果活用としてのボランティア活動との関係を分析する。第2に，学習成果を活用しないボランティア活動にも着目し，学習成果を生かしたボランティア活動とそうでないボランティア活動との比較分析を行う。第1と第2の分析を合わせると，学習活動とボランティア活動についての総合的な知見が得られる。第3に，学習活動とボランティア活動の連鎖が成り立つ場合，それが自己形成とどのような関係にあるかを分析する。

　本章は以上に述べた三つの分析を通し，学習活動とボランティア活動との関係，及びそれと自己形成との関係について，新たな知見を生み出そうとするものである。なお，上記のうち第1の分析は第1節，第2と第3の分析は第2節で行う。データ入手方法としては，第1節では成人を対象とする全国アンケート調査，第2節では高齢者を対象とする全国アンケート調査を用いる。

　第2節の分析で高齢者を対象とする理由は，次のとおりである。地域のなかで学習活動とボランティア活動をつなげている人々の多くは高齢者である。したがって，この年齢層に対して，多様な角度から学習活動とボランティア活動

との関係，及びそれと自己形成との関係を調査することにより，本章の目的に適した知見が得られやすいと考えた。

　以上が，本章における分析の基本枠組である。なお，第2節の分析で使用する調査では，ボランティア活動に相当する用語として社会参加活動を使っている。第1章で述べたように，本書でいうボランティア活動とは自発性，社会性，無償性という三つの原則をもつ活動であることを前提としている。それに対し上記調査では，文化・教育，安全管理，保健・福祉など社会貢献活動の領域を例示することによって社会参加活動を定義しているため，社会性についてはある程度表現されているものの，「自発性」と「無償性」については明記されていない。そのため，厳密にいえば第2節で扱う社会参加活動は，ボランティア活動と完全に一致するものではない。ただし，上記のような例示のもとに規定された社会参加活動は，地域で行われる通常のボランティア活動の内容とほぼ一致したものであり，日常用語としては同じような意味をもつものとして使われることから，ここでは本書でいうボランティア活動と同等のものと考える。そこで，第2節では調査票での使用に合わせて社会参加活動と表現し，結論を述べる第3節ではそれらをボランティア活動という表現で扱う。

第1節　学習活動とボランティア活動の関連

1. 本節の分析課題

　本節では，学習活動とその成果を活用したボランティア活動との関係を分析する。主な課題は次の3点である。第1に，ボランティアとしての学習成果の活用と今後の学習要求との関係を分析する。第2に，この分析を行うにあたって，二つの点を考慮する。一つは，今後の学習要求を強める要因として，ボランティア活動以外の要因による影響がどのようになっているかということである。二つは，ボランティアとしての学習成果の活用が，たんに学習活動の継続のみならず，学習の高度化といった質的な向上にまで影響するかということである。第3に，学習活動とボランティア活動の連鎖を促す条件を分析する。

2. 調査と回答者の概要

(1) 調査の概要

上記の分析を行うために,国立教育研究所(現国立教育政策研究所)「暮らしの中の学習—生涯学習の意識と実態に関する調査—」(アンケート調査)の結果からデータを得た[1]。調査の概要は,以下のとおりである。

① 調査地域:全国から地方ブロック別に5県,さらに各県から4市町(市は大都市,広域圏中心都市,小都市から一つずつ)を抽出し,合計20市町を対象地域とした(表3-1-1参照)。

② 調査対象:それぞれの地域の20歳以上の男女を対象とした。
※抽出にあたっては,性と年齢階層(20～39歳,40～59歳,60歳以上)の組み合わせによって6分類を設け,各分類が60人(各地域における合計が360人)になるよう,住民基本台帳より無作為抽出(等間隔抽出)を行った。

③ 調査方法:郵送法による。ただし,表3-1-1で＊を付した市町については,その市町の公民館を通して調査票の配布・回収を行った。

④ 調査時期:1991年5～7月。

⑤ 標本数:7200票(各市町360票)。

⑥ 回収結果:発送数7200票に対し,有効票回収数3521票(回収率48.9％)。
※調査方法別の内訳は,郵送分が発送数5760票／有効票回収数2173票／回収率37.7％,公民館通し分が同1440票／同1348票／同93.6％であった。

⑦ 主な調査項目:過去1年間の学習活動の有無・内容・レベル,学習活動の効果,今後の学習要求の有無・内容・レベル,学習成果の活用の有無・条件

(2) 回答者の概要

回答された有効票を性・年齢別構成でみると,男性20～39歳12.3％,男性40～59歳15.6％,男性60歳以上17.3％,女性20～39歳16.6％,女性40～59

表 3-1-1　調査地域の一覧

地方ブロック	東　北	関　東	北　陸	近畿・山陰	九　州
県	岩手県	神奈川県	富山県	兵庫県	大分県
大都市	盛岡市 (232)	藤沢市 (345)	富山市 (318)	尼崎市 (493)	＊大分市 (401)
広域圏中心都市	＊花巻市 (70)	＊厚木市 (189)	高岡市 (177)	宝塚市 (199)	＊別府市 (130)
小都市	遠野市 (30)	伊勢原市 (86)	魚津市 (50)	高砂市 (93)	日田市 (65)
町　村	金ヶ崎町 (16)	松田町 (13)	上市町 (24)	青垣町 (8)	野津町 (11)

（注）＊を付した市町は公民館を通して調査票を配布・回収、その他の市町は郵送により配布・回収を行った。なお、カッコ内は調査時点の人口（単位：千人）である。

歳 20.8％，女性 60 歳以上 16.1％，無回答 1.1％である。職業別では，農林漁業 7.6％，自営 7.1％，経営・管理職 3.5％，専門・技術職 10.6％，事務職 10.8％，技能・労務職 7.7％，販売・サービス職 5.7％，主婦（パート・内職・家業）10.8％，主婦（家事専業）17.3％，学生 0.7％，無職 15.7％，その他 1.8％，無回答 0.7％である。

　なお，有効票を寄せた成人のうち，1963 人が「この 1 年間に学業や職場での学習の他に，何らかの方法で学習した」（以下，調査結果の説明で「学習者」と表現する場合は，これらの人々を指す）と答えている。本節の分析で用いるのは，これらの学習者の回答結果である。

3. 学習成果の活用の実態

　はじめに，ボランティアとしての学習成果の活用について，その実態をみてみよう。過去 1 年間で最も熱心に学習した学習内容を回答した者（1884 人）に対し，「その学習の成果をボランティアなどで活用してみたいと思いますか」[2]と尋ねた結果，次のような結果を得た（【　】内は無回答を除いた構成比）。

　　・「すでに活用した」〈活用経験者（率）〉：14.1％【15.4％】

・「活用したことはないが,できれば活用したい」〈活用希望者(率)〉: 41.9%【45.8%】
・「特に活用したいとは思わない」〈無関心者(率)〉: 35.6%【38.9%】
(無回答は8.4%)

　無回答を除いた場合,活用経験者と活用希望者を合わせると61.2%にのぼる。かなり多くの学習者が,ボランティア活動を通した学習成果の活用に関心をもっているといえる。

　それでは,ボランティアとして学習成果をすでに活用した者(経験者),あるいは今後活用したいと考えている者(希望者)は,どのような学習者層に多いのだろうか。属性間の比較を表した表3-1-2によれば,活用経験率は40歳以上の女性と主婦専業で比較的高く,20・30歳代の男女では10%にも満たない。中高年女性や主婦層での回答率が高いことの背景には,時間的ゆとりや地域社会とのつながりの強さのほか,非職業的な役割行動による自己実現への意欲など,多様な要因が存在しているように思われる。一方,活用希望率は20・30歳代の男性が49.7%と最も高く,40・50歳代の男性が42.5%と最も低い。若い男性は気持ちがありながらも,学習成果をボランティア活動に振り向けるま

表3-1-2　ボランティアとしての学習成果の活用―属性別―

(単位:%,カッコ内は人数)

	性・年齢別						職業別			
	20・30歳代		40・50歳代		60歳以上		勤め人男性	勤め人女性	主婦専業	無職60歳～
	男性	女性	男性	女性	男性	女性				
活用経験率	8.4	7.2	15.7	19.1	17.1	21.8	12.4	10.8	19.8	13.2
活用希望率	49.7	45.4	42.5	49.0	44.8	43.3	45.9	48.4	46.3	45.2
無関心率	41.9	47.4	41.7	32.0	38.1	34.9	41.7	40.8	33.9	41.6
合　計	100.0(191)	100.0(304)	100.0(254)	100.0(388)	100.0(299)	100.0(284)	100.0(412)	100.0(213)	100.0(354)	100.0(250)
カイ2乗検定	χ^2=46.029, d.f.=10, p<0.001						χ^2=14.435, d.f.=6, p<0.05			

(注)職業別の集計は主な職業分類のみを抽出して行った。カイ2乗検定の表記は,χ^2がカイ2乗値,d.f.が自由度,p<0.001が0.1%水準で有意差有りを表す。以下の表でも同様。

でに至っていないようである。

次に，学習領域とボランティア活動との関係を表3-1-3に示す。社会活動に関する学習領域の活用経験率が62.7%と群を抜いて高いのは，この領域の特性として当然といえよう。しかし，他の領域のなかにも活用経験率が10%，活用希望率と合わせると60%を超えるものが多い。これをみると，社会活動だけでなく，多くの学習領域がボランティア活動につながる可能性を秘めているといえるだろう。実際のところ，学習成果をボランティア活動で生かす方法には，多様なものがある。例えば，趣味で始めた楽器演奏をボランティアとして福祉施設の人々の前で披露する，児童文学の学習成果を生かして保育園で読み聞かせを行うなどである。田中（2009a, pp.32-34）はこうした実態をふまえ，「公益性」の概念を学習段階（学習活動として学ぶ段階）と活用段階（学習成果を活用する段階）に分け，それぞれの段階で公益性を考慮することの重要性を指摘している。

さらに，活用経験者の学習内容の領域構成をみると（表3-1-4），社会活動の領域が占める割合は14.0%にすぎず，趣味関係の24.9%をはじめ全体の86.0%を社会活動関係でない学習領域が占めている。つまり，社会活動を最も熱心に学んだ者の多くがその成果をボランティアとして活用したとはいえ，その人数は学習成果をボランティアとして活用した者全体の1割強にとどまるのである。これは，趣味関係などの領域に比べ，社会活動の領域を最も熱心に学習した者

表3-1-3　ボランティアとしての学習成果の活用―学習領域別―

（単位：%，カッコ内は人数）

	趣味関係	教養関係	時事問題	スポーツ	健康管理	家庭生活	育児	社会活動	コンピュータ	外国語	職業関係
活用経験率	15.1	15.3	19.7	12.1	18.3	12.1	15.1	62.7	5.7	5.2	10.9
活用希望率	43.0	45.8	46.2	44.3	48.6	53.4	47.2	35.6	51.1	56.0	42.9
無関心率	41.9	38.9	34.2	43.6	33.1	34.5	37.7	1.7	43.2	38.8	46.3
合　計	100.0 (437)	100.0 (131)	100.0 (117)	100.0 (289)	100.0 (175)	100.0 (58)	100.0 (53)	100.0 (59)	100.0 (88)	100.0 (116)	100.0 (175)

（注）カイ2乗検定の結果は，$\chi^2=143.238$, d.f.=20, $p<0.001$。

表 3-1-4　ボランティアとして成果を活用した学習内容の領域構成

（単位：％，カッコ内は人数）

社会活動	その他				合　計
	趣味関係	スポーツ	健康管理	その他	
14.0	24.9	13.2	12.1	35.8	100.0 (256)

の絶対数が少ないことによる。なお，表 3-1-3 と表 3-1-4 に現れた傾向は，属性別にみてもほぼ同様である。

4. 今後の学習要求とボランティア活動との関係
(1) ボランティア活動が及ぼすプラスの影響

　こうした学習成果の活用経験と活用希望が，今後の学習要求とどのような関係にあるかをみるために，表 3-1-5 を作成した。これは，活用経験者，活用希望者，無関心者のそれぞれについて，今後の学習要求に関する回答結果を示したものである。なお，今後の学習要求については，顕在性対潜在性（学習したいことが決まっているか否か），現在（調査票では「この 1 年間」と表現）の学習内容との一致・不一致という観点から類型化している。

　まず同表 (1) をみると，顕在的学習要求のなかでも「ぜひやりたいことがある」という強い要求をもった者は，活用経験者 (46.8％) で最も多く，次いで活用希望者 (33.1％) に多くなっている。逆に潜在的学習要求者，すなわち漠然と何かやりたいと思っている者の割合は，無関心者で 28.2％ と最も高く，次いで活用希望者 25.2％，活用経験者 12.8％ の順である。「やりたいことは，特にない」という学習辞退者の割合も，無関心者で 10.6％ と最も高い。

　ここで，顕在的学習要求を，「現在（調査票では「この 1 年間」と表現）最も熱心に学習している内容」と「今後最も学習したい内容」が一致する場合と一致しない場合に分け，ボランティア活動による学習成果の活用に関する回答結果との関係をみたのが (2) である。ここで，顕在的学習要求者のうち，「ぜひやりたいこと」があり，しかも現在の学習と一致する者を積極的学習リピーターと呼んでいる。これに該当する者は，いわば現在の学習内容の継続を強く望む

表 3-1-5　ボランティアとしての学習成果の活用と今後の学習要求との関係

(単位：％，カッコ内は人数)

(1) 学習要求の顕在性・潜在性及び学習辞退からみた場合

		活用経験者	活用希望者	無関心者
顕在的学習要求者	ぜひやりたいことがある	46.8	33.1	25.6
	できればやりたいことがある	37.4	38.8	35.6
潜在的学習要求者（決まっていないが，何かやりたい）		12.8	25.2	28.2
学習辞退者（やりたいことは，特にない）		3.0	2.9	10.6
合　計		100.0 (265)	100.0 (789)	100.0 (671)

（注）カイ2乗検定の結果は，$\chi^2=86.677$, d.f.=6, $p<0.001$。

(2) 学習要求を現在の学習内容との一致・不一致から細分化した場合

		活用経験者	活用希望者	無関心者
積極的学習リピーター	ぜひやりたいことがある／現在の学習と一致	27.9	17.4	12.6
顕在的学習要求者	ぜひやりたいことがある／現在の学習と不一致	18.6	15.5	13.1
	できればやりたいことがある／現在の学習と一致	17.4	15.8	13.2
	できればやりたいことがある／現在の学習と不一致	19.8	22.5	21.2
潜在的学習要求者（決まっていないが，何かやりたい）		13.2	25.8	29.0
学習辞退者（やりたいことは，特にない）		3.1	3.0	10.9
合　計		100.0 (258)	100.0 (770)	100.0 (651)

（注1）「現在の学習と一致」とは，「現在最も熱心に学習している内容」と「今後最も学習したい内容」が一致すること，「現在の学習と不一致」はそれらが一致しないことを意味する。
（注2）カイ2乗検定の結果は，$\chi^2=92.382$, d.f.=10, $p<0.001$。

者である。(2)に表れた傾向をみると，積極的学習リピーターの割合は活用経験者で最も高く27.9％，次いで活用希望者17.4％，無関心者12.6％となっている。活用経験者と活用希望者の差がとくに大きいものの，活用希望者と無関心者との間にも若干ながら差が表れている。

　以上のことから，ボランティアとしての学習成果の活用は，今後の学習要求—とりわけ現在学習している内容の継続—にプラスの影響を及ぼす可能性を指摘することができる。そして，仮にまだボランティアとしての活用が実現して

第1節　学習活動とボランティア活動の関連　143

いなくても，その意思をもつことにより今後の学習要求が若干ながら促進されることも推察できる。なお，これらの傾向は，学習者の基本属性や学習領域ごとにみてもほぼ同様に成り立つ。

(2) 他の学習効果による影響の検討

ただし，学習の諸効果のうち学習要求に影響を及ぼすものがボランティア活動だけとは考えがたい。ボランティア活動以外での学習成果の活用，学習による意識・生活上の「好ましい」変化など，学習がもたらすさまざまな効果は，当然のことながら次の段階の学習要求の促進要因になると考えられる。

それらの諸効果が「ボランティアとしての学習成果の活用」と「今後の学習要求」の両方に影響力をもつとすれば，表3-1-5の結果は見かけ上の相関（つまり擬似相関）にすぎない可能性がある。その点を確認するために，次の分析を行う。

まず，アンケート調査では，学習の効果を「学習をして，良かったこと」という尋ね方で12項目提示し，該当するものをすべて選択してもらった。この12項目とは，①楽しみが増え趣味が深まった，②教養が高まった，③健康づくりに役立った，④家庭生活をよりよくするのに役立った，⑤地域や社会の動きについて関心・知識が高まった，⑥職業に必要な知識・技能が身についた，⑦もっと学習したい意欲がわいた，⑧新しい友人が増え交友関係が広がった，⑨専門的な知識・技能が深まった，⑩気分転換ができるようになった，⑪人生に対する充実感を持てるようになった，⑫その他，である。このうち，「ボランティアとしての学習成果の活用」と「今後の学習要求」の両変数と相関がみられるものは，⑧新しい友人が増え交友関係が広がった，⑨専門的な知識・技能が深まった，⑪人生に対する充実感を持てるようになった，という三つの効果である[3]。

そこで，回答者をこれら各効果のあった者となかった者に分け，それぞれについてボランティアとしての学習成果の活用経験の有無と，積極的学習リピーターか否かとの関係をみた。「新しい友人が増え交友関係が広がった」という

効果を例にとって示したのが，表3-1-6である。

　交友関係が広がった者における積極的リピーターの割合は，ボランティアでの活用経験がある者では28.7％，ない者では17.6％である。一方，交友関係の広がらなかった者でも，やはり活用経験のある者において積極的リピーターが多い（27.0％対13.8％）。これらの結果より，交友関係が広がったか否かにかかわらず，ボランティアでの活用経験と積極的リピーターか否かとの間には，相関のあることがわかる。「専門的な知識・技能が深まった」「人生に対する充実感を持てるようになった」という効果についても，同様の傾向がみられる。

　さらに，学習者ごとに，選択された学習効果の項目の数によって「学習効果の多様性」という変数をつくり，多様性の水準ごとに，ボランティアとしての学習成果の活用経験の有無と，積極的学習リピーターか否かとの関係を示したのが，表3-1-7である。0〜1種類と4種類以上の層において，ボランティアとしての活用経験がある者のほうが積極的学習リピーターになる傾向の強いことが認められる。「2〜3種類」の場合も，有意差はみられないものの傾向は同様である。

　以上でみてきたように，他の学習効果があるかどうかによらず，学習成果をボランティア活動で活用することは，学習要求にプラスの影響を与えると考えてよい。なお，これまでの分析では今後の学習要求を「積極的学習リピーター

表3-1-6　活用経験と積極的学習リピーターか否かとの関係
　　　　　―交友関係の効果の有無による比較―

(単位：％，カッコ内は人数)

	交友関係が広がった			交友関係が広がらなかった		
	積極的学習リピーター	その他	合　計	積極的学習リピーター	その他	合　計
活用経験あり	28.7	71.3	100.0 (143)	27.0	73.0	100.0 (115)
活用経験なし	17.6	82.4	100.0 (535)	13.8	86.2	100.0 (886)
カイ2乗検定	χ^2=8.720, d.f.=1, p<0.01			χ^2=13.670, d.f.=1, p<0.001		

(注1) 表頭の最上段は，「新しい友人が増え交友関係が広がった」という効果の有無を表す。
(注2) 「活用経験あり」は，ボランティアとしての学習成果の活用経験者，「活用経験なし」は活用希望者と無関心者の合計。以下の表でも同様。

第 1 節　学習活動とボランティア活動の関連

表 3-1-7　活用経験と積極的学習リピータか否かとの関係
―学習効果の多様性による比較―

(単位：%，カッコ内は人数)

	学習効果の多様性								
	0～1種類			2～3種類			4種類以上		
	積極的学習リピーター	その他	合計	積極的学習リピーター	その他	合計	積極的学習リピーター	その他	合計
活用経験あり	28.1	71.9	100.0 (98)	19.7	80.3	100.0 (117)	36.7	63.3	100.0 (109)
活用経験なし	10.4	89.6	100.0 (350)	13.0	87.0	100.0 (683)	22.3	77.7	100.0 (421)
カイ2乗検定	$\chi^2=8.616$, d.f.=1, p<0.01			―			$\chi^2=9.464$, d.f.=1, p<0.01		

(注)「2～3種類」では，5％以内の水準で有意な関係が認められなかった。

か否か」という変数で扱ってきた。これを「顕在的学習要求者か否か」(表3-1-5参照)，すなわち具体的に学習したい内容をもっているかどうか，という変数に置き換えて分析しても，同様の傾向を読み取ることができる。

(3) 学習の質的向上にも寄与するか

これまでの分析によって，ボランティアとしての学習成果の活用が今後の学習要求―とりわけ現在行っている学習内容の継続に対する強い希望―に寄与し得ることがわかった。ただし，これまでの分析で確認できたのは，学習の「継続」に対してボランティアとしての学習成果の活用が寄与し得る，ということである。それでは，学習がたんに継続するだけでなく，ボランティア活動による成果活用を介して質的に向上する(学習内容の専門性が高まるなど)可能性もあるのだろうか。

そこでまず，学習者のうち今後における学習要求をもつ者を取り出し，学習の専門性に関して現在と将来希望との関係をみた。その結果，現在より専門性の低い学習を指向する者の比率(表3-1-8の●印)に比べ，高い学習に移行したい者の比率(表3-1-8の〇印)のほうが高いことがわかる。したがって，学習活動の継続によって学習の高度化が進むと考えてよい。

それでは，ボランティア活動は，こうした学習の高度化を一層促すのだろうか。つまり，学習活動を継続する者のうち，ボランティアとして学習成果を活用しながら学習活動を繰り返す者は，そうでない者に比べて高度化が顕著に表れるのだろうか。このことを検証するため，学習の専門性に関する現在と将来希望との関係を，ボランティアとしての学習成果の活用に関する3類型，すなわち活用経験者，活用希望者，無関心者の3者間で比較したところ，現在から将来に向けての高度化の程度に差がみられなかった。したがって，ボランティアとしての学習成果の活用は，継続がもたらす学習の高度化をとくに加速させるわけではなさそうである。

ただし，学習の専門性とボランティア活動との関係について，もう一つのデータがある。表3-1-9が示すように，ボランティアとしての学習成果の活用経験者はそうでない者に比べ，もともと学習の専門性が高いのである。さらに，実際に活用していなくても，活用を希望する者は無関心者よりも若干高い。

以上のように，「ボランティアとしての学習成果の活用が，継続性のみならず学習の質的向上にも寄与する」という仮説は成り立たないものの，ボランテ

表3-1-8 学習の専門性からみた現在と将来希望との関係

(単位：％，カッコ内は人数)

		現在の学習の専門性			
		入門程度のもの	入門よりやや程度の高いもの	かなり程度の高い専門的なもの	レベルの判断はできない
将来希望する学習の専門性	入門程度のもの	33.8	8.3 ●	5.1 ●	12.4
	入門よりやや程度の高いもの	38.9 ○	54.6	19.6 ●	23.8
	かなり程度の高い専門的なもの	14.7 ○	29.9 ○	65.4	14.9
	レベルの判断はできない	12.6	7.2	9.9	49.0
	合　計	100.0 (373)	100.0 (469)	100.0 (312)	100.0 (404)

(注1) ここでいう「現在の学習」とは「過去1年間に最も熱心に学習したもの」，「将来希望する学習」とは「今後最も熱心に学習したいもの」である。
(注2) カイ2乗検定の結果は，$\chi^2=640.462$, d.f.=9, $p<0.001$。

表 3-1-9 学習の専門性とボランティア活動での活用との関係

(単位：％，カッコ内は人数)

		学習成果の活用からみた学習者類型		
		活用経験者	活用希望者	無関心者
現在の学習の専門性	入門程度のもの	12.6	21.7	30.7
	入門よりやや程度の高いもの	26.7	32.9	26.5
	かなり程度の高い専門的なもの	32.8	20.2	14.6
	レベルの判断はできない	27.9	25.2	28.3
	合　計	100.0 (247)	100.0 (757)	100.0 (646)

(注1)「現在の学習」の意味は，表 3-1-8 と同様。
(注2) カイ2乗検定の結果は，x^2=64.281, d.f.=6, p<0.001。

ィア活動に参加する学習者はもともと高い専門性をもっており，将来一層高度なレベルをめざそうとしていることは確かなようである。

5. ボランティアとして学習成果を活用するための条件

最後に，学習成果の活用としてのボランティア活動を実践するための条件として，学習者自身が選んだ回答結果をみてみよう。アンケート調査では，条件の項目として，①活用するための仕事や場所が身近にある，②家族や職場の理解，③経済的なゆとり，④一緒に活動する仲間，⑤時間的なゆとり，⑥子どもや老人の世話をしてくれる人がいる，⑦その他，という7項目を設定した。

表 3-1-10 は，その回答結果を活用経験者と活用希望者のそれぞれについて示している（ただし，「⑦その他」を除く）。活用経験者では「時間的ゆとり」(47.5%)と「活動する仲間」(46.4%)の回答率が高い。「活用の場の存在」も 40.8% の活用経験者が条件としてあげている。活用希望者の場合も，「時間的ゆとり」が 54.2% とやや高く，「活用の場の存在」が 32.7% とやや低くなるものの，活用経験者とほぼ同じ傾向となっている。

学習者自身の回答をそのまま実現の条件と考えるのは若干危険であるけれども[4]，以上の結果をふまえると，ボランティア活動の促進にとって次のことが重要と考えられる。まず，ボランティア活動の場の開発とボランティア活動を通した仲間づくりの促進，そしてそれらに関する情報を学習者にきめ細かく伝

表 3-1-10　ボランティアとして学習成果を活用するための条件
　　　　　　―活用経験者・活用希望者別―

(単位：％)

	①活用の場の存在	②周囲の理解	③経済的ゆとり	④活動する仲間	⑤時間的ゆとり	⑥家族を世話する人
活用経験者	40.8	17.4	18.9	46.4	47.5	1.5
活用希望者	32.7	19.1	22.9	44.3	54.2	5.8

(注) ①～⑥の各条件の具体的な内容は、本文中の①～⑥に各々対応している。数字は、各条件に○をつけた回答者の割合を、活用経験者、活用希望者のそれぞれについて掲載したもの。

えることである。さらに、時間的ゆとりの問題については、成人の全生活時間に占めるボランティア活動のウェイトをどのように考えるか、という点が大きな論点となるだろう。

　活用経験者だけを取り出し、ボランティアとして学習成果を活用するための条件を属性別に示したのが表3-1-11である。活用条件の項目は、カイ2乗検定で5％以内の水準で有意な関係があるものについて掲載した。例えば、勤め人・男性のうち、条件として周囲の理解をあげた者は7.8％、あげなかった者は92.2％ということである。表では前者を該当、後者を非該当と表現している。

　「周囲の理解」は、職業や子育てなど働き盛りの女性―つまり、職業別では勤め人の女性と主婦専業、性・年齢別では20～50歳代の女性―で、比較的高い回答率となっている。「活動する仲間」は、主婦専業と高年層で高い回答率となっているとはいえ、20・30歳代の若年男性でも高い。「時間的ゆとり」は勤め人と20・30歳代で高く、男性は40・50歳代でも高い回答率である。

　このデータから解釈するかぎり、次の2点を指摘することができる。第1に、女性がボランティア活動などの社会的活動に参加するためには、周囲の理解が必要であることがうかがわれる。有職・無職を問わず、家事・育児・介護など家庭内の用事を女性が主に担当する現状を反映した結果といえよう。第2に、先に述べた課題のうち、ボランティア活動の仲間づくりは主婦、高齢者、若年男性に有効であり、時間的ゆとりの問題を解消するための援助は勤め人や若年層に有効な方策といえそうである。

表3-1-11　ボランティアとして学習成果を活用するための条件
—活用経験者のみ，属性別—

(1) 職業別　　　　　　　　　　　　　　　　　　　　　　　（単位：％，カッコ内は人数）

	周囲の理解			活動する仲間			時間的ゆとり		
	該当	非該当	合計	該当	非該当	合計	該当	非該当	合計
勤め人・男性	7.8	92.2	100.0 (51)	45.1	54.9	100.0 (51)	68.6	31.4	100.0 (51)
勤め人・女性	30.4	69.6	100.0 (23)	26.1	73.9	100.0 (23)	65.2	34.8	100.0 (23)
主婦専業	25.7	74.3	100.0 (70)	61.4	38.6	100.0 (70)	41.4	58.6	100.0 (70)
無職・60歳以上	6.1	93.9	100.0 (33)	54.5	45.5	100.0 (33)	27.3	72.7	100.0 (33)
カイ2乗検定	χ^2=12.214, d.f.=3, p<0.01			χ^2=9.633, d.f.=3, p<0.05			χ^2=18.079, d.f.=3, p<0.001		

(2) 性・年齢別　　　　　　　　　　　　　　　　　　　　　（単位：％，カッコ内は人数）

	周囲の理解			活動する仲間			時間的ゆとり		
	該当	非該当	合計	該当	非該当	合計	該当	非該当	合計
20・30歳代・男性	12.5	87.5	100.0 (16)	50.0	50.0	100.0 (16)	75.0	25.0	100.0 (16)
20・30歳代・女性	36.4	63.6	100.0 (22)	18.2	81.8	100.0 (22)	63.6	36.4	100.0 (22)
40・50歳代・男性	10.0	90.0	100.0 (40)	42.5	57.5	100.0 (40)	65.0	35.0	100.0 (40)
40・50歳代・女性	27.0	73.0	100.0 (74)	43.2	56.8	100.0 (74)	48.6	51.4	100.0 (74)
60歳以上・男性	7.8	92.2	100.0 (51)	56.9	43.1	100.0 (51)	37.3	62.7	100.0 (51)
60歳以上・女性	12.9	87.1	100.0 (62)	53.2	46.8	100.0 (62)	30.6	69.4	100.0 (62)
カイ2乗検定	χ^2=16.211, d.f.=5, p<0.01			χ^2=11.074, d.f.=5, p<0.05			χ^2=21.308, d.f.=5, p<0.001		

6. まとめ

本節の分析から得た知見を整理すると，下記のとおりである。

第1に，活用経験率のみならず，活用希望率という指標を用いることにより，もともとボランティア活動と関連の深い社会活動だけでなく，多くの学習領域

がボランティア活動につながる可能性を秘めていることがわかった。

　第2に，他の学習効果の有無にかかわらず，ボランティアとしての学習成果の活用は今後の学習要求――とりわけ現在学習している内容の継続――を促す可能性がある。そして，まだ活用していなくてもその意思をもつこと（活用希望）により，今後の学習要求が促進される可能性もみてとれる。第1の知見と合わせると，学習活動とボランティア活動による成果活用との間には，相互に促進しあう連鎖の関係が成り立つと考えることができる。

　第3に，ボランティア活動に参加する学習者はもともと高い専門性をもっており，将来に向けて一層高度なレベルをめざそうとしている。ただし，活用経験者が高度化を志向する程度は，未経験者に比べてとくに高いわけではないことから，ボランティア活動での成果活用がとりわけ学習の高度化を「加速」させる可能性まではみとめられない。これらの傾向は，活用希望者にもある程度あてはまる。

　第4に，ボランティアとして学習成果を活用するためには，時間的ゆとり，活動する仲間，活用の場の存在が重要である。とくに，仲間づくりは主婦，高齢者，若年男性，時間的ゆとりの問題を解消するための援助は勤め人や若年層に有効である。以上の3項目以外にも，女性については周囲の理解が重要な条件となっているようである。

　以上のことから，学習活動とその成果活用としてのボランティア活動との間には，学習の高度化を志向する行動連鎖が成り立つ傾向を読み取ることができる。ただし，そうした連鎖に入るためには，個人の属性に起因すると思われる多様な制約要因を解消し，ボランティア活動に参加できるための条件を整えることが重要であることも浮き彫りになった。なお，成果を実際に活用していなくてもその希望をもつことは，まったく成果活用に関心のない場合よりも，上記の行動連鎖を生む可能性が高い。

第2節　学習活動・社会参加活動・自己形成の関係

1. 本節の分析課題

本節では，学習した内容と関係のない活動も含めて社会参加活動（ボランティア活動）をとらえ，それらと学習活動との関係を分析する。さらに，学習活動と社会参加活動が連鎖で結ばれているとすれば，そうした連鎖と自己形成との間にどのような関係があるかを分析する。

2. 調査の概要と学習者類型の設定

(1) 調査の概要

上記の分析を行うために，㈶日本システム開発研究所「高齢者の学習と社会参加に関する調査」（アンケート調査）の結果からデータを得た[5]。調査の概要は以下のとおりである。

① 調査対象：「市区町村教育委員会または公民館等の学級・講座等の学習機会に参加している高齢者」及び「社会参加活動を行っている学習サークル・グループの高齢者」（いずれも60歳以上の男女）とした。今回は公的な学習機会や社会参加活動から対象者を抽出するため，高齢者一般の縮図を読み取ることは困難である。しかし，そのような学習者層を対象にすることは，学習活動，社会参加活動，自己形成の三者関係を分析する本節のねらいに合致する。

② 標本抽出：町村から政令指定都市まで5段階の「都市階級」を設定し，都市階級ごとの標本数が1990年10月1日現在（国勢調査時点）における高齢者の都市階級別構成比に一致するよう按分した。さらに，都市階級ごとに調査対象の市区町村を系統抽出した（表3-2-1参照）。

③ 調査方法：まず，都道府県教育委員会を通して，調査対象の市区町村教育委員会に調査票を配布した。各市町村の教育委員会は，①で述べた対象者に対し，公民館等の社会教育施設をとおして調査票を配布した。その際，性・年齢別（60〜64歳，65〜74歳，75歳以上の3階層）にあらかじめ

表 3-2-1　調査対象市町村の抽出方法

都市階級	標本実数 (配分数)	北海道	東　北	関　東	北陸・東海	近　畿	中国・四国	九　州
大都市(人口100万以上) 政令指定都市・特別区 【都市数　12】	576 (535)	札幌市	仙台市	東京23区 横浜・川崎・ 千葉市	名古屋市	京都市 大阪市	広島市	北九州市 福岡市
中都市(人口15～100万未満) 【都市数　125】	744 (764)	一都市当たり24人×31都市						
小都市A(人口5～15万未満) 【都市数　303】	600 (567)	一都市当たり12人×50都市						
小都市B(人口5万未満) 【都市数　225】	300 (267)	一都市当たり12人×25都市						
町　　村 【町村数　2,572】	912 (849)	一町村当たり6人×152町村						
総　　計 【市町村数　3,235】	3,132 (3,000)	(269市町村と東京8区)						

(注) 社会環境的要因により，兵庫県・神戸市は調査対象からはずした。なお，配分数とは②で定めた理論値，標本実数とは③で実際に配布した数である。

設定した六つの階層の構成比が，当該市町村で想定される高齢学習者の全体（これを母集団と考える）の実態と大幅に異ならない標本構成とするよう依頼した。回答票は各市区町村教育委員会が取りまとめて返送した。

④　調査時期：1995年1～2月。
⑤　標本数：3132票。
⑥　回収結果：有効票回収数2226票（回収率71.1％）。
⑦　主な調査項目：過去1年間の学習活動の領域・優先度，今後の学習要求，社会参加活動の内容・動機・態度・効果，今後の社会参加活動への意向，生きがい感，社会に対する関心。

(2) 回答者の特性

性別では男性51.2％，女性48.8％，年齢別では60～64歳25.7％，65～74歳47.2％，75歳以上27.1％である（無回答を除外して計算した比率，他の項目も同様）。最終卒業校では大学・大学院など8.2％，旧制高等学校・高専・短大な

ど20.8％，旧制中学校・新制高校など35.6％，小学校・新制中学校32.9％，その他2.5％，そして職業関連では「主に仕事」24.0％，「主に家事」28.4％，「家事と仕事」26.0％，「どちらもしていない」10.3％，「その他」11.3％となっている。

つまり，性別では男女ほぼ同数，年齢では65〜74歳にやや多く，学歴では高等教育，後期中等教育，初等及び前期中等教育の3階層にほぼ同数，職業面では約半数が有職者，というのがサンプルの全体像である。なお，家族構成では，夫婦ふたり暮らしが4割を占め，ひとり住まいの者も1割いる。家族の介護・介助の世話をしている者も1割を占める。

過去1年間の学習領域（複数回答方式）は，趣味・けいこごと関係58.3％，体育・レクリエーション関係46.0％，教養関係40.8％，社会連帯関係29.7％，日常生活関係21.4％，国際・時事・社会問題19.7％，仕事・技術関係12.1％，その他6.8％である（複数回答方式）。学習行動に関する一般的な調査と比べると，教養関係と社会連帯関係などの実施率が高い。これは，前述のような特殊なサンプル構成によるほか，学習活動の定義として本や資料活用による独学型の学習を除外している[6]ことにも影響されているものと考えられる。

一方，今回の調査では，社会参加活動とは次の五つの活動を指すものとした。つまり，①文化・教育的活動（学習グループの指導，郷土芸能の伝承，青少年の育成活動など），②生活環境改善活動（生活環境保護，環境美化，緑化運動，まちづくりなど），③安全管理活動（交通安全，防犯・防災など），④保健・福祉活動（老人・障がい者等の介護・介助，施設訪問，食生活改善活動など），⑤地域社会の活動（自治会等の役員，祭りなどの地域の催しものの世話役など）である。過去1年間にこれらの活動のいずれかを行った者は75.3％，その内訳は地域社会の活動51.6％，文化・教育的活動42.8％，生活環境改善活動40.1％，保健・福祉活動33.2％，安全管理活動19.7％，その他3.1％となっている（複数回答方式）。

学習活動と社会参加活動の接続に関する調査項目をみると，次のとおりである。まず，学習成果を何らかの社会参加活動で生かした者の割合は，「ボランティアなど社会活動に役立てた」30.8％，「他の人の学習や文化活動の指導に

役立てた」20.9％となっている。一方，社会参加活動を行った者のうち，その動機を「学習した成果を生かしたかったから」とする者は19.3％である。

(3) 学習者類型の設定——成果活用型，分離活動型，学習専念型——

上記の調査データより，学習と社会参加との関係から三つの学習者類型を設定した。

第1の類型は，学習成果を社会参加活動につなげた者で，これを「成果活用型」と呼ぶ。調査データ上は，「この1年間に社会参加活動をした」者で，かつ「この1年間の学習の成果を何らかの社会参加活動で生かした」あるいは「この1年間の社会参加活動の動機は『(この1年間にかぎらず過去に) 学習した成果を生かしたかったこと』である」と回答した者がこれに属する。

第2の類型は，学習した内容と関係ない社会参加活動をしている者で，「分離活動型」と呼ぶ。この1年間に社会参加活動をした者から成果活用型を除外したグループである。つまり，両類型とも社会参加活動を行う学習者であるものの，学習成果の活用として行っているのが「成果活用型」，学習成果と無関係の社会参加活動を行っているのが「分離活動型」である。

第3の類型は社会参加活動を行わない学習者であり，「学習専念型」と名づける。この1年間に学習したものの，社会参加活動を行っていないと回答した者がこれに属する。

これらの類型化に用いる項目のすべてに有効回答した者は2030人，その構成は成果活用型875人(43.1％)，分離活動型676人(33.3％)，学習専念型479人(23.6％)であった。これらの類型と諸属性との関係について，主な特徴をあげると以下のとおりである(表3-2-2)。

成果活用型は女性より男性，無職者より有職者(「主に仕事」「家事と仕事」)に多く，居住年数が長くなるほど多い。さらに，家族構成では「夫婦二人だけ」と「65歳以上と同居」の層に多くなっている。対照的に，学習専念型は女性及び無職者(「主に家事」「家事も仕事もしていない」)に多く，居住年数が短いほど多い。最終学歴では，他の学歴より大学・大学院に多いことも学習専念型の

特徴である。最後に，分離活動型は75歳以上という高齢層に多く，学習専念型とは逆に学歴の低い層（小学校・新制中学校）及び居住年数の長い層に多い。「子ども（夫婦含む）・孫と同居」に多いことも，分離活動型の特徴である。

表 3-2-2　属性別にみた学習者類型の構成

(単位：％，カッコ内は人数)

属性		成果活用型	分離活動型	学習専念型	合計	カイ2乗検定
性別	男性	46.3	34.9	18.8	100.0 (1,073)	χ^2=29.453, d.f.=2, p<0.001
	女性	39.6	31.4	29.1	100.0 (950)	
年齢	60〜64歳	44.1	30.4	25.5	100.0 (533)	χ^2=17.403, d.f.=4, p<0.01
	65〜74歳	42.8	31.5	25.7	100.0 (953)	
	75歳以上	42.1	39.6	18.4	100.0 (523)	
居住形態	ひとり住まい	37.8	33.3	28.9	100.0 (201)	χ^2=42.905, d.f.=10, p<0.001
	夫婦二人だけ	49.0	29.3	21.7	100.0 (826)	
	子ども（夫婦含む）と同居	37.7	33.6	28.7	100.0 (345)	
	子ども（夫婦含む）・孫と同居	39.2	41.4	19.3	100.0 (502)	
	65歳以上と同居	47.6	25.0	27.4	100.0 (84)	
	その他	35.3	31.4	33.3	100.0 (51)	
最終学歴	小学校・新制中学校	40.3	38.8	20.9	100.0 (650)	χ^2=21.383, d.f.=8, p<0.01
	旧制中学校・新制高校など	44.0	31.9	24.1	100.0 (705)	
	旧制高等学校・高専・短大など	45.3	30.5	24.2	100.0 (430)	
	大学・大学院など	40.5	26.6	32.9	100.0 (173)	
	その他	51.1	27.7	21.3	100.0 (47)	
居住年数	5年以内	30.6	21.0	48.4	100.0 (62)	χ^2=44.992, d.f.=8, p<0.001
	5〜10年未満	39.8	28.0	32.3	100.0 (93)	
	10年以上	41.9	33.3	24.8	100.0 (1,391)	
	生れてからずっと	48.8	36.0	15.1	100.0 (430)	
	その他	51.4	31.4	17.1	100.0 (35)	
日常生活	主に仕事をしている	54.7	32.6	12.6	100.0 (475)	χ^2=106.644, d.f.=8, p<0.001
	主に家事をしている	34.5	34.3	31.3	100.0 (528)	
	家事と仕事をしている	48.5	32.9	18.6	100.0 (495)	
	家事も仕事もしていない	24.7	37.4	37.9	100.0 (198)	
	その他	43.9	28.5	27.6	100.0 (221)	
介護	介護を必要とする家族がいる	47.2	30.8	22.0	100.0 (214)	―
	介護を必要とする家族がいない	43.0	33.3	23.7	100.0 (1,695)	
全体		43.1	33.3	23.6	100.0 (2,030)	

(注) 数値は，属性カテゴリーごとに算出した学習者類型の構成比。介護は，学習者類型との間に5％以内の水準で有意な関係がみられなかった。

3. 学習者類型と諸項目との関係
(1) 学習活動
① 学習活動の領域

本項では，学習活動と社会参加活動の連鎖の可能性，及びそうした連鎖と自己形成との関係を探るための基礎分析として，前項で設定した学習者類型（成果活用型，分離活動型，学習専念型）と学習活動，社会参加活動，日常の生活意識との関係を分析する。

まず，先にあげた七つの学習領域（「その他」を除く）のそれぞれに関し，それらの実施の有無と学習者類型別との関係をみた。表3-2-3には，カイ2乗検定において5%以内の水準で有意な関係にあるものを掲載している（七つの

表 3-2-3　学習活動の領域

(単位：％，カッコ内は人数)

		成果活用型	分離活動型	学習専念型	カイ2乗検定
教養に関するもの	実施している	47.6	33.2	41.3	χ^2=31.911, d.f.=2, p<0.001
	実施していない	52.4	66.8	58.7	
	合　計	100.0 (872)	100.0 (651)	100.0 (479)	
体育・レクリエーションに関するもの	実施している	50.9	47.9	35.9	χ^2=28.968, d.f.=2, p<0.001
	実施していない	49.1	52.1	64.1	
	合　計	100.0 (872)	100.0 (651)	100.0 (479)	
日常生活に役立つもの	実施している	28.7	17.1	16.7	χ^2=39.698, d.f.=2, p<0.001
	実施していない	71.3	82.9	83.3	
	合　計	100.0 (872)	100.0 (651)	100.0 (479)	
仕事や技術に関するもの	実施している	16.9	9.7	8.8	χ^2=25.812, d.f.=2, p<0.001
	実施していない	83.1	90.3	91.2	
	合　計	100.0 (872)	100.0 (651)	100.0 (479)	
社会の連帯感を高めるもの	実施している	53.4	18.4	7.5	χ^2=376.393, d.f.=2, p<0.001
	実施していない	46.6	81.6	92.5	
	合　計	100.0 (872)	100.0 (651)	100.0 (479)	
国際・時事・社会問題に関するもの	実施している	29.5	13.4	13.2	χ^2=79.740, d.f.=2, p<0.001
	実施していない	70.5	86.6	86.8	
	合　計	100.0 (872)	100.0 (651)	100.0 (479)	

学習領域のうち「趣味・教養やけいこごとに関するもの」は，有意差がみとめられなかった）。

表3-2-3にあげたすべての領域で，成果活用型の実施率が最も高い。社会参加活動につながりやすい社会連帯の領域では，成果活用型の高さが53.4％と際立っている（分離活動型18.4％，学習専念型7.5％）。これは，類型の定義からみて当然といえる。

ここで，各人がいくつの領域を学習しているか（学習の領域数）を計算し，類型間の比較を行うと，次のとおりである。まず，平均値を計算すると，成果活用型は2.93領域（標準偏差1.55），分離活動型は2.04領域（同1.16），学習専念型は1.91領域（同1.00）である。これらの平均値を一元配置分散分析によって比較すると，三つの類型の間には有意差がみられる（$p<0.001$）。さらに多重比較の検定（有意水準を5％に設定）を行うと，成果活用型の領域数は他のいずれの類型よりも有意に多い。つまり，成果活用型の高齢者は，他の類型よりも多様な学習に取り組んでいるとみてよい。

② 学習活動の積極性

調査では，学習活動の積極性を表す項目として，日常生活における学習の優先度を尋ねた。その結果が表3-2-4である。成果活用型では「何よりも学習を優先させている」が12.6％，「できるだけ，学習を優先させている」が49.7％となっており，ほかの二つの類型に比べて学習の優先度の高い様子が表れている。

表3-2-4　日常生活における学習の優先度

（単位：％，カッコ内は人数）

	成果活用型	分離活動型	学習専念型
何よりも学習を優先させている	12.6	7.9	5.9
できるだけ，学習を優先させている	49.7	33.8	38.4
ほどほどに学習をしている	35.1	45.7	45.6
あまり学習を優先させていない	2.7	12.6	10.2
合　　計	100.0 (860)	100.0 (633)	100.0 (461)

（注）カイ2乗検定の結果は，$\chi^2=105.349$, d.f.=6, $p<0.001$。

次に、将来に向けた積極性として、今後の学習要求を尋ねた結果が表3-2-5である。「現在の学習内容を今後も続けたい」とする者は、成果活用型で61.9%、学習専念型でも61.9%であるのに対し、分離活動型では56.4%と若干低い。さらに、「現在の学習と関連する内容に取り組みたい」という回答も含めると、成果活用型78.3%、学習専念型72.9%、分離活動型69.3%という順になる。ここでも、成果活用型の積極的な姿勢が表れている。

これに付随する質問として、成果活用型と分離活動型に対してのみ、「最も学習したい内容が、現在行っている社会参加活動と関連あるか否か」を尋ねた。二つの類型間の回答の比較をしたところ、カイ2乗検定の1%水準で有意差が認められた。具体的には、「非常に関連がある」と答えた者の割合は、成果活用型の40.3%に対して分離活動型では9.9%にすぎない。逆に、「ほとんど関連はない」は、成果活用型の6.6%に対して分離活動型では25.3%と相対的に高い。分離活動型の場合は、現時点で学習活動と社会参加の内容が結合していないばかりでなく、将来においてもそうした結合の可能性が低いとみられる。

以上のように、成果活用型では、学習に対する積極性が現在・将来の両方において高い。さらに、表3-2-4及び表3-2-5によれば、分離活動型は学習専念型よりも若干ながら学習への積極性が低くなっている。このことから、現在行っている学習活動と関係のない社会参加活動は、学習活動との間にトレー

表3-2-5　今後の学習要求

(単位：%、カッコ内は人数)

	成果活用型	分離活動型	学習専念型
現在の学習内容を今後も続けたい	61.9	56.4	61.9
現在の学習と関連する内容に取り組みたい	16.4	12.9	11.0
今までの学習とは異なる内容の学習をしたい	6.2	7.1	7.1
学習内容は具体的ではないが、学習を続けたい	14.2	18.1	15.7
学習したいものはない	0.5	2.8	1.1
その他	0.8	2.8	3.2
合計	100.0 (859)	100.0 (637)	100.0 (464)

(注) カイ2乗検定の結果は、χ^2=40.068, d.f.=10, p<0.001。

オフの関係を生起させる可能性を指摘することができる。

(2) 社会参加活動との関係
① 社会参加活動の領域

はじめに、社会参加活動の領域に関しては、表3-2-6に示すとおりである（学習専念型は社会参加活動を行っていないので、ここで行うのは成果活用型と分離活動型との比較である）。表では、五つの活動領域のうち、カイ2乗検定によって5％以内の水準で有意な関係の認められた三つの領域のみ掲載している。これによると、全領域で成果活用型のほうが高い実施率であり、分離活動型よりも多くの活動に取り組んでいる様子がうかがえる。

これとは別に、学習領域の場合と同様、いくつの領域の社会参加活動に参加しているかを計算し、類型間の比較を行うと、次のとおりである。平均値を計算すると、成果活用型は2.21領域（標準偏差1.21）、分離活動型は1.48領域（同0.84）である。これらの平均値をT検定によって比較すると1％水準で有意な差があり、やはり成果活用型は分離活動型よりも多くの社会参加活動に取り組んでいるとみてよい。

なお、調査では、現在行っている社会参加活動の機会を提供している組織・

表 3-2-6　社会参加活動の領域

（単位：％, カッコ内は人数）

		成果活用型	分離活動型	カイ2乗検定
文化・教育的活動	している	56.6	23.5	$\chi^2=156.694$, d.f.=1, $p<0.001$
	していない	43.4	76.5	
	合　計	100.0 (837)	100.0 (600)	
安全管理活動	している	23.4	14.5	$\chi^2=17.570$, d.f.=1, $p<0.001$
	していない	76.6	85.5	
	合　計	100.0 (837)	100.0 (600)	
保健・福祉活動	している	44.3	17.7	$\chi^2=111.998$, d.f.=1, $p<0.001$
	していない	55.7	82.3	
	合　計	100.0 (837)	100.0 (600)	

団体を尋ねた。その結果を類型別に回答率の高いものから6番目まで示すと次のとおりである。成果活用型では、①老人クラブ48.5％、②社会教育施設44.8％、③社会福祉協議会35.5％、④教育委員会27.2％、⑤自治会26.5％、⑥婦人・青少年育成団体19.3％である。一方、分離活動型では、①老人クラブ50.4％、②社会教育施設30.3％、③自治会26.3％、④社会福祉協議会11.1％、⑤婦人・青少年育成団体9.8％、⑥教育委員会8.9％となっている。全体として成果活用型の方が高い回答率となっているのは、参加する活動領域が成果活用型で多いことと連動するものと考えてよい。

② 社会参加活動の積極性

動機の点から積極性と類型との関係をみたのが表3-2-7である。活動領域の場合と同様、八つの動機項目のうち、カイ2乗検定によって5％以内の水準で有意な関係の認められた五つの動機について掲載している（「時間的にゆとりができたから」「自治会・町会の役員になったから」は学習者類型との間に有意差が

表3-2-7　社会参加活動の動機

(単位：％、カッコ内は人数)

		成果活用型	分離活動型	カイ2乗検定
社会のために役に立ちたかったから	該　当	59.6	34.8	$\chi^2=91.592$, d.f.=1, p<0.001
	非該当	40.4	65.2	
	合　計	100.0 (867)	100.0 (647)	
生きがいがほしかったから	該　当	57.2	47.3	$\chi^2=14.617$, d.f.=1, p<0.001
	非該当	42.8	52.7	
	合　計	100.0 (867)	100.0 (647)	
自分の経験や技術を生かしたかったから	該　当	37.5	10.5	$\chi^2=140.279$, d.f.=1, p<0.001
	非該当	62.5	89.5	
	合　計	100.0 (867)	100.0 (647)	
家族や友だちにすすめられたから	該　当	8.8	15.1	$\chi^2=14.831$, d.f.=1, p<0.001
	非該当	91.2	84.9	
	合　計	100.0 (867)	100.0 (647)	
広報紙等の情報に刺激されたから	該　当	8.2	4.8	$\chi^2=6.808$, d.f.=1, p<0.01
	非該当	91.8	95.2	
	合　計	100.0 (867)	100.0 (647)	

なく,「学習した成果を生かしたかったから」は分離活動型には該当しないので, 掲載していない)。多くの項目において, 成果活用型のほうで該当率が高い。とくに,「社会のために役に立ちたかったから」(59.6%対 34.8%),「自分の経験や技術を生かしたかったから」(37.5%対 10.5%)といった積極的な動機の場合に顕著である。逆に, 消極的な動機といえる「家族や友だちにすすめられたから」は 15.1%対 8.8%と分離活動型のほうが高い。このように, 分離活動型に比べて成果活用型の高齢者は, より積極的な動機に裏づけられて社会参加活動を行っているとみてよい。

こうした積極性は, 社会参加活動に対する態度からも, うかがうことができる。表 3-2-8 (1) によれば,「何よりも社会参加活動を優先させている」が 17.9%対 8.8%,「できるだけ社会参加活動を優先させている」が 66.5%対 56.2%となっており, 成果活用型の方が社会参加活動に高い優先順位を与えているのである。成果活用型の積極性は, 同じく表 3-2-8 (2) における活動頻度の高

表 3-2-8 社会参加活動に対する態度

(単位:%, カッコ内は人数)

		成果活用型	分離活動型	カイ2乗検定
(1) 優先度	何よりも社会参加活動を優先させている	17.9	8.8	$\chi^2=91.916$, d.f.=3, $p<0.001$
	できるだけ社会参加活動を優先させている	66.5	56.2	
	ほどほどに社会参加活動をしている	14.9	30.2	
	優先させていない	0.7	4.7	
	合 計	100.0 (859)	100.0 (633)	
(2) 活動頻度	1回未満 (0回ではない)	13.7	25.9	$\chi^2=63.298$, d.f.=5, $p<0.001$
	1〜2回未満	18.5	26.6	
	2〜5回未満	41.7	31.2	
	5〜10回未満	13.7	8.6	
	10〜20回未満	8.6	4.5	
	20回以上	3.9	3.3	
	合 計	100.0 (805)	100.0 (583)	

(注) 活動頻度は, 月平均回数に換算した数値をカテゴライズしたもの。

さからもうかがわれる。

なお，カテゴライズする前の活動頻度（1カ月単位の活動回数）を比較したところ，平均値（標準偏差）は成果活用型が4.88（6.32），分離活動型は3.44（5.48）であった。そこで，平均の差の検定（T検定）を行った結果，1％水準で有意な差が確認できた。

次に，将来に向けての積極性に目を移そう（表3-2-9）。成果活用型では「現在の社会参加活動を今後も続けたい」が71.4％にのぼるなど，分離活動型に比べて高い意欲をもっている。参考までに，同表より学習専念型の回答をみると，「まったく新しい内容の社会参加活動をしたい」と明確な意欲を表明したのは7.1％にすぎず，多くは「具体的でないが何らかの社会参加活動をしたい」（68.6％）という漠然とした希望である。このデータでみるかぎり，学習専念型の高齢者が将来的に社会参加活動に参入する可能性が高いとはいえないものの，漠然とした希望自体はもっているので条件整備によって変動する余地が大きいといえよう。

以上の結果によれば，動機，現状，将来のすべてにおいて成果活用型は分離活動型よりも社会参加活動への積極性が高い。分離活動型は，前項でみた学習

表3-2-9 今後の社会参加活動への意向

(単位：％，カッコ内は人数)

	成果活用型	分離活動型	学習専念型
現在の社会参加活動を今後も続けたい	71.4	59.7	—
現在の社会参加活動と関連する活動に取り組みたい	13.3	11.8	—
まったく新しい内容の社会参加活動をしたい	2.1	1.8	7.1
具体的ではないが何らかの社会参加活動をしたい	12.3	24.7	68.6
その他	0.6	0.8	3.5
社会参加活動をしたいものはない	0.3	1.2	20.8
合　　計	100.0 (875)	100.0 (663)	100.0 (395)

（注）成果活用型と分離活動型のみ取り出してカイ2乗検定を行うと，0.1％水準で有意（χ^2=45.449, d.f.=5, p<0.001）。なお，この両型のみ取り出したうえ，極端に該当数の少ない「その他」と「社会参加活動をしたいものはない」を除外してカイ2乗検定を行っても同様（χ^2=41.340, d.f.=3, p<0.001）。

活動のみならず社会参加活動に関しても，成果活用型に比べて消極的な姿勢で取り組んでいることが見受けられる。

③ 社会参加活動の効果

最後に，社会参加活動の効果と学習者の類型との関係をみたところ，すべての項目についてカイ2乗検定による0.1％水準での有意な関係が認められた。具体的には，表3-2-10に示すとおりである。

これによると，どちらの類型においても「生活に充実感ができた」「新しい友人を得ることができた」「地域社会に貢献できた」などの該当率が，他項目よりも高い。自分自身の生活の充実や広がりとならんで，社会貢献の実感をもてることが重要であることがわかる。次に，二つの類型の数値を比べると，該

表3-2-10　社会参加活動の効果

(単位：％，カッコ内は人数)

		成果活用型	分離活動型	カイ2乗検定
生活に充実感ができた	該当	64.1	37.6	$\chi^2=103.800$, d.f.=1, $p<0.001$
	非該当	35.9	62.4	
	合計	100.0 (863)	100.0 (646)	
自分の技術・経験を生かすことができた	該当	37.1	11.5	$\chi^2=125.743$, d.f.=1, $p<0.001$
	非該当	62.9	88.5	
	合計	100.0 (863)	100.0 (646)	
新しい友人を得ることができた	該当	69.6	55.3	$\chi^2=32.945$, d.f.=1, $p<0.001$
	非該当	30.4	44.7	
	合計	100.0 (863)	100.0 (646)	
社会への関心が深まった	該当	43.9	30.0	$\chi^2=30.243$, d.f.=1, $p<0.001$
	非該当	56.1	70.0	
	合計	100.0 (863)	100.0 (646)	
健康や体力に自信がついた	該当	35.7	25.9	$\chi^2=16.578$, d.f.=1, $p<0.001$
	非該当	64.3	74.1	
	合計	100.0 (863)	100.0 (646)	
地域社会に貢献できた	該当	55.5	39.5	$\chi^2=38.003$, d.f.=1, $p<0.001$
	非該当	44.5	60.5	
	合計	100.0 (863)	100.0 (646)	

当率はすべての項目で成果活用型のほうが高い。実際，類型ごとに効果の数の平均値を計算すると，成果活用型 3.06（標準偏差 1.47），分離活動型 2.01（同 1.23）となり，T 検定を行うと 1％水準で有意差がみとめられる。つまり，学習成果を生かした社会参加活動に取り組んでいる成果活用型のほうが，多様な効果を得ていることがわかる。

　新井郁男たちが行った調査（新井 1993）によると，家庭や地域をはじめとするさまざまな生活の局面で自分が役割を果たしていると感じている高齢者――つまり生活貢献度感の高い高齢者――は，そうでない高齢者に比べて生きがい感が強い（濱名 1993, pp.52-55）。本節で扱っている社会参加活動は，まさにそのような生活貢献度感を高める活動といってよい。しかし，上記の結果によれば，なかでも学習成果の活用として社会参加活動を行う場合に，とくに生きがい感が強くなるものと思われる。

　ここで，効果に関する項目のうち，自分自身の変化――つまり自己形成への影響――を表す項目は，「生活に充実感ができた」「新しい友人を得ることができた」「社会への関心が高まった」「健康や体力に自信がついた」の 4 項目である。これらの効果のみを取り上げて上記のように平均値を計算すると，成果活用型 2.13（標準偏差 1.16），分離活動型 1.49（同 1.08）となり，T 検定を行うと 1％水準で有意差がみとめられる。このように，自己形成への影響だけを取り出しても，成果活用型のほうが多様な効果を得ている。前述の積極的な社会参加活動への取組みが，結果として自己形成につながる傾向が強いようである。

　実際，社会参加活動に対する積極的な動機といえる「社会のために役に立ちたかったから」「生きがいがほしかったから」「自分の経験や技術を生かしたかったから」[7] のうち何項目に該当するかという変数（積極的動機の数）と，自己形成に関する上記 4 項目のいくつに該当するかという変数（自己形成の数）の相関係数を計算すると，0.423（1％水準で有意）となり，動機の積極性と自己形成への効果との間には相関があるものとみなされる。

(3) 日常の生活意識との関係
① 生きがい感

生きがいを感じるときと学習者類型との関係をみると、生きがいに関する八つの項目のうち七つの項目について、学習者類型との間に5%以内の水準で有意な関係がみられた（表3-2-11）。なお、有意な関係がみられなかった「趣味に打ち込んでいるとき」は、どの学習者類型においても該当者が60%程度と高い該当率になっている。

表から傾向を読み取ると、まず成果活用型の高齢者は、学習活動、社会参加

表3-2-11　生きがいを感じるとき

(単位：%、カッコ内は人数)

		成果活用型	分離活動型	学習専念型	カイ2乗検定
各種の学習活動をしているとき	該当	59.5	37.7	37.1	$\chi^2=93.627$, d.f.=2, $p<0.001$
	非該当	40.5	62.3	62.9	
	合計	100.0 (851)	100.0 (645)	100.0 (456)	
各種の社会参加活動をしているとき	該当	67.3	37.4	4.6	$\chi^2=488.784$, d.f.=2, $p<0.001$
	非該当	32.7	62.6	95.4	
	合計	100.0 (851)	100.0 (645)	100.0 (456)	
仕事をしているとき	該当	30.6	25.6	21.1	$\chi^2=14.299$, d.f.=2, $p<0.001$
	非該当	69.4	74.4	78.9	
	合計	100.0 (851)	100.0 (645)	100.0 (456)	
友人や仲間とつきあっているとき	該当	62.3	54.3	52.9	$\chi^2=14.743$, d.f.=2, $p<0.001$
	非該当	37.7	45.7	47.1	
	合計	100.0 (851)	100.0 (645)	100.0 (456)	
家族の世話や家事をしているとき	該当	20.3	16.0	25.4	$\chi^2=14.984$, d.f.=2, $p<0.001$
	非該当	79.7	84.0	74.6	
	合計	100.0 (851)	100.0 (645)	100.0 (456)	
外出・旅行や買い物をしているとき	該当	29.3	24.0	35.3	$\chi^2=16.588$, d.f.=2, $p<0.001$
	非該当	70.7	76.0	64.7	
	合計	100.0 (851)	100.0 (645)	100.0 (456)	
テレビを見たり、家族と団らんしているとき	該当	26.4	27.1	33.1	$\chi^2=7.100$, d.f.=2, $p<0.05$
	非該当	73.6	72.9	66.9	
	合計	100.0 (851)	100.0 (645)	100.0 (456)	

活動，仕事，友人・仲間関係において，ほかの2類型より該当率が高い。一方で，家事・家族関係や外出・旅行，テレビについては，学習専念型で最も高い該当率となっている。このように，生きがいを感じる場面は類型によって異なるようである。ただ，ここで特筆すべきは，学習活動と社会参加活動に生きがいを感じている者の割合が，成果活用型で顕著に高いことである。学習成果を社会参加活動で生かすことによって，学習活動と社会参加活動の両方が生きがい感の強い活動として高まっていく可能性をみてとることができる。

② 社会問題に対する関心

次に，社会問題に対する関心と学習者類型との関係をみてみよう。社会のさまざまな問題には，自分の居住地を中心とするローカルなものと，一方で全国あるいは国際的なレベルのグローバルなものがある。ローカルな問題にとりわけ関心の強い者や，逆にグローバルな問題が主な関心事である者がいるだろうし，これらの両方に興味を抱く者もいる。そこで，調査では社会問題への関心として，地域の身近な問題（ローカルな問題）と政治・経済・社会的問題（グローバルな問題）を想定し，主にどちらの方に関心があるかを尋ねた。

表3-2-12によれば，成果活用型では「どちらの問題にも関心がある」が41.2%を占め，ほかの2類型よりも高い回答率である。このことから，学習成果を社会参加活動で生かすことが，グローバルとローカルの両方の問題に対する関心を高めていく可能性をみてとれる。もっとも，このようなクロス表は，

表3-2-12 社会問題に対する関心

(単位：%，カッコ内は人数)

	成果活用型	分離活動型	学習専念型
地域の身近な問題の方に関心がある	40.5	44.1	32.8
政治・経済・社会的問題の方に関心がある	15.6	18.8	24.1
どちらの問題にも強い関心がある	41.2	32.5	30.1
どちらの問題にも，あまり関心がない	2.8	4.7	12.9
合　計	100.0 (835)	100.0 (622)	100.0 (448)

(注) カイ2乗検定の結果は，χ^2=87.007, d.f.=6, p<0.001。

因果関係でなく2変数の相関を表すものである。つまり厳密にいえば，成果活用が社会問題への関心を高めるのか，社会問題への関心が成果活用を促すのかは，この表から判明できない。むしろ両者が相互に影響し合う可能性が強いとみてよいかもしれない。ここでは，その可能性もふまえつつ，冒頭に設定した分析課題に即して，学習成果の活用が社会問題への関心を高めるという解釈を行った。

一方，学習専念型は，「政治・経済・社会的問題の方に関心がある」が24.1％と相対的に高いものの，「地域の身近な問題に関心がある」が32.8％と他類型より低く，「どちらの問題にもあまり関心がない」が12.9％と比較的高い。このように，社会参加活動に無関心な高齢者は，社会的な問題への関心，なかでもローカルな問題への関心が低い傾向にあることがうかがわれる。

4．まとめ

本節における分析の結果を，下記のように集約することができる。

成果活用型は，学習活動と社会参加活動のいずれについても，現在における多様性と積極性が高いばかりでなく，将来に向けても積極的である。しかも，学習活動や社会参加活動を通して生きがいを感じる傾向が顕著である。以上のことから，学習成果を社会参加活動で生かしている高齢者の場合，学習活動と社会参加活動が相互にプラスの影響を及ぼしあう可能性をみてとることができる。このことから，第1節の知見と同様，両活動の間には連鎖が成り立つものと推察できる。

一方，分離活動型と学習専念型をめぐって，次の分析結果を導き出した。まず，学習活動と関係のない社会参加活動（分離活動型）は，学習活動との間にトレードオフの関係をもたらす可能性がある。さらに，社会参加活動を行わずに学習活動に専念する場合（学習専念型），ローカルな問題への関心向上があまり期待できない。

最後に，成果活用型は，生活の充実感や生きがい感，社会へのローカル・グローバルな関心，友人の獲得，健康・体力の増進といったさまざまな側面から

自己形成の効果を得る傾向が強い。このことから，学習活動とその成果活用としての社会参加活動との間に成り立つ連鎖の過程が，自己形成に対してプラスの影響を及ぼすものと考えられる。さらに，これらの自己形成への影響は，社会参加活動への積極的な動機によって強められる可能性もみてとれる。

第3節　結　論

以上の分析結果をもとに，本章の結論を述べる。ただし，本章の冒頭で述べたように，社会参加活動の用語は，実質的にボランティア活動と同等と考えてそのように表記する。

1. 本章で得た知見

本章の分析課題に沿って，知見をまとめると以下のとおりである。なお，本章の冒頭で説明したように，地域のなかで学習活動とボランティア活動をつなげている人々の多くが高齢者であることから，第2節では高齢者を対象に分析した。そのため，以下の知見が成人全体に適用可能かどうかについては今後の課題であるものの，必要に応じて本文中にコメントを加えた。

第1に，学習活動とその成果活用としてのボランティア活動との間には，相互に影響を及ぼしあう連鎖の関係が成り立つ。しかも，ボランティア活動に参加する学習者はもともと高い専門性をもっており，将来は一層高度なレベルをめざそうとしていることから，学習の高度化を志向する連鎖といえる。また，成果を実際に活用しなくてもその意思をもつことは，まったくもたないことよりも，こうした連鎖に入る可能性を高める。

第2に，学習した内容と関係のないボランティア活動を行う場合は，そうしたボランティア活動と学習活動がトレードオフの関係に陥る可能性がある。このことは，比較的自由時間の多い高齢者を対象とした分析から得た結果なので，時間的にゆとりのない若年層でもほぼ同様の傾向が成り立つものと思われる。

第3に，学習活動とその成果活用としてのボランティア活動との間に成り立

つ連鎖の過程は，生活の充実感や生きがい感，社会へのローカル・グローバルな関心，友人の獲得，健康・体力の増進といった，さまざまな側面から自己形成を促す。これらの自己形成への影響は，ボランティア活動への積極的な動機によって強められる可能性もみてとれる。ボランティア活動を行わずに学習活動に専念する場合，ローカルな問題への関心向上があまり期待できない。ただし，これらの結果は高齢者を対象とする分析の結果であるため，健康・体力の増進など高齢者に特有の項目が突出した可能性がある。成人全体についての分析が今後の課題である。

調査時期との関係から次のことを指摘しなければならない。本章で用いた調査が実施された時期は，1990年代初頭～半ばである。それ以降におけるボランティア活動の大きな潮流として，第1に自己形成のためのボランティア活動という見方が急速に広まったこと，第2にボランティア活動の場としてのNPOが台頭してきたことがあげられる。この第2の潮流は，社会的な課題を解決するためのボランティア活動の広がりに結びついており，そのような課題解決には必然的に学習活動（非状況的学習）が求められる。それらのボランティア活動は，女性や高齢者の社会活動と生きがい（自己形成）の手段としても注目されている。

これらの潮流をふまえるならば，本章で見出した学習活動とボランティア活動の連鎖，それらの連鎖がボランティアの自己形成に影響を及ぼすという傾向は，1990年代後半以降にますます強くなっているとみることができる。したがって本章の分析結果は，今日のボランティア活動の特性を，学習活動と自己形成の側面から先駆的にとらえたものといえる。しかも，その後の研究動向をみると，同様の関心から量的分析を行った研究はほとんどないので，本章の知見は今でも有用性のあるものと思われる。

2. クロスのCORモデルの修正

以上で述べた第1～3の知見をふまえ，クロスのCORモデルに対して修正を加えた仮説モデルを図3-3-1に提示する。若干の説明を加えると，次のと

おりである。

多くの学習者は学習活動の成果を生かしたボランティア活動に関心をもち，実現への条件を満たした場合には，実際にボランティアとして学習成果を活用する。それによって自己評価が高まり，教育への態度が積極的になる。さらに，そうしたボランティア活動は学習目標の重要性をより明確に認識することにプラスの影響を与え，目標達成への期待を向上させる。そしてこれらの内面的条件の力により，多少の障害があろうともそれに打ち勝つ態度が身につく。さら

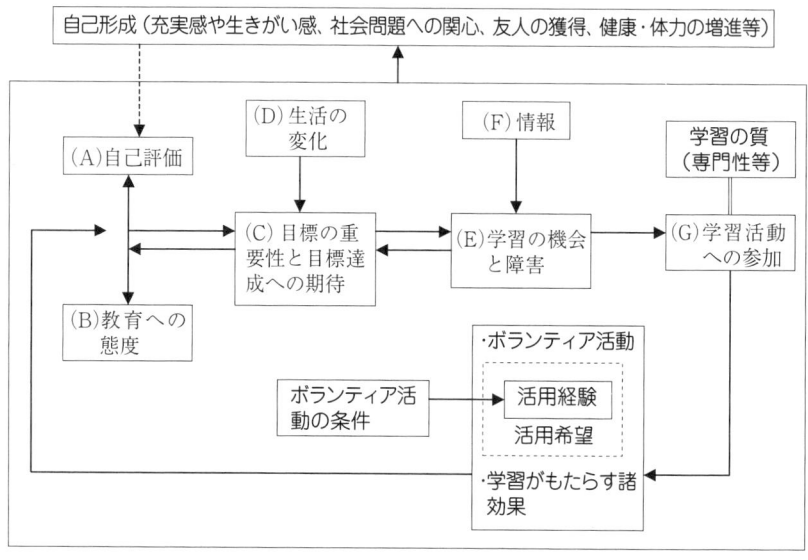

(注1) Cross, K.P. *Adults as Learners*, Jossey-Bass Publishers: San Francisco, 1981, p.124 より引用したものを和訳・加筆。原典の COR モデルは，A～G の各変数とそれを結ぶ矢印から構成されている（原典では，G から A，B を結ぶ線まで直接矢印が伸びている）。ゴシック体の用語とそれに関わる矢印は，筆者が加筆したもの。

(注2) 各用語の原典での表記は，次のとおり。(A)自己評価＝Self-evaluation, (B)教育への態度＝Attitudes about education, (C)目標の重要性と目標達成への期待＝Importance of goals and expectation that participation will meet goals, (D)生活の変化＝Life transitions, (E)学習の機会と障害＝Opportunities and barriers, (F)情報＝Information, (G)学習活動への参加＝Participation

図 3-3-1　学習活動・ボランティア活動・自己形成の関係
　　　　　―COR モデルの修正―

に，ボランティア活動の場や仲間を通して学習情報も入手しやすくなり，次の学習機会の発見が容易になる。これらの諸要素は，次の段階の学習活動に向けた推進力となる。このようにして，学習活動とボランティア活動の連鎖が成り立ち，そのことが充実感や生きがい感，社会問題への関心，友人の獲得，健康・体力の増進といった自己形成に関わる諸要素にプラスの影響を及ぼす。これらは必然的に自己評価の向上につながり，上記の連鎖を後押しすることになる。なお，学習活動とボランティア活動の連鎖は，学習の高度化（質的向上）を志向する行動連鎖である。

このように，本章の分析は，行動連鎖からみた学習活動の研究領域に対し，ボランティア活動を組み込んだ新たな知見を提出することができた。学習活動を行動連鎖の観点から分析した従来の実証研究が学習活動にのみ焦点化していたのに対し，本章では学習活動とボランティア活動との関係に注目し，この両者が相互に影響を及ぼしあって連鎖の過程をたどっていく可能性を示した。これは学習活動とその他の社会的な活動との関係についての先行的な知見を提供するものであり，成人学習の研究に新たな地平を拓くものである。

注

1)　本調査は，文部省（現文部科学省）科学研究費補助金（平成2～4年度，総合研究(A)）による「生涯学習社会における学習需要の構造的把握に関する総合的研究」（代表：梶田美春）の一環として行われた。調査結果の全体は，国立教育研究所内生涯学習研究会（1993年）に収録されている。

2)　調査票でたんに「ボランティア」と表現すると，医療・福祉・社会教育施設や高齢者・障がい者援助を中心とした狭義のボランティアと解釈される可能性がある。そこで，第1章で述べたような広義の解釈をしてもらうために，調査票では「ボランティアなど」という用語を用いた。

3)　「ボランティアとしての学習成果の活用」は「活用経験者か否か」，「今後の学習要求」は「積極的学習リピーターか否か」という変数に加工し，各々について①～⑫の各効果の「有無」との関係をクロス分析によって確認した。その結果，カイ2乗検定によって5%以内の水準で有意な関係のあるものを，相関があると判断した。

4)　例えば，一般の学習意識調査では「時間的ゆとり」が学習実現の条件にあげられることが多い。しかし，実際には自由時間量が豊かな者ほど学習しているわけではない（日本都市センター 1983, pp.37-38）。

5) 本調査結果の全体は，日本システム開発研究所 (1997) に収録されている。
6) 本調査では，「公民館や社会教育施設における学級・講座，大学等の公開講座，学習グループ，カルチャーセンター，通信教育など」への参加を学習活動と定義した。つまり，あらかじめ用意された特定の学習機会の利用を指すものであり，本や資料などをとおして自分なりの学習を積み重ねるタイプ（独学型）は除外している。
7) 「学習した成果を生かしたかったから」も積極的な動機ではあるものの，表3-2-7の説明で述べたように，これは分離活動型にはあてはまらないため，ここでは除外した。

第4章

民間非営利組織からみた学習と社会形成

はじめに：本章の目的と二つの研究課題

　本章の目的は，民間非営利組織に焦点をあて，そこでの学習促進と社会形成との関係を分析することである。第2章と第3章が個人の自己形成に主な焦点をあてたのに対し，第4章は組織と社会形成に主な焦点をあてるものである。

　第1章で確認したとおり，このような関心に基づいてNPOや地域づくりを対象に行った実証的な先行研究は，ボランティア活動が学習促進を媒介に社会形成を成し遂げる，というメカニズムを示唆している[1]。しかし，これらの研究には，次のような問題が残されている。一つには，いずれも事例分析から構成されており，包括的な傾向を明らかにしたものはない。二つには，成功事例を学習から社会形成へと一方向的・楽観的に描く傾向が強く，〈参加の陥穽〉論が指摘する新たな支配や排除（あるいはそうした問題の回避）の可能性を考察したものはない。

　本章ではこれらの問題に答えるための分析を行う。第1節では第1の問題に挑戦する。章末の注1）で述べるように，NPOはボランティア活動の場を多様に生み出す。そこで，NPO法人を対象とする全国調査の結果から，NPO活動における学習促進と社会形成との関係について包括的な傾向を見出し，ボランティア活動における学習と社会形成との関係をとらえるための基礎情報とする。第2節では，公的社会教育施設を運営するボランティア組織の事例分析をとおして，ボランティア活動が社会形成の一環としてのコミュニティ形成に及ぼす効果と，それが〈参加の陥穽〉の回避を促進する可能性を検討する。

第1節　NPO活動における学習促進と社会形成との関係

1. 本節の目的と枠組

　前述のとおり，本節の目的は，NPO法人を対象とする全国アンケート調査の結果を用いて，NPO活動における学習促進と社会形成との関係について包括的な傾向を導出することである。そのためには，第1に「学習」及び「社会形成」をとらえる分析装置が必要である。さらに，第2に学習促進（学習支援）それ自体を目的にしているのか，あるいは最終的な社会形成のために手段ないしは過程として学習を位置づけているのか，という点も重要である。

　上記のうち第2の点は，本書で扱う学習が成人の学習であることから，成人教育や成人に対する学習支援（これらは特定非営利活動促進法における17分野のなかでは社会教育の分野に相当する）を主な目的とするのか否か，ということを意味するものである。つまり，社会教育を軸に活動分野からみたNPOの類型を設定し，それらの類型と学習及び社会形成との関係を明らかにする必要があるということである。

　以上に述べたことをふまえ，本項では学習及び社会形成をとらえる枠組と社会教育からみたNPOの類型を検討する。

（1）学習をとらえる枠組

　NPO活動においては，活動を通して種々の状況的学習が発生するとともに，意図的に設定されたスタッフ等の研修や外部の人々に向けた学習機会の提供によって非状況的学習が促進される。一方，学習の主体からみれば，NPO内部のスタッフやメンバーに発生する学習と，一般の参加者や協力者（外部の人々）に発生する学習に分けることができる。

　以上のように，NPOが促進する学習は，状況的・非状況的，内部・外部という分類軸の組み合わせによって，論理的には四つの類型を想定することができる。しかし，既存の研究は，いずれも上記4類型の区別については概して無関心であり，ほとんどの研究が「学習」という一括的な表現を用いている。わ

ずかに，佐藤（2001）に所収の野元弘幸がスタッフ（内部）と参加者（外部）の「ともに学ぶ」という関係を指摘し（野元・石井 2001），若原幸範が講座における外部と内部の視点の交流という実態を述べている（若原 2007）ものの，両者ともたんにその事実を記述しているのみである。

こうした先行研究の実態をふまえ，今回の調査では学習促進の各類型の実態とそれらの相互関係を分析するための項目設計を行った。具体的には，各類型を表す指標として次のものを定めた。すなわち，〈内部＆状況的〉は仕事（活動）を通したスタッフの力量向上，〈内部＆非状況的〉はスタッフに対する研修，〈外部＆非状況的〉は一般の人々に対する学習支援である。なお，〈外部＆状況的〉については，調査票に記入する立場であるNPOの実質的な代表者が把握することは困難と思われるので，調査項目から割愛した。

本節では，以上の3指標の実態と相互関係を浮き彫りにすることによって，NPOにおける学習促進の内部構造を分析する。

(2) 社会形成をとらえる枠組

NPOの活動は，その分野や目的，方法などによってさまざまな内容を含んでいる。しかし，「市民が行う自由な社会貢献活動」（特定非営利活動促進法第1条より）の実践主体がNPOだと考えると，いずれのNPO活動も何らかの社会形成を志向するといってよい。そこで，その社会形成をどのようにとらえるかが重要である。

実証的な先行研究をみると，それぞれ次のような特徴を示している。平岩千代子は，二つの事例分析を通して，社会変革の実践とさまざまな学びが一体化して相乗効果を生んでいることを明らかにしている（平岩 2008）。一方，生涯学習NPO研究会（1999）のなかで，田中雅文は2年間にわたる事例調査の結果の総合まとめとして，「社会運動体としてのNPOが，学習をとおして新しい価値観や社会運営の考え方を創出・発信している」と述べ，やはりNPOを社会変革の側面から評価している（田中 1999）。佐藤一子は，NPOのなかに「オルタナティブな社会参加を志向する社会運動的なNPO」が存在することを認

めている（佐藤 2001, p.12）。地域づくりに関する先行研究をみても、第１章第２節3.(4)②にあげた四つの実証研究は、いずれも地域における学習活動と文化的・産業的な変革が相乗効果のもとに発展するメカニズムを描いており、ここでも社会変革が注目されている。

ウェルトンは、新しい社会運動のプロセスには対話型学習、多様な学習イベント、新しい価値観の探究といったことが必然的に組み込まれていると分析し、「学習の場としての新しい社会運動」という考えを打ち出した（Welton 1993）。社会変革の先導的な役割を担うNPOは、まさにそうした学習の場を生み出す社会運動の推進主体と考えることができる。

このように、実証的な先行研究においては、NPOや地域づくりが社会変革の推進との関わりで分析される傾向が強い。実証研究ではない先行研究のなかにも、社会変革の視点を含めてNPOの類型化を試みたものが目立つ。例えば、津田英二は社会運動型と体制順応型、高橋満と櫻井常矢は補完型・官僚主義（bureaucratic model）、依存型・消費者主義（consumerist model）、協働型・エンパワー（empowerment model）、対抗型・運動体（movement model）、という分類を提示している（津田 2001, pp.141-143；高橋 2003, p.101；櫻井 2000, pp.60-61）。さらに、地域づくりの成人教育を進めるための基礎として、ハミルトンは技術援助（technical assistance）、自助努力（self-help）、闘争（conflict）という三つの方法論を検討している（Hamilton訳書 2003, pp.175-178）。津田の社会運動型、高橋・櫻井の対抗型・運動体、ハミルトンの闘争は、いずれも社会変革の視点からNPOや地域づくりの類型を設定したものである。

以上のように、先行研究の成果に基づくならば、NPOの社会形成機能をとらえる重要な視点の一つは、社会変革である。

それでは、そのほかにどのような視点があるだろうか。平岩千代子は、既述のような社会変革の条件として行政の意識変容や仲介者としての役割をあげている（平岩 2008, pp.230-231）。佐藤（2001）に所収されている諸論文でも、NPOに対する社会教育行政からの支援の重要性（櫻井 2001, p.66）、自治体職員の意識改革の必要性（野元・石井 2001, p.74）などが指摘されている。生涯学

習NPO研究会(1998)は，多くのNPOが行政と協力関係にあることを指摘している。一方，地域づくりに関する研究においても，事例分析の対象となった活動は，すべて行政と何らかの協力関係にある。

このように，NPOの社会形成の分析においては，社会変革に加えて行政との関係も重要な視点であることがうかがわれる。

ここで，第1章で指摘した近年のボランティア活動の特徴をふり返ると，それは行政等の公的セクターとの協働に基づく創造型というものであった。ここでいう創造型とは，新しい社会の創造を意味するのであり，社会変革や運動志向と同義である。つまり，NPOや地域づくりの実証的な先行研究は，行政との関係や社会変革といった，近年におけるボランティア活動の主な関心事項に焦点をあてているといってよい。

本節では，以上の検討をふまえ，NPOの社会形成機能を社会変革（運動志向）と対行政関係（行政密着度）からとらえることにする。具体的には，「運動志向」の強弱と「行政密着度」の高低という二つの軸によって，図4-1-1に示すような類型を設定する。「協働変革型」と「先鋭運動型」はいずれも社会変革の推進に力を入れるNPOであり，前者は行政との協働によって，後者は行政とは独立に（あるいは強い批判性を土台に）それを進めようとするNPOを表す。「行政代替型」と「独立事業型」は専らサービス事業に力を入れるNPOであり，

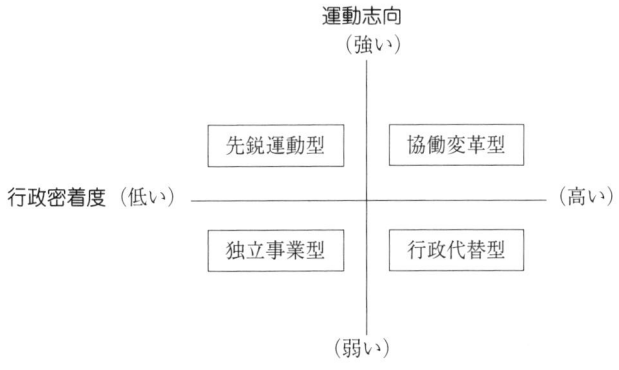

図4-1-1 社会形成からみたNPOの類型化

前者は行政と強い関係をもちながら，後者は行政とは一線を画する形で独立的に実践する NPO を表す。事例調査を中心とする先行研究では，このように運動志向と行政密着度との関係を含めた分析までは行っていない。なお，本節の以下の部分では，社会形成からみた上記四つの類型を NPO の社会形成類型と呼ぶことにする。

(3) 社会教育からみた NPO の類型

生涯学習 NPO 研究会 (1998) は，全国規模で 32 団体におよぶ事例調査の結果から，成人の学習支援それ自体を目的とする「学習志向」の NPO と，まちづくり等の目的を推進するなかで学習活動を発生させている「目標志向」の NPO があることを提示している。佐藤一子は，「社会的な活動のなかで学習機会を組織し，市民に働きかける主体」(佐藤 2001, p.16) として NPO をとらえ，そのような学習機会を中心に 8 団体の事例分析を行っている。これらの事例は，子ども，環境，まちづくり，福祉，国際協力，平和などを主たる活動分野とする NPO である。つまり，上記の「目標志向」に近い視点で NPO の学習促進機能をとらえている。平岩 (2008) の分析した事例も福祉と環境に属するものであり，「主たる活動分野が教育や学習を本来の目的とする社会教育以外の分野」(同，p.219) を事例として選択している。地域づくり活動を対象とする諸研究についても，当然のことながら地域づくりを主たる目的とする事例を扱っており，前述の用語で表現するならば「目標志向」の活動である。

このように，NPO や地域づくりと学習との関係を分析した先行研究では，生涯学習 NPO 研究会 (1998) の「学習志向」の NPO を除き，ほとんどが社会教育以外を主たる活動の分野としている団体やプロジェクトを扱っている。社会教育を主たる活動分野とする NPO は，あまり扱われていない。つまり，実証的な先行研究における一つの潮流は，「社会教育以外の分野における NPO が学習促進を媒介に社会形成を成し遂げる」過程を分析することである。

それでは，社会教育を主たる活動の分野とする NPO の場合，どのような社会形成の機能を担っているのだろうか。そこでの学習促進の構造は，他の分野

のNPOと異なっているのだろうか。このような関心に基づき，本節ではNPOを社会教育NPO，準社会教育NPO，一般NPOに類型化し，それと学習促進や社会形成との関係を分析する。ここで，社会教育NPOとは主たる活動分野が社会教育であるNPO，準社会教育NPOとは活動分野の一つが社会教育であるNPO（つまり，社会教育が従たる活動分野の一つであり，主たる活動分野は社会教育以外である），一般NPOとは活動分野のなかに社会教育が含まれないNPOを指す。本節の以下の部分では，社会教育を軸に分けた上記三つの類型をNPOの分野類型と呼ぶことにする。

2. 調査の概要

上述の枠組に基づいて分析を行うために，「NPOの教育力に関する調査（組織調査）」（文部科学省科学研究費による共同研究の一環，代表：佐藤一子）の結果からデータを得た[2]。調査の概要は以下のとおりである。

① 調査対象：全国のNPO法人（悉皆調査）[3]
　　NPO法人NPOサポートセンターのNPORT（2001年9月末日時点）から，住所・代表者の確認できる団体のすべてを調査対象に選定した。
② 調査方法：郵送による配布・回収
③ 調査時期：2002年1〜2月
④ 標本数：4770票
⑤ 回収結果：形式回収率は30.6％（配布数4770票，有効票回収数1461票）
　実質回収率は31.7％（実質配布数4616票，有効票回収数1461票）
　※宛て先不明の戻り票が154票あったため，実質配布数を4616票として計算したものが実質回収率である。
⑥ 主な調査項目：活動分野，活動の性格，一般の人々に対する学習支援，スタッフに対する研修，仕事を通したスタッフの力量向上，スタッフの力量向上の必要性，外部組織との関係（行政，企業，地域組織など）

3. NPOにおける学習促進の実態

本項から第5項までは，アンケート調査に基づく分析結果を述べる。すなわち，学習促進，社会形成，社会教育からみたNPOの分野類型という三つの側面から分析を行い，これらを通してNPOにおける学習促進と社会形成との関係をとらえる。

(1) 学習促進の三形態

前述のように，アンケート調査ではNPOによる学習促進の形態として，一般の人々に対する学習支援（外部の非状況的学習，以下「外部への学習支援」），スタッフに対する研修（内部の非状況的学習，以下「スタッフ研修」），仕事を通したスタッフの力量向上（内部の状況的学習，以下「仕事による力量向上」）の三つを取り上げた。回答結果は表4-1-1～3に示すとおりである。

表4-1-1によると，講座・講演・ワークショップ・セミナーなどの学習会の回答率が70.3％となっており，ほとんどのNPOが何らかの学習会を外部の人々に提供していることがわかる。このほか，発表会，イベント，交流会という形態も，それぞれ4割以上のNPOが提供している。「とくに学習の場を提供していない」と答えたNPOは7.7％にすぎない。このように，NPOのほとんどは一般の人々に対する学習支援を行っている。

一方，内部の人々（スタッフ）を対象とする学習促進については，表4-1-2と表4-1-3から読み取ることができる。

表4-1-2によると，スタッフに対する研修については，「スタッフ同士の学習会」「外部の研修機関」「NPO関連の情報誌・文献」は，いずれも実施率が5割前後に達している。「独自の研修プログラム」や「資格取得の促進」も3割前後の実施率となっている。一方，スタッフの研修を行っていないNPOは，13.4％にすぎない。

表4-1-3は，仕事を通したスタッフの力量向上を示している。「かなり結びつく」の回答率は，「困難な問題を乗り切る」「設立目的を理解する」が4割前後で相対的に高い。「人間関係をまとめる」「スタッフ同士で討論する」「専門

家と活動する」「ニーズ分析や事業評価を行う」が3割前後で続く。なお,「まあ結びつく」の回答を含めると,半数以上の項目で回答率が7割を超える。

以上のように,NPOは外部・内部に対する学習促進の機能を有しているとみてよい。なお,第1章でみたように,ウェンガーは実践コミュニティの活動を「相互関係を通した参加」「共同で行う事業」「レパートリーの共有」の三つの次元からとらえ,それぞれにおいて状況的学習が発生すると述べている。表

表 4-1-1　一般の人々に対する学習支援

(単位:%)

①学習会(講座・講演・ワークショップ・セミナーなど)	70.3
②発表会(シンポジウム・フォーラム・報告会など)	40.9
③イベント(テーマイベント・映画・演劇・フェスティバル・展示)	46.2
④交流会(パーティ,親睦会など)	44.8
⑤旅行もの(スタディツアー・ワークキャンプ)	15.3
⑥通信教育・遠隔教育	3.9
⑦情報提供・相談	57.3
⑧施設(空間・居場所・フリースペース)の提供	24.1
⑨その他	6.5
⑩とくに学習の場は提供していない	7.7
無回答	1.2

4-1-2　スタッフに対する研修

(単位:%)

①外部の研修機関への派遣	48.9	⑤スタッフ同士の学習会の開催	56.3
②教材・通信教育等の利用	10.1	⑥NPO関連の情報誌・文献の購入	40.9
③独自の研修プログラムの実施	31.0	⑦その他	6.4
④資格取得の促進	29.0	⑧とくに行っていない	13.4
		無回答	1.6

表 4-1-3　仕事を通したスタッフの力量向上

(単位:%)

①活動上の困難な問題を乗り切る	45.0	⑥団体の設立目的を十分理解する	39.7
②組織内の人間関係をまとめる	34.8	⑦専門家と共に活動する	33.1
③ニーズ分析や事業評価を行う	29.8	⑧ボランティア等の人材をコーディネートする	21.8
④事業が拡大して業務量が増える	17.1	⑨他の組織・機関と連携事業を行う	22.0
⑤スタッフ同士で自由に討論する	34.6	⑩政策提言やキャンペーンの文書を作る	20.0

(注) 数字は,それぞれの仕事がスタッフの力量向上に「かなり結びつく」と回答したNPOの割合(各項目とも,無回答を含む全回答者数を分母にした回答率)。

4-1-3における②⑤⑦⑧は相互関係を通した参加，①③④⑨⑩は共同による事業実践，⑥はレパートリーの共有に該当する。このように，NPOを実践コミュニティの母体とみたとき，そこではウェンガーのいう三つの次元での状況的学習が生起しているとみることができる。

(2) 三形態の相互関係

次に，学習促進の諸形態の量的水準を把握するため，「外部への学習支援の数」「スタッフ研修の数」「仕事による力量向上の数」を算出した。各指標の数値の算出方法は，表4-1-4の(注2)に示すとおりである。このように設定した各指標の平均値は，「外部への学習支援の数」3.06，「スタッフ研修の数」2.26，「仕事による力量向上の数」2.98であった。それぞれの形態について，平均2～3種類の学習促進が実現していることになる。

表4-1-4は，三つの指標の相関マトリックスを示したものである。表の(注1)に述べたように，形態間の偏相関係数は，いずれも1％水準で有意である。この結果から，NPOの内部の学習と外部の学習，そして状況的学習と非状況的学習が絡み合いながら学習が充実していく，というメカニズムを想定することができる。

表4-1-4 学習促進の形態間の相関マトリックス

	外部への学習支援の数	スタッフ研修の数	仕事による力量向上の数
外部への学習支援の数	1.000 (1.000)	0.233 (0.188)	0.226 (0.178)
スタッフ研修の数	0.233 (0.188)	1.000 (1.000)	0.245 (0.203)
仕事による力量向上の数	0.226 (0.178)	0.245 (0.203)	1.000 (1.000)

(注1) 数字は，各変数間の相関係数である。各欄の左側がピアソンの相関係数，右側のカッコ内が第3の変数（例えば，「外部への学習支援の数」と「スタッフ研修の数」との相関における第3の変数とは「仕事による力量向上の数」である）の影響を除いた偏相関係数である。ピアソンの相関係数，偏相関係数のいずれも，すべての値が1％水準で有意（両側）となっている。

(注2) 外部への学習支援の数は表4-1-1の「学習会」～「施設の提供」（全8項目），スタッフ研修の数は表4-1-2の「外部の研修機関への派遣」～「NPO関連の情報誌・文献の購入」（全6項目），仕事による力量向上の数は表4-1-3の「活動上の困難な問題を乗り切る」～「政策提言やキャンペーンの文書を作る」（それぞれの仕事がスタッフの力量向上に「かなり結びつく」という回答，全10種類）のうち，それぞれ調査対象団体に該当する項目の数を意味する。

(3) 外部への学習支援の目的

　研究の枠組で指摘したように，そもそもNPOは，社会形成をめざすものである。したがって，スタッフの力量向上のために行う研修とは，そうした力量向上がよりよい社会形成につながることを期待してのものである。仕事を通したスタッフの力量向上も，当然のことながら当該NPOの社会形成機能に結びつくことになる。一般の人々に対する学習支援の場合も，それを通して最終的には何らかの社会形成に到達することをねらったものだといってよい。そこで，アンケート調査では，外部に対して提供している学習支援がどのような目的で行われているのかを尋ねた。回答率の高い順に列挙すると下記のとおりである。

　　専門知識・技術の提供 (52.6)，団体の使命の発信 (50.3)，ネットワーク形成 (48.2)，社会的な視野の提供 (40.4)，人材・ボランティアの養成 (37.8)，特定層への支援 (24.4)，新しい教育の創造 (24.2)，文化・技術の伝承 (19.3)，収益の確保 (16.0)，政策提言・報告書の作成 (15.9)，その他 (5.5)，無回答 (1.5)

　上記の回答結果によると，専門知識・技術の提供，団体の使命の発信，ネットワーク形成がいずれも5割前後に達しており，これらがとくに重視されていることがうかがわれる。しかし，そのほかにもさまざまな目的に，概ね2〜4割の回答が集まっている。各NPOが社会形成の固有の目標に向かうために，多様な目的で学習支援という方法を活用しているといってよいだろう。

(4) まとめ

　以上のように，NPOは内部・外部に対して学習を促進する。しかも，学習促進の諸形態の間には相関があり，NPOの内部の学習と外部の学習，そして状況的学習と非状況的学習が絡み合いながら学習が充実していく，というメカニズムが推察できる。さらに，外部への学習支援の目的は多様であり，それらを通して社会形成の固有の目標に向かっているとみることができる。

4. 学習促進と社会形成との関係
(1) NPO の社会形成類型

今回の調査結果を用いて，図 4-1-1 で設定した社会形成類型に現実の NPO をあてはめると次のようになる。

調査では，当該 NPO の主な活動を，①社会的なサービス事業の提供，②政策提言や社会的なキャンペーン，③上記の両方，④その他という四つのカテゴリーから選択してもらった。このうち，②または③に回答した NPO を「運動志向が強い」，①に回答した NPO を「運動志向が弱い」ものと考える（④に回答した NPO は分析から除外）。一方，行政との関係については，①公共機関の NPO 専門窓口，②社会教育行政（公民館を含む），③その他の行政・公共機関（学校及び学校所管行政は除く）という三つの項目について，それぞれ「非常に関わりがある」から「まったく関わりがない」まで四つのカテゴリーから選択してもらった。そこで，①〜③のいずれかの機関について「非常に関わりがある」と答えた NPO を「行政密着度が高い」，その他の NPO を「行政密着度が低い」ものと考える。

このように調査結果をあてはめると，各類型に該当する NPO の数は協働変革型 156（12.6%），先鋭運動型 203（16.4%），行政代替型 303（24.5%），独立事業型 573（46.4%）となる（カッコ内は除外・無回答サンプルを除いた構成比）。さらに，表 4-1-5 によれば，運動志向の強い NPO は弱い NPO よりも行政密着度が高くなっており，NPO における運動志向と行政密着度との間には相関があることがわかる。第 1 章第 1 節でみたように，現代におけるボランティア活動の潮流は，1980 年代ないしは 1990 年代以降に広がってきたといわれる協働志

表 4-1-5　運動志向と行政密着度との関係

(単位：%，カッコ内は団体数)

		行政密着度		
		高い	低い	合計
運動志向	強い	43.5	56.5	100.0 (359)
	弱い	34.6	65.4	100.0 (876)

(注) カイ 2 乗検定の結果は，$\chi^2 = 8.569$, d.f. $= 1$, $p < 0.01$。

向の創造型ボランティア活動である。協働志向が行政密着度の高さ，創造型が運動志向の強さを条件にすると考えるならば，現代のボランティア活動の潮流と表4-1-5から読み取ることができるNPOの傾向は，ある程度重なっているとみてよいだろう。

(2) 学習促進との関係

それでは，社会形成に関する二つの軸である運動志向の強弱と行政密着度の高低は，学習促進とどのような関係にあるのだろうか。表4-1-6は，社会形成類型の各カテゴリーについて，学習促進に関する三つの量的指標の平均値と標準偏差を示したものである。

これによると，運動志向で統制した場合は，外部への学習支援，スタッフ研修，仕事による力量向上のいずれも，行政密着度の高いほうが数値の高くなる傾向にある。外部への学習支援の数を例にとれば，運動志向が強い場合は，行政密着度の高いNPO（協働変革型）が3.96で低いNPO（先鋭運動型）が3.52，運動志向が弱い場合は，行政密着度の高いNPO（行政代替型）が3.02で低いNPO（独立事業型）が2.76である。一方，行政密着度で統制した場合，外部への学習支援と仕事による力量向上については運動志向の強いNPOで数値が高くなるものの，スタッフ研修の数については逆の傾向である。

表4-1-6 学習促進の諸形態と社会形成類型との関係

		運動志向：強い		運動志向：弱い	
		行政密着度 高い	行政密着度 低い	行政密着度 高い	行政密着度 低い
		協働変革型	先鋭運動型	行政代替型	独立事業型
外部への学習支援の数	平均値	3.96	3.52	3.02	2.76
	標準偏差	1.73	1.56	1.79	1.81
スタッフ研修の数	平均値	2.32	1.79	2.62	2.37
	標準偏差	1.49	1.35	1.42	1.55
仕事による力量向上の数	平均値	3.88	3.00	3.39	2.66
	標準偏差	3.13	2.88	2.88	2.74

これらの傾向を統計的に検定するため，運動志向と行政密着度を固定因子，学習促進に関する三つの量的指標を従属変数として二元配置分散分析を適用した（表4-1-7）。その結果，運動志向と行政密着度のいずれもが，三つの指標のそれぞれと有意な関係にあることが判明した。なお，どの量的指標についても運動志向と行政密着度の交互作用はみられなかった。

　以上の分析結果を整理すると，次のとおりである。

　第1に，学習促進の三形態のうち，外部への学習支援と仕事による力量向上については運動志向が強いNPO（とくに，行政密着度が高い協働変革型）のほうが活発であり，研修については運動志向が弱いNPO（とくに，行政密着度が高い行政代替型）のほうが活発である。

　第2に，行政との密着度がすべての学習促進と正の相関があることから，行政と密接な関係をもちながら活動を行うNPOでは，そうでないNPOに比べて，あらゆる側面から学習促進が活発となっている。

　ここで，外部への学習支援の目的と社会形成類型との関係をみると，興味深い結果が出ている（表4-1-8）。ここでは，前項（3）に掲載した学習支援の目的のうち，社会形成類型との間に5％以内の水準で有意な関係が認められたもののみ表示した。

　これによると，「団体の使命の発信」及び「政策提言・報告書の作成」では，協働変革型がそれぞれ65.1％と36.2％で最も高い回答率となっており，先鋭運動型の53.6％と25.0％がこれに続いている。「新しい教育の創造」では，協

表 4-1-7　学習促進と社会形成に関する二元配置分散分析の結果

学習促進 社会形成	外部への学習支援の数		スタッフ研修の数		仕事による力量向上の数	
	F 値	有意確率	F 値	有意確率	F 値	有意確率
運動志向	56.87	$p < 0.001$	21.49	$p < 0.001$	5.19	$p < 0.05$
行政密着度	9.78	$p < 0.01$	17.05	$p < 0.001$	19.32	$p < 0.001$
行政密着度＊運動志向	0.67	―	2.32	―	0.18	―

（注）「＊」は交互作用を表す。なお，有意確率が0.05を超える場合は「―」とした。

働変革型 32.9%，先鋭運動型 33.7% と拮抗している。これらの結果をみると，運動志向の強い NPO においては，明日の社会を切り開くために―社会変革を推進するために―学習の場を積極的に設けていこう，という姿勢が表れているように思われる。しかも，行政との関係を強く結びながら運動を進める協働変革型の NPO でその傾向が強いという点は，注目に値する。これらは，運動志向及び行政密着度の強い（高い）NPO ほど外部への学習支援が活発だという，表 4-1-7 の傾向と符合するものである。

　一方，「人材・ボランティアの養成」では行政代替型が 45.7% で最も高く，協働変革型の 40.8% がこれに次ぐ。これら二つはいずれも行政密着度の高い類型であるため，人材やボランティアの養成については，行政との関係の強さが重要であることがうかがわれる。さらに，行政密着度で統制して運動志向の強弱を比較すると，運動志向の低い類型で若干ながら回答率が高くなることから，

表 4-1-8　外部への学習支援の目的と社会形成類型との関係

(単位：%，カッコ内は団体数)

			社会形成類型				
			協働変革型	先鋭運動型	行政代替型	独立事業型	カイ 2 乗検定
学習支援の目的	団体の使命の発信	該当	65.1	53.6	47.1	47.6	$\chi^2 = 16.638$, d.f. = 3, $p < 0.001$
		非該当	34.9	46.4	52.9	52.4	
		合計	100.0 (152)	100.0 (196)	100.0 (280)	100.0 (500)	
	人材・ボランティアの養成	該当	40.8	32.1	45.7	37.8	$\chi^2 = 9.655$, d.f. = 3, $p < 0.05$
		非該当	59.2	67.9	54.3	62.2	
		合計	100.0 (152)	100.0 (196)	100.0 (280)	100.0 (500)	
	政策提言・報告書の作成	該当	36.2	25.0	10.7	9.2	$\chi^2 = 81.084$, d.f. = 3, $p < 0.001$
		非該当	63.8	75.0	89.3	90.8	
		合計	100.0 (152)	100.0 (196)	100.0 (280)	100.0 (500)	
	新しい教育の創造	該当	32.9	33.7	23.6	19.8	$\chi^2 = 20.476$, d.f. = 3, $p < 0.001$
		非該当	67.1	66.3	76.4	80.2	
		合計	100.0 (152)	100.0 (196)	100.0 (280)	100.0 (500)	

（注）学習支援の目的の欄は，外部に対する何らかの学習支援を行っている NPO（表 4-1-1 で①～⑨のいずれかを選択した NPO）のみを抽出して計算した。

人材・ボランティアの養成については運動志向の弱さが条件となるようである（具体的には，行政密着度の高い類型である協働変革型 40.8％と行政代替型 45.7％，低い類型である先鋭運動型 32.1％と独立事業型 37.8％を比べると，行政代替型と独立事業型の回答率が高い）。ここでは，外部への学習支援の目的として尋ねた項目ではあるものの，人材養成が運動志向の弱さと結びつくという点は，表 4-1-7 に表れたスタッフ研修に関する傾向と類似の傾向である。

以上，表 4-1-7 ～ 8 の結果から，次のことが推察できる。

まず，運動志向の強い NPO は，社会変革のための一般向け学習支援に積極的であり，仕事を通してスタッフが力量を向上させていく傾向も強い。これらは，とくに行政との密着度も高い協働変革型の NPO に顕著な傾向として表れている。ただし，スタッフ研修については，運動志向の強さがかえって消極的な姿勢を招く可能性がみてとれる。

一方，行政密着度の高い NPO は，すべての形態の学習促進が活発であるとともに，外部への学習支援が人材・ボランティア養成を志向する傾向にある。とくに，運動志向が弱い行政代替型では，スタッフ研修と外部への学習支援における人材・ボランティア養成がともに活発であり，この類型の NPO は組織の内外を問わず研修や人材養成に積極的であるものと思われる。

(3) 力量向上に対する NPO の意識

ここで，そもそもスタッフの力量向上を NPO 自身がどの程度重視しているのかをみてみよう。調査対象となった NPO の全体では，「かなり重要」45.5％，「まあ重要」39.2％となっており，「まあ」を入れるとほとんどの NPO が重要と答えている。「かなり」だけでも約半数が重要と答えている。これを，社会形成類型別にみたのが表 4-1-9 である。

表によると，「かなり重要」の回答率は協働変革型 51.9％，行政代替型 50.2％であり，ほかの 2 類型より高い。つまり，力量向上の重要性は，行政と密接な関係にある NPO のほうが，そうでない NPO よりも強く認識する傾向にある。しかもそれは，運動志向の強弱に関係なく成り立つ傾向である。別の言い方を

表 4-1-9 スタッフの力量向上の重要性と社会形成類型との関係

(単位:%,カッコ内は団体数)

	協働変革型	先鋭運動型	行政代替型	独立事業型
かなり重要	51.9	46.8	50.2	44.1
まあ重要	37.0	37.3	43.3	42.3
どちらともいえない	8.4	10.0	4.8	9.7
重要でない	2.6	6.0	1.7	4.0
合　計	100.0 (154)	100.0 (201)	100.0 (293)	100.0 (556)

(注)「重要でない」は,「あまり重要でない」と「まったく重要でない」の合計。カイ2乗検定の結果は, $\chi^2 = 17.353$, d.f. $= 9$, $p < 0.05$。

すれば,運動志向が強いからといってとくにスタッフの力量向上が重要となるわけではない。行政と密接な関係をもつことが責任の大きさの認識につながってスタッフの力量向上を志向するのか,あるいはスタッフの力量向上にとって行政との密着性が有効だと認識されているのか,今回の量的分析からその因果関係までは確認できない。しかし,スタッフの力量向上を重視するNPOの意識が行政との密着度と相関関係にあるということは,ボランティア活動が成果をあげるためには行政との協働が重要だ,といわれる近年の傾向を裏づけるものである。

(4) 行政との関係の内容

ところで,行政との密接な関係といっても,そこにはどのような内容が含まれているのだろうか。そこで,行政との関係を「(行政から)NPOが受けている支援」と「(行政に対する)こちらからの協力」に分け,それぞれ具体的な内容をあげて尋ねた結果が表4-1-10である。ここでは,行政密着度の高いNPOだけを取り出して,運動志向の強弱による違いを示している。調査票では,「受けている支援」を5項目,「こちらからの支援」を6項目,合計11項目を設定したものの,表が示すように,カイ2乗検定により5%以内の水準で運動志向の強弱との間に有意な関係をもつものは6項目であった。

それらの結果をみると,運動志向が強いNPOは弱いNPOに比べ,事業・

政策への提言，教材・プログラム・講師の提供，委員の派遣，助言・指導の提供といった「こちらからの協力」の該当率が高い。逆に，運動志向の弱いNPOは強いNPOよりも，補助・助成金，指導・助言といった「受けている支援」の該当率が高い。表に載せていない項目についても，有意差はないものの傾向は同じである。つまり，行政密着度の高いNPOの場合，運動志向が強いと行政に対する支援（主に知恵の提供），弱いと行政からの支援（主に金や知恵の享受）が多くなると推察できる。ところで，行政密着度が高くて運動志向が強いNPOとは，協働変革型のことである。したがって，協働変革型は他の類

表4-1-10　対行政関係と運動志向との関係―行政密着度の高いNPOのみ―

(単位：％，カッコ内は団体数)

			運動志向		カイ2乗検定
			強い（協働変革型）	弱い（行政代替型）	
受けている支援	補助・助成金	該当	26.0	39.5	$\chi^2 = 7.857$, d.f. = 1, $p < 0.01$
		非該当	74.0	60.5	
		合計	100.0 (150)	100.0 (281)	
	助言・指導	該当	39.7	61.3	$\chi^2 = 18.481$, d.f. = 1, $p < 0.001$
		非該当	60.3	38.7	
		合計	100.0 (151)	100.0 (282)	
こちらからの協力	事業・政策への提言	該当	74.7	45.2	$\chi^2 = 34.383$, d.f. = 1, $p < 0.001$
		非該当	25.3	54.8	
		合計	100.0 (150)	100.0 (279)	
	教材・プログラム・講師の提供	該当	45.8	35.1	$\chi^2 = 4.600$, d.f. = 1, $p < 0.05$
		非該当	54.2	64.9	
		合計	100.0 (144)	100.0 (271)	
	審議会等に委員の派遣	該当	57.4	40.4	$\chi^2 = 11.273$, d.f. = 1, $p < 0.001$
		非該当	42.6	59.6	
		合計	100.0 (148)	100.0 (275)	
	助言・指導の提供	該当	40.7	24.5	$\chi^2 = 11.539$, d.f. = 1, $p < 0.001$
		非該当	59.3	75.5	
		合計	100.0 (145)	100.0 (261)	

(注)行政密着度の高いNPOのみを取り出して集計した。

型よりも行政に対して知恵の提供によって協力する傾向が強いわけである。

(5) まとめ

本項の分析から次のことが判明した。

第1に，運動志向と行政密着度の間に正の相関がある。こうしたNPOの世界の傾向は，「協働志向の創造型ボランティア活動」が広がっているというボランティア活動の潮流と，ある程度重なっているとみられる。

第2に，運動志向の強いNPOは，社会変革のための一般向け学習支援に積極的であり，仕事によるスタッフの力量向上という傾向も強い。これらは，とくに行政密着度も高い協働変革型に顕著な傾向である。ただし，スタッフ研修については，運動志向の強さが消極的な姿勢を招いている可能性がある。

第3に，行政密着度の高いNPOは，すべての形態の学習促進が活発であるとともに，一般向けに人材・ボランティア養成の機会を提供する傾向にある。とくに，運動志向が弱い行政代替型では，スタッフに対する研修と一般向けの人材・ボランティア養成がともに活発であり，研修や人材養成に積極的であるものと思われる。

第4に，スタッフの力量向上を重視することは，行政との密着度と正の相関にある。これは，スタッフの力量向上に対する意識の高さが，行政との協力関係と深い関係にあることを示唆する結果である。

第5に，行政密着度の高いNPOの場合，運動志向が強ければ―すなわち協働変革型ならば―行政に対する支援（主に知恵の提供），弱ければ行政からの支援（主に金や知恵の享受）が多くなる傾向がみてとれる。

5. 社会教育NPOの特性
(1) NPOの分野類型と学習促進との関係

前述のように，本節では社会教育からみたNPOの類型を分野類型と呼び，三つの類型を設定する。今回の調査によれば，それぞれの類型に該当するNPOの数は，社会教育NPOが79団体，準社会教育NPOが506団体，一般

NPOが849団体である。本項はこの三つの類型間の比較を通して、NPOにおける学習促進と社会形成との関係について、さらなる知見を得ようとするものである。

はじめに、分野類型と学習促進の諸形態との関係を、表4-1-11からみてみよう。

表4-1-11のデータに一元配置分散分析を適用し、学習促進の形態ごとに分野類型間の比較を行うと、スタッフ研修を除く2形態については有意差がみとめられる（外部への学習支援は$p<0.001$、仕事による力量向上は$p<0.01$）。これらの2形態について、さらに有意水準5％の基準で多重比較を行った結果、外部への学習支援の数については、社会教育NPOと準社会教育NPOが一般NPOより多い。一方、仕事による力量向上の数については、準社会教育NPOが一般NPOより多いという傾向が表れている。このように、準社会教育NPOは、社会教育を中心的な活動分野としているわけではないにもかかわらず、内外に向けて学習促進を積極的に行っていることがわかる。

以上の結果をふまえると、社会教育以外を中心分野とし、しかも社会教育の分野でも活動しているNPO―つまり準社会教育NPO―の存在に大きな意味がある。「社会教育の分野でないNPOが学習促進を通して社会に影響力を与えている」という多くの先行研究の分析結果は、他の類型との比較からみた準社会教育NPOの傾向とみれば、本節の結果と共通性のある見解といえる。

表4-1-11　学習促進の諸形態と分野類型との関係

学習促進 分野類型	外部への学習支援の数	スタッフ研修の数	仕事による力量向上の数
社会教育NPO	3.46 (1.72)：A1	1.96 (1.47)：B1	2.96 (2.87)：C1
準社会教育NPO	3.56 (1.76)：A2	2.33 (1.52)：B2	3.34 (2.99)：C2
一般NPO	2.73 (1.75)：A3	2.25 (1.48)：B3	2.76 (2.76)：C3

（注1）数字は、左側が平均値、右側のカッコ内が標準偏差を表す。
（注2）一元配置分散分析の結果、分野類型間で平均値に有意差がみられるのは外部への学習支援（$p<0.001$）と仕事による力量向上（$p<0.01$）である。この2形態について、有意水準5％の基準で多重比較を行ったところ、外部への学習支援ではA1とA2がA3より大きく、仕事による力量向上ではC2はC3より大きいという結果となった。

(2) 学習支援の目的との関係

次に,学習促進のなかでも外部への学習支援の目的に着目し,分野類型との関係をみたのが表4-1-12である。カイ2乗検定によって5%以内の水準で有意な関係が認められる組み合わせのみ掲載している。

表によると,社会教育NPOが他の二つの類型に比べてとくに高い該当率を

表4-1-12 学習支援の目的と分野類型との関係

(単位:%,カッコ内は団体数)

			NPOの分野類型			カイ2乗検定
			社会教育NPO	準社会教育NPO	一般NPO	
学習支援の目的	社会的な視野の提供	該当	50.6	48.1	35.8	$\chi^2=21.245$, d.f.=2, $p<0.001$
		非該当	49.4	51.9	64.2	
		合計	100.0 (77)	100.0 (484)	100.0 (737)	
	人材・ボランティアの養成	該当	40.3	43.6	35.1	$\chi^2=8.902$, d.f.=2, $p<0.05$
		非該当	59.7	56.4	64.9	
		合計	100.0 (77)	100.0 (484)	100.0 (737)	
	特定層への支援	該当	28.6	28.5	22.1	$\chi^2=6.988$, d.f.=2, $p<0.05$
		非該当	71.4	71.5	77.9	
		合計	100.0 (77)	100.0 (484)	100.0 (737)	
	文化・技術の伝承	該当	35.1	27.3	13.3	$\chi^2=47.946$, d.f.=2, $p<0.001$
		非該当	64.9	72.7	86.7	
		合計	100.0 (77)	100.0 (484)	100.0 (737)	
	政策提言・報告書の作成	該当	14.3	20.2	13.7	$\chi^2=9.441$, d.f.=2, $p<0.01$
		非該当	85.7	79.8	86.3	
		合計	100.0 (77)	100.0 (484)	100.0 (737)	
	財政基盤の確保	該当	26.0	18.6	14.0	$\chi^2=10.003$, d.f.=2, $p<0.01$
		非該当	74.0	81.4	86.0	
		合計	100.0 (77)	100.0 (484)	100.0 (737)	
	新しい教育の創造	該当	44.2	35.7	15.5	$\chi^2=81.114$, d.f.=2, $p<0.001$
		非該当	55.8	64.3	84.5	
		合計	100.0 (77)	100.0 (484)	100.0 (737)	

(注)外部に対する何らかの学習支援を行っているNPO(表4-1-1で①〜⑨のいずれかを選択したNPO)のみを抽出し,学習支援の目的の各項目と社会教育類型との関係を示したもの。

示す項目は,「文化・技術の伝承」35.1％と「新しい教育の創造」44.2％である。社会教育を中心とする団体らしい回答結果といえる。とくに,「新しい教育の創造」には教育の革新という意味があり,社会変革に向けた社会教育NPOにふさわしい取り組みといえるだろう。ただ,「財政基盤の確保」26.0％も相対的に高く,収益事業としての学習支援も重視されている。

一方,準社会教育NPOが他の二つの類型よりもとくに該当率の高い項目は,「政策提言・報告書の作成」20.2％である。他のNPOに比べ,自分たちが中心分野と考えている問題領域(例えば環境,まちづくりなど)での提言やアピールを提出する手段として,学習支援を行う傾向が強いとみていいだろう。

以上でみてきたように,学習支援の目的については,社会教育NPOは文化・技術の伝承と教育の革新,準社会教育NPOは政策的な提言・報告という,それぞれの特徴が表れている。

(3) 諸セクターとの関係

社会を構成する主なセクターを述べるとき,近年では国家,市場,市民社会に分類することが多い。しかし,この分類では,地域社会や地縁的な組織とグローバルに広がる市民ネットワークとの違いが消えてしまい,ややもすれば前者の存在が考察から抜けてしまう。これに対し,北欧の福祉社会を研究してきたペストフは,国家,市場,第三セクター,コミュニティ(家族・親族,地域の社会的ネットワーク)の四つに分類する(Pestoff訳書 2000, pp.48-49)。そして,国家,市場,コミュニティという三つの極のそれぞれを補完したり,これら三極との関係で活動する(あるいは全く独自の活動を展開する),多様な民間非営利組織で構成される部分を第三セクターと呼ぶ。本節でNPOと呼んでいる組織は,もちろんこの第三セクターに含まれる。伝統的に地域共同体の役割が重要であった日本の実態を考えるためには,社会を構成するセクターを三つに分けるとらえ方よりも,コミュニティを含めたペストフの4分類のほうが適している。

社会教育NPOは,上記の分類による諸セクターとの間にどの程度の密接な関係があるのだろうか。各セクターと強い関わりがある社会教育NPO(調査で

「非常に関わりがある」と回答した社会教育NPO)の割合は，行政全体45.2%，社会教育行政26.0%，一般行政31.9%，企業18.7%，地域組織6.8%である（調査票のうえでは，国家を担う組織を「行政」，市場を担う組織を「企業」，コミュニティを担う組織を「地域組織」の用語で表現している）。

以上の結果によれば，社会教育NPOは，社会教育行政よりも，むしろ一般行政と強い関係を保っているようである。一方，社会教育NPOの約2割(18.7%)が，企業と強い関係をもっていることにも注目してよい。それに対し，地域組織との関係は6.8%と極めて低い。従来の社会教育関係団体では，社会教育行政と地域組織が連携などの相手として重要であったと考えられるけれども，調査結果にみる社会教育NPOは一般行政との関係が強く，地域組織とはむしろ薄い関係しか保っていないようである。もっとも，後述するように，社会教育NPOのなかに従来の社会教育関係団体とかなり性格の違うものが含まれていることをふまえれば，これも当然といえる。あるいは，地域組織という表現ではとらえきれない，新しいタイプの住民ネットワークとのつながりが生まれているのかもしれない。

次に，NPOの分野類型と上記の分類による諸セクターとの関係をみたところ，

表4-1-13 諸セクターと分野類型との関係

(1) 社会教育行政との関係　　　　　　　　　　　　　（単位：％，カッコ内は団体数）

	非常に関わりがある	その他	合計
社会教育NPO	26.0	74.0	100.0 (77)
準社会教育NPO	16.7	83.3	100.0 (491)
一般NPO	6.7	93.3	100.0 (791)

(注) カイ2乗検定の結果は，$\chi^2=47.128$, d.f.=2, $p<0.001$。

(2) 企業との関係　　　　　　　　　　　　　　　　　（単位：％，カッコ内は団体数）

	非常に関わりがある	その他	合計
社会教育NPO	18.7	81.3	100.0 (75)
準社会教育NPO	9.1	90.9	100.0 (485)
一般NPO	10.6	89.4	100.0 (799)

(注1) カイ2乗検定の結果は，$\chi^2=6.378$, d.f.=2, $p<0.05$。
(注2)「TV・ラジオ局，新聞社」は「企業」から除外している。

社会教育行政と企業については5%以内の水準で分野類型との間に有意な関係が認められた。そこで、これらについて表4-1-13に掲載する。他の類型に比べ、社会教育行政、企業とも、社会教育NPOが最も強い関わりをもっていることがうかがわれる。

(4) 行政との関係の内容

次に、行政と強い関係をもつNPO（調査で「非常に関わりがある」と回答したNPO）だけを取り出し、その内容を示したのが表4-1-14である。表にはカイ2乗検定によって5%以内の水準で有意な関係のみを掲載している。

表から読み取ることのできる傾向を整理すると、次のとおりである。

第1に、社会教育行政との関係である。カイ2乗検定で有意差のみとめられる項目は「事業・政策への提言」（こちらからの協力）だけであり、社会教育NPOよりもむしろ準社会教育NPOのほうが高い回答率となっている。

第2に、一般行政との関係である。こちらは、有意差の出ている項目のほとんどが、準社会教育NPOで最高の回答率となっている。とくに、「ボランティアの派遣」「審議会等に委員の派遣」といった人材提供に関して、準社会教育NPOによる行政への協力が顕著となっている。わずかに、「教材・プログラム・講師の提供」においてのみ、社会教育NPOの回答率が最も高い。

以上のことから、他のNPOに比べて準社会教育NPOは、一般行政にはボランティアや委員といった人材提供、社会教育行政に対しては事業・政策提言によって、行政に対する支援を行う傾向が強くなっている。

(5) 社会形成類型との関係

最後に、運動志向と行政密着度から構成した社会形成類型との関係をみてみよう。表4-1-15が示すように、社会教育NPOが他の類型に比べて構成比が高くなるのは、運動志向だけが強い「先鋭運動型」と、行政密着度だけが高い「行政代替型」である。そして、行政とあまり密接な関係をもたずにサービス事業を中心に活動を展開する「独立事業型」は、準社会教育NPOと一般

表4-1-14 分野類型別にみたNPOと行政との関係

(1) 対社会教育行政 （単位：％，カッコ内は団体数）

			社会教育 NPO	準社会教育 NPO	一般 NPO	カイ2乗検定
こちらから の協力	事業・政策 への提言	該当	35.0	50.0	18.4	$\chi^2=12.805$, d.f.=2, $p<0.01$
		非該当	65.0	50.0	81.6	
		合計	100.0 (20)	100.0 (76)	100.0 (49)	

(2) 対一般行政 （単位：％，カッコ内は団体数）

			社会教育 NPO	準社会教育 NPO	一般 NPO	カイ2乗検定
受けている支援	施設の借用	該当	21.7	31.9	20.6	$\chi^2=6.470$, d.f.=2, $p<0.05$
		非該当	78.3	68.1	79.4	
		合計	100.0 (23)	100.0 (144)	100.0 (248)	
	補助・助成金	該当	8.7	39.2	36.8	$\chi^2=8.126$, d.f.=2, $p<0.05$
		非該当	91.3	60.8	63.2	
		合計	100.0 (23)	100.0 (143)	100.0 (250)	
こちらからの協力	教材・プログラム・ 講師の提供	該当	52.4	38.0	23.2	$\chi^2=14.325$, d.f.=2, $p<0.001$
		非該当	47.6	62.0	76.8	
		合計	100.0 (21)	100.0 (137)	100.0 (233)	
	ボランティアの派遣	該当	9.5	34.5	20.8	$\chi^2=11.593$, d.f.=2, $p<0.01$
		非該当	90.5	65.5	79.2	
		合計	100.0 (21)	100.0 (139)	100.0 (231)	
	審議会に委員の派遣	該当	28.6	52.2	38.3	$\chi^2=8.688$, d.f.=2, $p<0.05$
		非該当	71.4	47.8	61.7	
		合計	100.0 (21)	100.0 (136)	100.0 (243)	

（注1）(1)欄は社会教育行政，(2)欄は一般行政と「非常に関わりがある」と答えたNPOのみを取り出して集計したもの。
（注2）調査票では，行政機関を「社会教育行政（公民館を含む）」「公共機関のNPO専門窓口」「その他の行政・公共機関（学校教育機関を除く）」に分けている。本表でいう「一般行政」とは，後者二つのいずれかを意味する。

NPOにおいて高くなっている。

　ここで，先鋭運動型の実体が気になるところである。住民運動の流れに沿ってとらえようとすると，この類型はかつての対抗型ボランティア活動とイメージがつながる。本当にそうだろうか。創造型ボランティア活動が台頭し，しか

表 4-1-15　分野類型と社会形成類型との関係

(単位：%，カッコ内は団体数)

	協働変革型	先鋭運動型	行政代替型	独立事業型	合　計
社会教育 NPO	15.4	26.2	33.8	24.6	100.0 (65)
準社会教育 NPO	15.2	16.8	24.0	44.0	100.0 (434)
一般 NPO	11.0	15.2	24.2	49.7	100.0 (719)

(注) カイ2乗検定の結果は，$\chi^2=19.885$, d.f.=6, $p<0.01$。

も行政との協働でそれらの活動が社会変革をもたらそうとしている潮流のもとで，一時代前のボランティア活動の傾向が社会教育 NPO の一つの主流になるという解釈は現実的でない。そこで次項では，社会教育 NPO の具体的な事例を検討することによって，この問題の解明を試みる。

(6) まとめ

本項の分析から次のことが判明した。

第1に，準社会教育 NPO は，社会教育 NPO と並んで外部への学習支援が活発であり，仕事による力量向上も一般 NPO より活発である。

第2に，外部への学習支援の目的から特徴を比較すると，社会教育 NPO では文化・技術の伝承と教育の革新，準社会教育 NPO では政策的な提言・報告のために学習支援を行う傾向が強い。

第3に，社会教育 NPO は，社会教育行政のみならず企業との関わりも他類型に比べて強いことから，伝統的な社会教育関係団体とは異なる新しいタイプの社会教育をめざしていることが推察される。

第4に，準社会教育 NPO は，多くの項目に関して，他の類型に比べて一般行政との関わりが強い。とくに，ボランティア・委員派遣といった人材の提供については顕著であり，他の類型に比べてこれらを通じた行政に対する支援が活発といえる。社会教育行政との関係においても，社会教育 NPO よりも準社会教育 NPO のほうが事業・政策への提言によって行政に対する支援を行う傾向が強くなっている。

第5に，社会形成との関係では，社会教育 NPO には他の類型に比べて先鋭

運動型と行政代替型が多く，準社会教育NPOと一般NPOには独立事業型が多い。

6. 事例にみる社会教育NPO

前項でみたように，新しい教育の創造，企業との密接な関わり，先鋭運動型といった項目では，社会教育NPOが準社会教育NPOや一般NPOに比べて強い傾向をもっており，この類型のNPOが新しい社会の形成の一翼を担おうとしていることは確かである。そこで，本項では社会教育NPOの事例調査を通して，これらのNPOにおける学習促進と社会形成との関係を浮き彫りにする。なお，ここで記述する各NPOの実態は，いずれも調査時点での情報に基づくものである。

(1) 事例の選定条件

調査事例の選定にあたり，アンケート調査の結果を用いて二つの条件を設定した。

第1条件は，スタッフの力量向上を重視していることである。NPOの社会形成は，スタッフが特定非営利活動に取り組むことによって推進される。したがって，スタッフの力量向上は，それぞれのNPOの目的に即した社会形成を実現するために重要な条件である。そこで，「スタッフの力量向上が『かなり重要』」という回答を選定の第1条件と考えた。このような条件設定をしたところ，社会教育NPO79団体のうち，41団体が第1条件を満たすものであった。これらの地域分布は，次のとおりである。

北海道3, 福島1, 埼玉1, 千葉3, 東京13, 神奈川3, 新潟1, 山梨1, 静岡1, 愛知2, 三重2, 京都1, 兵庫1, 岡山1, 広島2, 香川1, 福岡2, 鹿児島1, 沖縄1

第2条件は，外部への学習支援である。社会教育という分野の特徴を考え

と，NPOの外部の人々に学習支援を行っていることが重要である。典型的な学習支援は講座・講演・ワークショップ・セミナーといったものであり，今回のアンケート調査で「学習会」と表現された学習支援である（表4-1-1の①）。「学習会」を直接的な学習支援と位置づけるならば，人々の相談にのったり情報提供を行ったりといった間接的な学習支援も重要である。これはアンケート調査で「情報提供・相談」と表現されたものである（表4-1-1の⑦）。そこで，こうした直接・間接の学習支援の両方あるいはどちらかを提供していることを，事例選定の第2条件とした。調査結果によれば，第1条件を満たす41団体のうち直接支援は35団体，間接支援は30団体が行っている。

(2) 調査事例の決定

　社会教育が主たる活動分野であると回答したNPOであっても，実際の調査票をみると環境や福祉など他分野の趣旨により近いと思われる団体も少なくない。それらの団体を除いたうえ地域的なバランスも考慮し，表4-1-16に示すとおり14団体を事例調査の候補とした。表には上記第2条件のほか，社会形成に関する傾向も示してある。

　表4-1-16にあげたNPOのうち，北海道職人義塾大學校は職人の養成，シニアSOHO普及サロン・三鷹はいわゆるSOHO（Small Office Home Office）をめざす人に対する学習支援，日本ミールソリューション研究会は食品産業の人材育成，消費者住宅フォーラムは消費者のための住宅市場の形成，ビットバレー高松は地域のITレベル向上に向けた教育活動を行っている。一言でいえば，伝統的な社会教育領域というよりは，経済系・情報系の領域で学習支援を行う団体である。今や，さまざまな分野から社会教育へのアプローチが活発化しているのである。

　表から社会形成類型の構成比を算出すると，協働変革型7.7％，先鋭運動型23.1％，行政代替型38.5％，独立事業型30.8％である（分母は，運動志向が非該当の1団体を除き13団体）。表4-1-15に示した社会教育NPOにおける構成比と比べると，協働変革型が少なく（1団体），独立事業型が多くなっている。

表 4-1-16　社会教育 NPO の事例調査の候補

		外部への学習支援		社会形成に関する傾向		
		直接	間接	運動志向	行政密着度	社会形成類型
839	北海道職人義塾大學校（北海道）	○	○	×	○	行政代替型
227	FBC オープンカレッジ（福島）	○	×	×	×	独立事業型
108	教育文化ネットワーク（千葉）	○	×	×	○	行政代替型
997	ハートリンクあゆみ（東京）	×	○	○	×	先鋭運動型
565	日本ミールソリューション研究会（東京）	×	○	○	×	先鋭運動型
365	すみだ学習ガーデン（東京）	○	○	×	○	行政代替型
294	シニア SOHO 普及サロン・三鷹（東京）	○	○	×	○	行政代替型
722	知的生産の技術研究会（東京）	○	○	×	×	独立事業型
636	消費者住宅フォーラム（神奈川）	○	○	○	×	先鋭運動型
380	ワールドビューズチャンネル（静岡）	○	×	○	○	協働変革型
439	根っ子ネットワーク（愛知）	○	○	×	×	独立事業型
658	生涯教育学会ライフロングエデュケーションソサエティ（京都）	○	○		×	―
807	ビットバレー高松（香川）	○	×	×	○	行政代替型
632	いきいき沖縄ネットワーク（沖縄）	○	×	×	×	独立事業型

(注1) 外部への学習支援は，直接支援，間接支援ともに，該当する NPO に○，該当しない NPO に×を付した。
(注2) 社会形成に関する傾向のうち，運動志向欄は強い NPO，行政密着度は高い NPO に○を付した。×はそれぞれ弱い（低い）NPO である。なお，「―」を付したものは，運動志向の強弱いずれにも非該当の回答であった。類型欄には，該当する社会形成類型を記述した。
(注3) 団体名の横の数字は，アンケート調査の標本番号である。

　事例調査は，表にあげた 14 団体のなかから下記の 5 事例を選定して実施した。事例の選定にあたっては，四つの社会形成類型を網羅できること，活動内容が類似の団体を複数訪問しないこと，地域的な偏りが生じないことに配慮した。選定過程においては，可能な範囲で電話による概況把握を行い，その結果を選定上の判断に反映させた。

・北海道職人義塾大學校（北海道）【行政代替型】
・FBC 事務所（福島）【独立事業型】
・消費者住宅フォーラム（神奈川）【先鋭運動型】

・ワールドビューズチャンネル（静岡）【協働変革型】
・ビットバレー高松（香川）【行政代替型】

(3) 事例調査の結果

五つの事例の特徴を下記に述べる。

協働変革型のワールドビューズチャンネルは，ボーダレス時代に求められる異文化間コミュニケーション能力の基礎形成を，社会教育の力によって成し遂げようとしている。そのために，文部科学省，地元教育委員会，民間団体などとの連携によって，新しい教育プログラムの開発，提案・発信を継続的に行っている。事業例をあげると，高校生を対象とする読み聞かせボランティアの養成事業，学校教育における地域参加型の外国語学習プログラムなどである。このNPOの性格を「政府・行政との協働による教育の刷新をめざした創造型ボランティア活動」と表現することができる。

先鋭運動型の消費者住宅フォーラムは，住宅市場の質的な向上をめざし，消費者と事業者に対する啓発・教育活動（消費者や事業者を受講対象とする各種の学習講座，インターネットによる情報提供など）を展開するとともに，住宅建築の健全な市場のあり方を社会全体に訴え続けている。これらをとおして，最終的には工務店の「格付け」制度の提案をめざす。

行政代替型の北海道職人義塾大學校は，地元や各地の自治体や政府との協力関係を基本としながら職人の養成と親方の教育に力を入れ，職人の世界の再活性化をめざしている。とくに親方教育については，主催事業として研修会を開催するほか，各種研修会・イベントの紹介，各地のコンペに対する応募の奨励といった学習支援を行っている。

同じく行政代替型のビットバレー高松は，住民のITレベルの向上をめざし，インターネットベンチャーの経営者たちが結集して創設したものである。公民館や自治会との連携によるパソコン教室の開設，香川県との連携による「かがわSOHOサポートセンター」の設置などを通して，一般住民や障がい者，主婦，高齢者といった社会的弱者のIT教育に力を入れている。

独立事業型のFBC事務所は，洋裁・デザイン系の専門学校の開放事業として実施していた講座部門を，NPOとして独立させたものである。洋裁・デザイン系にITセミナーや健康生活の研究事業などを加え，時代即応的な総合教育機関を志向している。教育活動を通して技術の普及，ITレベルの向上，健康に関する啓発などに寄与し，高齢者や母親のリーダー層の育成も視野にいれている。IT教育については，DCs地域情報化推進センターと連携している。

　以上に述べたように，ワールドビューズチャンネルと消費者住宅フォーラムは，とくに提案やアピールに力を入れており，その点で運動志向の強さが際立っている。一方，行政との関係については，ワールドビューズチャンネル，北海道職人義塾大學校，ビットバレー高松が密接である。公的な制度としての「格付け」をめざす消費者住宅フォーラムの場合も，DCs地域情報化推進センターと連携するFBC事務所の場合も，公的なセクターと無関係で事業を進めようとしているわけではない。しかし，ほかの三つの事例ほどの高い密着度ではなく，事業の多くは独自の力で推進している。運動志向と行政密着度に関するこのような特徴により，五つの事例はそれぞれの類型に属すると判断できる。

　なお，前項の最後に問題提起した先鋭運動型の現代的なイメージは，次のように考えることができる。いわゆる対抗型の運動とは異なり，消費者住宅フォーラムは，住宅市場の改革をめざしている。行政に対立するのではなく，行政とは独立に市場改革を進め，ひいては「格付け」などの新しい制度を公的セクターに提案することが目標である。事例対象とはならなかったものの，日本ミールソリューション研究会は食品産業の人材活性化を進めるNPOであり，食品市場の改革を人的側面から進めようとする運動体である。ハートリンクあゆみは，その活動の一環として福祉と企業とをつなぐ試みを行っている。このように，今回の事例候補となった先鋭運動型のNPOは，いずれも公的セクターに頼るのでなく，独力で産業界や市場の活性化に向けた運動を推進している団体である。研究の枠組では，先鋭運動型における行政との関係について，「強い批判性」をも想定していた。しかし，そうした伝統的な対抗型に近い性格ではなく，行政との関係にこだわらずにミッションを達成しようとする提案型・

創造型の運動と表現できるだろう。

7. 結　論
(1) 先行研究による知見の確認

本節の1.で確認したように，先行研究では，NPO における学習促進が活発であること，NPO が学習促進を通して社会変革を推進していること，そうした社会変革には行政との関係を密接に保つこと（行政との協働）が重要であることが指摘されている。事例調査に基づく先行研究が提供している上記の知見について，本節では全国調査に基づく量的分析によって，下記のような包括的な傾向の確認を行うことができた。

第1に，NPO における学習促進が活発であり，多くの NPO が社会形成に向けて活動するのみならず，人々の学習を促進する団体でもあることを確認した。第2に，NPO のなかにはそうした学習促進を通して社会変革を推進する団体があることも確認できた。具体的には，外部への学習支援と運動志向の強さとの間に相関がみられた。第3に，行政密着度と運動志向との間に相関があることから，上記のような学習促進を通した社会変革には行政との関係が重要であることも確認できた。

(2) 新たな知見の提出

本節では上記のような先行研究の知見の確認にとどまらず，いくつかの分析装置を設定することによって，新たな知見を提出することができた。

第1に，学習促進の内部構造の分析を行った。先行研究では NPO における多様な形態の学習促進は，「学習」という一括的な表現で扱われてきた。一部の研究では，わずかに内部・外部の交流という視点が表出しているものの，たんにその事実を記述しているのみである。そこで，本節では内部・外部，状況的学習・非状況的学習という二つの軸から学習促進の形態を類型化し，それぞれの実態と相互関係―つまり学習促進の内部構造―を分析した。その結果，学習促進の諸形態の間に相関があることがわかり，学習促進の諸形態が相互に絡

み合いながら，総合的に学習の充実を促している可能性を見出すことができた。

　第2に，運動志向，行政密着度という側面からNPOの社会形成類型を設定した。その結果，運動志向と行政密着度の間に正の相関がみられた。このことは，「協働志向の創造型ボランティア活動」が広がっているという，ボランティアの世界における現代の潮流とある程度重なるものであり，ボランティアとNPOという二つの世界の重複性を確認することもできた。

　第3に，社会形成類型を構成する2軸（運動志向，行政密着度）と学習促進（外部への学習支援，スタッフ研修，仕事による力量向上）との関係を分析した結果，次のことがわかった。一つは，運動志向の強いNPOは，社会変革をめざした外部への学習支援に積極的であり，仕事によるスタッフの力量向上という傾向も強い。これらは，とくに行政密着度も高い協働変革型に顕著な傾向である。二つは，行政密着度の高いNPOは，すべての形態の学習促進が活発であるとともに，一般向けに人材・ボランティア養成の機会を提供する傾向にある。

　第4に，行政密着度の高いNPOについて，行政との関係を「行政から受ける支援（行政からの支援）」と「NPO側からの協力（行政に対する支援）」に分け，運動志向との関係を分析した。その結果，運動志向が強ければ──すなわち協働変革型ならば──行政に対する支援（主に知恵の提供），弱ければ行政からの支援（主に金や知恵の享受）が多くなる傾向が確認できた。

　第5に，先行研究のほとんどが準社会教育NPOに相当する団体を対象としていることから，本節では社会教育NPOに着目した分析も行った。その結果，社会教育NPOにおいては，文化・技術の伝承と教育の革新を目的に外部への学習支援を行う傾向の強いこと，提案型・創造型の運動が社会教育NPOを中心に経済的な領域で起こりつつあることを見出すことができた。その一方で，事例分析に基づく実証的な先行研究からもうかがえたように，準社会教育NPOでは学習促進や事業・政策提言が活発で，一般行政部門への人材提供の役割も担う傾向の強いことがわかった。さらに，社会教育行政との関係においては，社会教育NPOよりも準社会教育NPOのほうが提言機能を発揮している。この結果をみるかぎり，準社会教育NPOによって社会教育行政の守備範囲が

拡大する可能性がうかがえるとともに，社会教育行政との関係をめぐる準社会教育NPOと社会教育NPOの競合も生じうるという問題が浮上する。

第2節 ボランティア組織による社会教育施設の運営が社会形成に及ぼす影響
～神奈川県川崎市立虹ヶ丘小学校コミュニティルームの事例研究～

1. 本節の目的と枠組
(1) 背景と目的

本節の目的は，公的社会教育施設（以下「社会教育施設」）を運営するボランティア組織の事例分析を通して，次の2点を検討することである。第1にその活動が社会形成の一環としてのコミュニティ形成に対して及ぼす効果，第2にその過程において生じうる〈参加の陥穽〉の回避と限界の可能性である。

はじめに，現代におけるコミュニティの意味について確認する。地域を基盤とする伝統的な共同体——地域コミュニティ[4]——の衰退がいわれて久しい。第1章で述べた再帰的近代化の進行も，これに拍車をかけている。その一方で，情報化の進展などの新たな社会基盤の拡大とともに，近年では地域の基盤を条件としないバーチャル・コミュニティ，宗教コミュニティなど，多様なコミュニティ概念が生まれている。これは，伝統的な社会関係から解き放たれた現代人が新たな「帰属」(belonging)を切実に求め，オルタナティヴな社会的絆(social bonds)に期待を寄せているためとみられる（Delanty 訳書 2006, pp.268-269）。しかし，これらの非伝統的なコミュニティは，帰属に対する希求や心地のよい幻想（コミュナルな楽園）にすぎない場合が多く，伝統的な地域コミュニティが基盤としていた「場所」(place)と関係する帰属が危機に陥っていることと結びついているのである（同, p.272）。実際のところ，内閣府（2007, p.6, 77）によれば，地域における人と人とのつながりは希薄化し続けており，その結果として人間関係が難しくなったと感じている人が多くなっている。

本節の基本的な関心は，「コミュニティをめぐる以上のような危機からの脱却に向けて，ボランティア組織による公共施設の運営が新しい可能性を提供するかもしれない」ということである。つまり，ボランティア組織が施設を運営

することによって，そこから住民間の社会的絆（つながり）が育つとすれば，（幻想ではなく）施設という確固たる場所を基盤とするコミュニティが生まれる可能性がある。ひいては地域全体のコミュニティ形成にも波及効果をもちうる。実際，ボランティア組織が施設という場所を拠点に地域のコミュニティを新たに醸成しつつある事例は少なくない（協働→参加のまちづくり市民研究会 2005；神 2006）。

しかし，第1章第1節で〈参加の陥穽〉論として紹介したように，政治的・経済的な現代の潮流やNPOの限界などを危惧する論者たちが，ボランタリーな市民参加による社会形成という考え方に疑問を呈しているのも事実である。そこでの主な論点は，市民参加の推進が新たな支配構造と市民・国民選別（参加できない人々の疎外）に結びつく可能性，及び市場と資本主義がコミュニティ形成に与える限界である。ボランティア組織が施設を基盤にコミュニティ形成を促進する可能性を検討するにあたり，〈参加の陥穽〉論が指摘する問題を超克できるかどうかという点に焦点をあてることが不可欠である。

このような〈参加の陥穽〉論を総合的に検討した仁平宏典は，その多くが市民参加とネオリベラリズム（及びそれを補完する新保守主義など）の共振を危惧しているのであり，そのような共振を防ぐための重要なポイントは〈他者〉との関係をどのように築くかである，と指摘している（仁平 2005）。ボランティア組織による公共施設の運営に即していえば，ここでいう〈他者〉とは運営に参加する態度や条件の弱い人を指す。そういう人々を施設運営から排除せず，施設運営に関わるコミュニティのなかに位置づけていくことが重要だというわけである。末冨芳は，学校運営の市民参加を例にとり，受動的な参加者を排除しないことが大切である，と同様の点を指摘している（末冨 2005）。

確かに，参加する態度や条件が弱い人々の排除は，施設運営に関わるコミュニティ成員の均一化を招きやすく，結果として政治権力からの支配を容易にする。また，そのような〈他者〉を意思決定に関して無力な「たんなる利用者（消費者）」の地位に閉じ込めることは，需要・供給という市場の原理を浸透させることに結びつき，コミュニティ形成に齟齬を来たす可能性がある。このよう

にして，施設運営からみた〈他者〉を排除することは，〈参加の陥穽〉論が危惧する事態を招きやすくなる。

以上のことをふまえ，本節では公共施設としての社会教育施設に着目して事例分析を行い，運営にあたるボランティア組織が学習事業の実践を通してコミュニティ形成にどのように寄与しうるかを分析するとともに，コミュニティ形成の過程で生じうる〈参加の陥穽〉の回避と限界の可能性を検討する。そのために，本節では下記の枠組に基づく分析を行う。

(2) ソーシャル・キャピタル論への着目
① 地域・施設における〈つながり〉

内閣府 (2007) は，地域における社会的絆をつながりと呼び，「隣近所と行き来する頻度」をその指標として取り上げて近年の傾向を分析している。その結果をみれば，本節の冒頭で述べたように，つながりの希薄化という傾向が顕著に表れている。しかし，「隣近所と行き来する頻度」が高い人ほど「生活面で協力しあっている人数」が多いという結果も出ており (内閣府 2007, p.65)，地域における人と人とのつながりがコミュニティ形成にプラスの影響を与えることは確かなようである。そこで，公共施設を運営するボランティア組織が，その運営を通して人と人とのつながりを醸成する効果をもつのであれば，コミュニティ形成の契機を与える重要な役割を担っていると考えてよい。

なお，内閣府の定義に準ずるならば，公共施設のような特定の場所における人と人とのつながりは，「その施設内での会話，共同作業，共同参加，その他さまざまな交流や触れ合いなどのやりとり」と定義することができる。本節では，このような意味でのつながりを，〈つながり〉と表記する。

こうした〈つながり〉を議論するために，ソーシャル・キャピタル (social capital：社会関係資本) の概念は有効な視点を提供してくれる (内閣府 2007, p.98)。そのため，ここではソーシャル・キャピタルの概念を概観し，そのうえで〈つながり〉の側面から〈参加の陥穽〉の回避と限界の可能性を分析するための枠組を設定する。

② ソーシャル・キャピタルとは何か

　ソーシャル・キャピタルは多様な要素を含む概念として語られている。ただし，どの研究者の論稿をみても，従来のさまざまな資本—例えば金銭的資本（financial capital），物的資本（physical capital），人的資本（human capital）など—と異なる，新しいタイプの資本であるという点では一致している。ハルパーンや金光淳などが比較表を用いて，人や組織の社会的な関係に基づく資本であることを明示している（Halpern 2005, p.4；金光 2003, p.244）。

　それでは，誰にとっての資本（財産）であるか，という問題については，個人財なのか集合財なのか，私的財なのか公共財なのかなど，ミクロからマクロのレベルまでさまざまな解釈がある。しかし，ソーシャル・キャピタル概念がその両面を含むことについては，多くの研究者が一致した見解を示している（Lin 訳書 2008, p.33）。日本の研究者の解釈をみても，稲葉（2008, pp.17-18），金光（2003, pp.238-243），辻中（2003, pp.272-274），宮川（2004, pp.38-47）など，ほとんどの文献がミクロとマクロの両面からソーシャル・キャピタルの概念を整理している。

　以上のように，ソーシャル・キャピタルが社会関係に基づく資本であり，ミクロとマクロの両面からアプローチしうるという点では共通の認識が成立している。ただし，実際の定義になると，研究者によって異なる解釈が提示される。例えば，マクロ的な側面に焦点をあてるパットナムは，ソーシャル・キャピタルを「調整された諸活動を活発にすることによって社会の効率性を改善できる，信頼，規範，ネットワークといった社会組織の特徴」（Putnam 訳書 2001, pp.206-207）と定義している。一方，ミクロ的な側面にアプローチするリンの場合は，「人々が何らかの行為を行うためにアクセスし活用する社会的ネットワークに埋め込まれた資源」（Lin 訳書 2008, p.32）となる。

　多様な定義の違いをとらえる主な基準は二つある。

　第1に，信頼や規範といった認知的な側面まで含めるかどうかという点である。辻中豊は，資本である限りは蓄積・投資・操作が可能であるべきとし，認知的側面はその点で無理があり，社会的ネットワークこそがエッセンスだとし

ている(辻中 2003, p.278)。リンも,ソーシャル・キャピタルは関係財なので,信頼や規範などの集合財とは区別すべきだと述べている(Lin訳書 2008, p.34)。

第2に,社会的ネットワークもソーシャル・キャピタルの要素に含めるかどうかの議論がある。リンによれば,ソーシャル・キャピタルとは社会的ネットワークに埋め込まれ,そこから獲得される資源であり,信頼や規範と同様にネットワーク自体はソーシャル・キャピタルではない(Lin訳書 2008, p.ⅴ)。金光淳も,社会的ネットワーク自体ではなく,その構築に向けた努力を通して獲得されるものがソーシャル・キャピタルだとしている(金光 2003, p.238)。

仮に,認知的側面とネットワークをソーシャル・キャピタルの定義に含めない場合は,パットナムの定義が空洞化してしまう。ただし,ネットワークについては,リンも金光も外生的な条件としては認めており,ソーシャル・キャピタルにとって社会的ネットワークが不可欠であることに異論を呈する研究者はいない。

③ 社会的ネットワークの性格

そこで問題となるのが,ネットワークの性格である。パットナムは,ソーシャル・キャピタルのタイプを区別するための次元として,内部の結束が強く排他性の強い結束型(bonding)と,外部に開かれていて包括性の強い橋渡し型(bridging)が最も重要だとしている(Putnam訳書 2006, p.19)。同じように対立的な二つの傾向を,猪口孝は閉鎖対開放,安心志向対信頼醸成,内部結束対拡張と呼んでいる(猪口 2003, pp.95-97)。

ソーシャル・キャピタルの負の側面として,社会的ネットワークの外側に対する排他性や排除を問題視する議論も少なくない。こうした議論のほとんどは,橋渡し型でなく結束型のネットワークが弊害をもつという前提に基づいている。パットナム(Putnam訳書 2006, pp.431-448),金光(2003, pp.253-254),宮川(2004, p.43),石田光規(2008, p.324)などがそれである。しかし,石田祐(2008)は,橋渡し型のみが良質なネットワークであるかのような議論の潮流に対する問題提起として,地縁で結ばれる結束型の協力関係が地域のコミュニティにプラスの影響を及ぼす可能性を指摘し,橋渡し型の重要性のみを前面に出すこと

に批判的な立場をとっている。

　ところでパットナムは，さまざまなネットワークを橋渡し型と結束型という二つのタイプに仕分けすることが可能，と考えているわけではない。彼によれば，これらの用語は，「『よりその傾向が大きい，小さい』という次元（"more or less" dimension）」（Putnam 訳書 2006, p.21）を表すものである。いわば，さまざまなネットワークは，「橋渡し性（bridgingness）」と「結束性（bondingness）」の強弱の組み合わせによってその性格を表現できる，ということである。このような考えに基づくならば，前述の石田祐の指摘は，「橋渡しの利点を強調するばかりでなく，橋渡しと結束という二つの傾向をバランスよく兼ね備えた社会的ネットワークの醸成が必要である」という見解に発展させることができる。このように，本節では橋渡し型，結束型という用語を，ある社会的ネットワークの性格を表現するための二つの次元として用いることにする。

　上記の二つの次元は，いわば社会的ネットワークの水平的な結びつきの性格を表すものである。これに対し，権力・富・社会的地位の異なる個人や団体間での垂直的な結びつきを表す次元として，連結型（linking）と呼ばれるものがある（Halpern 2005, pp.22-27；西出 2006, p.15；辻中 2003, p.278 5））。ボランティア組織とそれに助成・委託を出す立場にある行政や助成団体との関係を表現するときに，用いることができる。連結型の場合は，その相互関係の特性によっては適切な支援が実現する一方で，ボランティア組織からの依存，助成・委託団体からの支配など，負の側面が現れる可能性をも秘めている。連結型のネットワークは諸刃の剣といってよい。

④ 本節における着眼点

　以上の議論から，本節の関心に基づいて重要な点を抽出してみよう。

　まず，ミクロとマクロという点については，本節がコミュニティ形成に関心をおくため，公共財としてのソーシャル・キャピタルに焦点化する。そして，〈つながり〉の側面からボランティア組織の活動の効果を分析するため，社会的ネットワークの三つの次元—すなわち，結束型，橋渡し型，連結型—に着目する。

結束型のネットワークは，排除や排他性をもちやすいため，〈参加の陥穽〉論が危惧する〈他者〉の排除に結びつきやすい。逆に，橋渡し型の場合は，外部に開かれていて包括性をもったネットワークであるため，〈他者〉の排除を回避するのに有効だと考えてよい。したがって，ボランティア組織が促す〈つながり〉の質が重要であり，それが結束型と橋渡し型のどちらのネットワークを強化するかによって〈参加の陥穽〉の可能性が影響を受ける。一方，連結型のネットワークの場合，人や集団・組織・団体同士の関係特性によっては，すでに述べたように依存や支配など負の側面が現れる可能性を秘めており，それが〈つながり〉の質にどのような影響を及ぼすかが問題となる。

(3)〈つながり〉の醸成と〈参加の陥穽〉からみた評価

本節では，(2)で検討したことをふまえ，次の観点から分析を行う。

第1に，ボランティア組織が学習事業の実践を通して，人々の〈つながり〉をどのように醸成しているか，つまり〈つながり〉の実態とその実現への努力を浮彫りにする。これによって，ボランティア組織の提供する学習事業がコミュニティ形成に寄与する可能性を検証する。

第2に，そのような〈つながり〉が，いかにして〈参加の陥穽〉を回避することによって実現しているかを検証するとともに，回避の限界についても検討する。〈参加の陥穽〉の回避については，二つの側面から現状を洗い出す。

一つは，多文化性である。さまざまな要因によって施設に関わりをもてる人々とそうでない人々がいるはずで，後者の場合は意思決定や施設利用の点で不利益の生じる可能性がある。〈参加の陥穽〉論からみると，こうした事態は「参加できる者とできない者の選別」（酒井，渋谷：第1章第1節2.(4)参照）であり「受動的な参加者の排除」（末冨）という問題に結びつく。中野が懸念する「ボランティア活動は効率のよい動員」という事態も，こうした条件が整うことによって生じやすい（第1章第1節2.(4)参照）。このような〈他者〉の排除を避けるためには，性・年齢，民族，階層，健康状態など多様な条件の人々に参加を促すための「多文化性」の追求が必要となる。これは，開放性と包括性を基

本とする橋渡し型のネットワークを生み出すことを意味する。

　いま一つは，需給融合性である。指定管理者制度に象徴されるNPM (New Public Management) の潮流は，施設運営の委託を通した効率的な公共サービスをめざす傾向が強いため，市場原理に立脚しやすく，結果として多くの市民はサービスの受け手（需要側）に位置づけられる[6]。平塚眞樹はその点を取り上げ，教育分野を中心にNPMや指定管理者制度の孕む問題を指摘している（平塚 2003）。このような場合，事業の運営主体が市民によって構成されるボランティア組織だとすれば，市民自体を供給側と需要側に二分することになる。そうした構図が固定化すると，ボランティア組織内部に結束型の〈つながり〉が強固となるため，ボランティア以外の住民――つまり，供給側からみた〈他者〉――が施設運営の意思決定から排除されやすい。これは，アドヴァンスト・リベラリズムによるコミュニティを通した統治の土壌となるもので，市場の力が市民社会に影響することを危惧するエーレンベルクの見解とも結びつく問題である（第1章第1節2. (4) 参照）。そこで，ボランティアと利用者が分断されず，利用者もボランティアになり，ボランティアも利用者になるような仕組みが求められる。そのような仕組みが整えば，開放性の強い住民同士の共同・相互扶助的な活動，いわば「需給融合性」の強い活動が充実する可能性がある。多文化性の場合と同様，これも橋渡し型のネットワークの醸成を意味している。

　ここで，アドヴァンスト・リベラリズムやボランティア動員論に警鐘を鳴らす立場をみれば，そこには政治的・行政的な権力――つまり，上意下達的な連結型ネットワーク――に対する批判的な視点が含まれている。そこで，〈参加の陥穽〉の回避や限界の可能性を検討するためには，垂直関係を表現する連結型の側面からもネットワークを検討する必要がある。すでに述べたように，行政からボランティア組織に対する適切な支援（資金提供など）が重要であるものの，それがかえって依存や支配を促進する可能性もある。すでに述べたように，連結型ネットワークは諸刃の剣である。

　以上に述べたように，〈参加の陥穽〉の回避と限界の可能性を検討するために，ソーシャル・キャピタル論を組み込む。つまり，多文化性と需給融合性という

二つの側面から橋渡し型のネットワークの状況を検証するとともに，連結型ネットワークの観点から対行政関係についても検討する。

2．調査の概要

上記の枠組に基づいて分析を行うために，「川崎市立虹ヶ丘小学校コミュニティルームの効果に関する調査」[7]（代表：田中雅文，2004～2006年度）から得たデータを活用した。川崎市立虹ヶ丘小学校コミュニティルーム（以下，虹ヶ丘CRと略）とは，小学校の余裕教室を地域施設に改造し，社会教育施設として活用しているものである。その運営は，すべてボランティアに任せられている。虹ヶ丘CRの概要は後述する。

上記調査は，随時実施した観察調査，資料分析，インタビュー調査（事務局長，事務局員，行事ボランティアを対象）のほか，次のアンケート調査から構成されている（カッコ内は実施時期と調査対象）。アンケート調査は，管理指導員調査（2005年6～7月，常時配置されている32人），行事ボランティア調査（同，常時活動している12人），いきいき教室調査（2005年3月19日，同日参加の利用者22人，ボランティア14人），木曜喫茶室調査（2004年12月9日，同日参加の利用者〈乳幼児連れ13人，その他15人〉，ボランティア7人）の4種類行った。

個別事業のアンケート調査をいきいき教室と木曜喫茶室で行ったのは，これらがともに虹ヶ丘CRの基本理念に沿った代表的な事業であることによる。いきいき教室は，高齢者を対象に軽い体操，会話・交流，昼食などの機会を提供するために，サークル虹屋が中心となって月1回開催しているものである。木曜喫茶室は，やはり月1回（第2木曜日）開いている喫茶室であり，手作りケーキや交流の魅力から幼児を連れた若い母親の利用が多い。

上記の調査の結果は，本節の4.と5.で分析する。4.では〈つながり〉の実態とその実現への努力を浮彫りにする。5.では，そのような〈つながり〉における〈参加の陥穽〉の回避と限界の可能性について，ボランティア・利用者集団における多文化性と需給融合性，行政との間における支援・依存・支配の関係といった側面から考察する。なお，本文で記述する虹ヶ丘CRの実態は，調

査のそれぞれの時点で把握されたものである。

3. 虹ヶ丘 CR の概要
(1) 設立の経緯と施設の概要

虹ヶ丘 CR の設立までの経緯を概観すると，次のとおりである。虹ヶ丘小学校は，虹ヶ丘地域の大規模な宅地開発によって急増した小学生を受け入れるため，1976年に創設された。しかし，その後の少子高齢化とともに小学生数は減少し，余裕教室が増えていた。一方，ベッドタウンの虹ヶ丘地域には成人が自由に使える公共施設がなく，住民のサークル活動や各種の交流活動を行うためには不便なことが多かった。そこで，当時虹ヶ丘地域で活動していた36の地域団体が連携し，コミュニティセンターの設置を要望する運動を起こした。多くの署名に基づく請願書が市議会で採択されたものの，結果的には新たな施設の建設ではなく，虹ヶ丘小学校の余裕教室を活用した「コミュニティルーム」の設置に帰結した。

1998年に創設された虹ヶ丘 CR は，校舎の東端にあたる部分を改装したものである。普通教室にして3.5教室の広さに相当する。学校教育で使用する空間との境界にはシャッターを設置し，子どもたちの出入りと分離した専用の玄関と門を設けている。施設内には，第1学習室，第2学習室，第3学習室（自習室），視聴覚室，調理室，運営部会室，ロビーなどが配置されている。

コミュニティルームの設置にあたり，川崎市は約3000万円の予算を投じて，校舎の改装や基礎的な施設・設備の設置をした。しかし，それだけでは実際の活動に十分な環境ではなかった。そこで，机・椅子，調理関係の設備・備品などを中心に，諸機関からの寄付，市民の技術・労力提供，バザー売り上げ，助成金などによってさらなる整備がなされた。これらの追加的な整備は，事務局員を中心に，たぐいまれなる市民ボランティアの熱意と努力によって，成し遂げられたものである。

(2) 運営体制

　虹ヶ丘CRは，「虹ヶ丘小学校コミュニティルーム管理運営業務委託」という事業により，川崎市教育委員会が，ボランティア組織である虹ヶ丘CR運営部会に管理運営を委託しているものである。同部会は，会長，副会長，会計，事務局で役員会を構成し，事務局のもとに管理指導員が配置されている。虹ヶ丘CRは朝9時から夜9時まで開館しているため，管理指導員が二人ずつペアになり，4時間ずつ3交代制で日々の施設管理と受付業務を行っている。運営委員，事務局員，管理指導員は，すべて無償のボランティアである。

　そのほか，各種の行事や広報紙『虹のかけはし』の作成・配布なども，すべてボランティアが行っている。行事ごとに協力するボランティアは100人ほどいる。さらに，目的に応じた五つの事業推進グループ（グループ虹屋，ごはんの会，地域活動推進チーム「コスモス」，おはなしまじょまじょ，おやじの会）が結成されており，それぞれ特色ある事業を展開している。これらのグループが実施する事業を，本節では主催的事業と呼ぶ。

　年間の管理運営費は，200万円程度である。これに対し，市からの委託金は毎年一定額の約60万円のみであり，しかもそこには事業費が含まれていない。そこで，事業費を含む必要経費を確保するため，登録団体からの施設利用料の徴収，地域の町会・自治会からの賛助金の受入れ，バザーの開催，各方面の助成金の獲得などに努力している。

　なお，虹ヶ丘CRは，制度上は学校施設開放の位置づけであるものの，現実には市民館（川崎市では公民館を市民館と呼んでいる）分館としての役割が期待され，社会教育に関する事業の実施や自主グループへの施設提供を行っている。実際のところ，最も近い場所に位置する市民館分館である岡上分館と比較すると，それを上回る利用状況を達成している[8]。

(3) ボランティアが支える虹ヶ丘CR

　以上に概観したように，虹ヶ丘CRは住民の運動で勝ち取った施設であり，設立後も住民がボランティアとして施設・設備の増強や事業費獲得のための努

力を続けている。管理指導員をはじめ，日常の施設・事業の運営もすべてボランティアが担っている。このように，設立前から現在まで一貫して，住民がボランティアとして主体的に設置・運営を推進していることが，虹ヶ丘CRの大きな特色である。現在の運営の中心メンバーは，コミュニティセンターの設置に向けて運動していた時期のメンバーと重なっている。なお，2006年秋には，役員会を母体にNPO法人虹ヶ丘コミュニティが設立された。

4.〈つながり〉からみた虹ヶ丘CR

調査結果に基づき，本項では，〈つながり〉の実態とその実現への努力を浮き彫りにする。

設立時に決めた虹ヶ丘CRの基本理念は，「地域住民のあらゆる年齢層が，交流し，助け合って，生き生きと暮らせる住みよい街づくり」の推進である。ここには，地域における人と人との関係を重視する姿勢が明確に表われている。この理念に基づき，前項でも述べた熱意あるボランティアの働きによって，住民同士のさまざまな〈つながり〉を生む仕掛けが整っている。

調査結果から，虹ヶ丘CRで醸成されてきた人と人との〈つながり〉の状況を整理すると，以下のとおりである。

(1)〈つながり〉の実態
① 空間 (ロビー) がつなぐ

虹ヶ丘CRには，誰でも「ふらっ」と訪れてくつろいだり，会話したりできるロビーがある。子どもから高齢者まで，さまざまな人の日常的な出会いと交流の場となっている。特徴的な利用形態を抜粋すると，次のようである。まず，小学生の居場所としての役割が大きい。例えば，親の帰宅までロビーでごろごろしている，公園でけんかした子が相談に来訪する（管理指導員が頼りになる相談役の大人として信頼されている），友だちと待ち合わせる，ゲーム遊びをするなどである。次に，PTAや子ども会組織の母親グループは，随時ロビーで会合を開いている。ロビーでは地元野菜や手作りパンの販売が行われることが頻

繁にあり，その主な利用者は中高層である。このように，特定の学習事業に参加するというだけでなく，さまざまな目的で多様な人々が利用するロビーは，地域の人々の新たな出会いのきっかけづくりに役立っている。

② 「食」がつなぐ

虹ヶ丘CRの主催的事業は，そのほとんどが飲食を伴う活動である。2005年度を例にとると，下記のとおり19種類（延べ119回）の事業のうち，13種類（延べ88回）がそれに相当する（カッコ内が年間の実施回数，下線が飲食を伴う事業）。

> <u>いきいき教室 (12)</u>，<u>木曜喫茶室 (11)</u>，<u>おかし工房 (11)</u>，<u>ぐらんまケーキ教室 (6)</u>，<u>ぐらんまケーキ教室 (春のシリーズ，2)</u>，ほっとランド (1)，<u>ごはんの会 (20)</u>，<u>ボナペティ (11)</u>，おやじの会 (小汗，10)，おやじの会 (大汗，10)，<u>新「郷土を語る会」(6)</u>，<u>新「郷土を語る会」(思い出シリーズ，2)</u>，パソコン教室 (エクセルコース，8)，<u>桜まつり (1)</u>，<u>こども料理教室 (1)</u>，<u>夏の夕涼み会 (1)</u>，せみのぬけがら集め (1)，<u>お月見の会 (1)</u>，遊具の地域お披露目 (1)

「食」を扱う事業では，食事の場面における会話や交流が生まれやすい。例をあげると，木曜喫茶室は，幼児を連れた母親たちに交流の場を提供している。そこでは，お茶とケーキを媒介に，母親同士の〈つながり〉が生まれている。ごはんの会も，食事を通した高齢者の交流の場となっている。飲食を介したこのような交流とは別に，料理を作る過程での交流もある。例えば，子どもを対象とするパン教室には，子ども，親，祖父母，曽祖父母など，あらゆる年齢層が一緒に参加する。そこでは，レンジでパンを焼くのは子ども，でき上がったパンを切るのは高齢者といった具合に，異世代間での連携によって成果物ができあがる仕組みになっており，それが異世代間の交流を豊かにしている。

このように，飲食によって輪が広がるというのは，たんにみんなで食べる，飲むという場面によるだけではない。上記のパン教室のように料理を用意する場面はもちろん，準備段階での事業企画（例：美味しいできばえをイメージしな

がらの企画会議）や飲食が終わったあとの片付け（例：食器を洗う人と拭く人のチームワークを通した交流）も含め，それぞれの段階で話し合いや共同作業が発生する。このように，食事を取り入れた活動は，企画から片付けまでそれぞれの段階に人と人との関係を誘発する要素を含んでいる。飲食が参加者の交流や〈つながり〉を促進することについては，すでに多くのボランティア活動の場で指摘されてきた（渡辺 2005；田中 2009b など）。虹ヶ丘CRでも，事務局長が強調する「食の輪」という言葉が示すように，飲食を通した〈つながり〉の促進に力を入れている。

③ 事業の連鎖がつなぐ

事業と事業との関連の強さ，つまり複数の事業が分断されずにつながっていることも重要である。例えば，「ぐらんまケーキ教室」でケーキ作りを習ったボランティアが，その学習成果を生かして「おかし工房」で実際にケーキを作り，それを「木曜喫茶室」で販売するという仕組みができている。地域活動推進チーム「コスモス」が主催した絵本読み聞かせの勉強会の受講者は，全児童対策事業「わくわくプラザ」における読み聞かせボランティア・グループ「おはなしまじょまじょ」の中心となっている。さらにそれが発展して，虹ヶ丘小学校の授業でも読み聞かせ活動を行うようになった。それらの受益者となった子どもが，今度は高齢者に読み聞かせをするようになった。一方，高齢者を対象とする「いきいき教室」では，ほかのさまざまな事業実施グループが，この教室の参加者のために特別に事業を提供している（「おはなしまじょまじょ」の読み聞かせ事業，オカリナグループの演奏など）。こうした事業間の連鎖において，両方の事業（例えば，「おかし工房」と「木曜喫茶室」）に参加する人が，どちらか一方しか参加しない人たちの間をつなぐ役割を果たしている。

④ ボランティアがつなぐ

複数の事業に参加する人が人間関係の橋渡しになることは，上記のように複数の事業が連鎖的な関係をもつ場合だけではない。そこで，管理指導員調査の結果を用いて，彼／彼女らがボランティアとして参加している事業の一覧を表4-2-1に示した。表頭は管理指導員の整理番号，表側はこれらの人々がボラン

表 4-2-1　人と事業との関係 ―管理指導員を例として―

	1	3	15	28	13	19	18	27	11	29	7	32	23	4	22	24	14	6	9	21	26	2	16	5	8	10	12	17	20	25	30	31
しの笛の会	○																															
おはなしまじょまじょ		○																		○												
小学校行事										○																						
事務局総合										○																						
虹のかけはし			○	○						○	○										○											
おかし工房									○																							
ぐらんま教室										○																						
木曜喫茶室	○						○	○		○																						
いきいき教室					○	○	○					○	○																			
ごはんの会								○	○			○																				
民踊会								○																								
その他いろいろ											○																					
コロパネーゼの会										○																						
おやじの会総合																○			○													
郷土を語る会																			○		○											
虹小安全サポータ														○	○	○	○	○	○	○	○	○										
大汗・小汗														○			○	○	○	○	○	○	○	○	○	○	○	○	○	○	○	○
さくら祭り	○	○	○	○	○	○	○	○	○	○	○	○	○	○	○	○	○	○	○	○	○	○	○	○	○	○	○	○	○	○	○	○

(注) 表側は事業名。表頭はボランティアの番号

ティアとして参加している事業の名称である。あるボランティアがある事業に参加している場合に，○を付してある。

　どの事業をとっても，他の事業とまったく同じメンバーが参加しているわけではない。参加者が一部重複しながら入れ替わる。それによって，人と人の〈つながり〉が分断されずに大きな輪として広がっているのである。

　とはいいながらも，人と事業を組み合わせたグループは，「おはなしまじょまじょ」から「コロバネーゼの会」までと，「おやじの会総合」から「大汗・小汗」までの，大きな二つのグループに分かれている。事業の性格から，前者は女性，後者は男性を中心とするグループである（表頭の1番から32番までの12人はすべて女性，23番から9番までの7人はすべて男性）。それでも，23番の人（男性）が「いきいき教室」と「大汗・小汗」に参加することによって，両方のグループをつないでいるとみられる。21番（女性），26番（男性）の人についても同様に二つのグループの橋渡しを担っているようである。

　こうして，いくつかのグループを形づくるとともに，それらの橋渡しを担う人が存在することによって，虹ヶ丘CRの管理指導員の社会は全体として大きな人の〈つながり〉を実現している。人が事業と事業をつなぐとともに，事業が人と人をつないでいるといってよいだろう。

⑤ 地域連携がつなぐ

　虹ヶ丘CRは，地域の諸機関・団体と積極的に連携しており，それが人の〈つながり〉をさらに多様なものにしている。

　例えば，近隣の五つの町会・自治会は運営部会の構成メンバーともなっているため，さまざまな行事等で協力関係をもつ。福祉関係では，虹の里在宅介護支援センターが，いきいき教室や「コロバネーゼの会」の学習事業などに対し，保健婦を派遣するなどの協力を行っている。

　子どもたちの教育に関しては，継続的に連携している機関が多い。授業に対する講師派遣や読み聞かせボランティア「おはなしまじょまじょ」の派遣など，さまざまな面で虹ヶ丘小学校と連携をとっている。虹ヶ丘こども文化センターと虹ヶ丘保育園については，センターの主催事業を毎回の広報紙『虹のかけは

し』で案内するなど，日ごろからコミュニケーションをとっている。虹ヶ丘小学校わくわくプラザの場合は，虹ヶ丘CRの事務局員がわくわくプラザのスタッフになっているほか，絵本読み聞かせの「おはなしまじょまじょ」を定期的に行っている。2006年度からは，県立麻生養護学校との連携も始まった。現在のところ，生徒たちに実習の場を提供（清掃や椅子の修理など），生徒の作品の販売場所を提供（生徒の作ったパンや陶器類）といった協力を行っている。同校は虹ヶ丘CRの運営部会にも加わるようになった。

⑥ 事務局がつなぐ

　本項の冒頭に紹介したように，虹ヶ丘CRの基本理念は「地域住民のあらゆる年齢層が，交流し，助け合って，生き生きと暮らせる住みよい街づくり」である。この基本理念は，交流と助け合いという言葉が示すように〈つながり〉の醸成をめざすものといえる。事務局長によれば，この基本理念は虹ヶ丘CRの人たちの「共通の価値観」にもなっている。さらに，虹ヶ丘CRのボランティア集団を貫く共通感覚として「ふるさとづくり」への想いがあるとのことで，この共通感覚が基本理念を実現させる推進力となっているという。事務局長は，「自分たちのふるさと，そして子どもたちのふるさとになろうという思いは，みんな共通にあります。（中略）虹ヶ丘CRにプライドをもっている人たちの集まりだと思いますね」と語っている。このような共通感覚を基盤としながら，①〜⑤でみてきたように，さまざまな方法で〈つながり〉を実現させているわけである。

　事務局長によると，〈つながり〉の一つの基本単位は個々の事業である。個々の事業のなかに人々の〈つながり〉が生まれたとき，後述のように一種のコミュニティが形成される。とはいうものの，個々の事業が成立するための沸点というのがあり，そこに到達するまでは辛抱が必要ということである。事務局長の語りを下記に紹介する。

　　　例えば健康体操の場合だと，はじめの3ヶ月ぐらいは2人とか3人という人数でも，ある時ワッと8人になったりする。そうすると次に10人

まですぐいく。そういうのを私は沸点と言うんです。初めは人数が少なくても，辛抱してサポートしていくと沸点を迎えることができる。

事務局長は「(そのような) 小さいコミュニティがたくさんある。両方に属する人がつないでいって全体としてつながっている。ニーズに応えようとすると，そうなります。」と語る。つまり，個々の事業のなかにコミュニティが育ち，それらの小さなコミュニティ同士が人を介してつながることで大きなコミュニティに広がる。それは，直接的には前述の②③④で述べたような媒介要因によって促されることであるし，そうした②③④を成立させるための根本的な要因は「(人々の) ニーズに応える」事務局の眼識ということなのだろう。

付言すれば，ボランティアに対する仕事の配分の仕方も，〈つながり〉の醸成に大きく影響する。効率とは別の次元，つまり〈つながり〉という観点から仕事の配分を考えることが大切ということである。次のような事務局長の語りが，それを裏づけている。

　　一人でできることでも二人で分ける。二人でできることでも四人で分ける。(中略) 地域のことっていうのは，そういうことで成り立てばいいと思うんです。あなたができるのは十分わかっている。だけども，その仕事をみんなでやることが大事，それがここの方針なんだということをわかってもらおうとしています。

①〜⑤で抽出した諸要因が，虹ヶ丘 CR における〈つながり〉を促していることは確かである。その背景として，以上に述べた事業内，事業間，ボランティア間など，さまざまな観点から〈つながり〉の醸成を促している事務局の努力があることを，無視するわけにはいかない。

(2) ボランティアと利用者の意識より

人と人との〈つながり〉については，ボランティアや利用者自身も高く評価

している。アンケート調査の結果から，その実態を確認する。

　まず，管理指導員調査では，活動していてよかったこと（自由回答）として，32人中20人が人間関係の充実を記述した。具体的な記述内容は，「友人がたくさんできた」「年齢，地域を超えた人間としてのおつき合いができ楽しい」「地域の方々との人的ネットワークの形成」「小学生との交流もあり楽しい」「外出したとき，人の顔が見えてきた」「いろいろなメンバーとコミュニケーションが図れる」「孤独では生きられないという切実な実感」「人との出会い」などである。

　そのほか，人との〈つながり〉というよりも，地域住民としての自覚を表現した記述として，次のようなものがある。「地域への親密感が生まれた」「地域の情報を知ることができる」「地域を感じている」「地域の動きがわかった」「多くのことを地域の問題として考えるようになった」「地域の住環境に関心をもつようになった」などである。人間関係の充実を記述した人（7人）のうちほとんど（6人）が地域住民としての自覚も記述しており，この両者の意識は相関が高いものと考えられる。利用者のほとんどが地域住民であることから，管理指導員の意識のなかでは，人間関係の充実とは，とくに地域社会のなかでの人間関係の充実を意味しているとみてよいと思われる。

　一方，行事ボランティア調査でも同様の自由回答の質問をしたところ，12人中10人がやはり人間関係の充実を記述した。具体的には，「たくさんの友人，知人ができた」「いろいろな世代の人と交流がもてる」「知らない方とお会いする機会が増えた」「地域の人たちと顔見知りとなり，隣近所のつき合いができた」「地域の方たちとコミュニケーションがとれてよかった」などである。

　いきいき教室と木曜喫茶室の調査では，虹ヶ丘CRのよい点として「自分に友だちができた」「いろんな世代との交流ができる」という項目をあげ，それぞれ「とても（まあ）思う」「どちらでもない」「あまり（全く）思わない」という五つの選択肢から自分に該当するものを選んでもらった。「とても（まあ）思う」の合計をみると，以下のとおりである。

　はじめに，いきいき教室では次のとおりである。まず，ボランティアの場合

は,「自分に友だちができた」は有効回答 12 人中 11 人,「いろんな世代との交流ができる」は同 13 人中 11 人である。利用者の場合は,「自分に友だちができた」10 人中 8 人,「いろんな世代との交流ができる」は同 9 人中 8 人である。

次に,木曜喫茶室の結果は次のとおりである。ボランティアの場合,「自分に友だちができた」7 人中 4 人,「いろんな世代との交流ができる」は 7 人中 7 人(全員)である。利用者の場合は,若い母親では「自分に友だちができた」13 人中 10 人,「いろんな世代との交流ができる」は 13 人中 6 人(全員)である。一般利用者では「自分に友だちができた」15 人中 9 人,「いろんな世代との交流ができる」は 15 人中 10 人(全員)である。

以上に述べたように,管理指導員,行事ボランティア,各事業のボランティアと利用者のいずれもが,虹ヶ丘 CR で人間関係が広がったという認識を強く抱いており,そのことを前向きに評価している。ボランティアや利用者のほとんどが地域住民であることから,これらの効果は虹ヶ丘地域全体の効果ともいえるものである。

5. 〈参加の陥穽〉の回避と限界の可能性

以上の調査結果より,人と人との〈つながり〉を虹ヶ丘 CR が醸成してきた状況がわかる。それは,空間や「食」を介した〈つながり〉,事業内や事業間での〈つながり〉,地域に住む各層の人々同士の〈つながり〉などである。しかし,〈参加の陥穽〉論によれば,このような〈つながり〉が結束型ネットワークばかりを強化すると,〈他者〉の排除を通して政治権力の支配や市場原理の浸透を招くことになる。そこで,橋渡し型ネットワークの視点をふまえ,多文化性と需給融合性に基づく人間関係の側面から,虹ヶ丘 CR における人と人との〈つながり〉がこのような問題を回避できる可能性について検証する。さらに,そのような可能性は,行政との関係が適切な支援なのか,あるいは依存・支配なのかによって大きな影響を受ける。そのため,連結型ネットワークの視点を組み込みながら,〈参加の陥穽〉を回避することの限界についても,その可能性を検討する。

(1) 多文化性の促進

虹ヶ丘CRには，さまざまな立場の人々に参加と〈つながり〉の機会を提供する仕掛けが整っている。「食」を中心とする主催的事業群は，「多くの女性が得意分野で社会貢献できる可能性」（事務局長談）を開いている。おやじの会の存在は，男性が地域参加するきっかけを与えている。異年齢の出会いの場になるロビーの存在も重要である。事業と事業をつなぐ仕掛けは，異なる趣味・嗜好の人たちが結束した小さなコミュニティの間を橋渡しすることでもある（前述の事務局長の語りより）。小学校に併設されていることから，教師や子どもたちと地域住民をつなぐことも促してきた。2006年度からは，養護学校の生徒がボランティア体験を行う場としても機能しはじめた。個々の事業をみても，異世代の協力関係で行うパン教室，多様なグループが高齢者のために特別な事業を提供するいきいき教室など，異なる立場の人々がつながる機会が多い。ボランティアや利用者を対象にしたアンケート調査の結果をみても，多様な世代との交流や新たな人間関係の醸成に好意的な評価が目立つ。

つまり，前項で明らかにしてきた〈つながり〉促進は，特定層ではなく多様な立場の人々の〈つながり〉という効果を生んでいるのである。橋渡し型の社会的ネットワークを醸成しているといえるだろう。

さらに重要なのは，「人生の壁」にぶつかった人たちに広い門戸を開いていることである。これまでに，悪性腫瘍，脳血管障害，うつ病など病気の苦しみ，離婚・死別，家族からの暴力・疎外，育児ノイローゼなど家庭をめぐる苦しみ，不登校という子ども特有の悩みなど，さまざまな問題を抱えた人を虹ヶ丘CRのメンバーとして受け入れている。しかも，たんなるケア対象者として扱うのではなく，「『今度，面白い事業があるから参加してみませんか？』と講座への参加を誘ったり，『ちょっと教えてくれませんか？』とボランティアをお願いしたり，とにかく本人のプライドを維持したままはいれる」（事務局長談）ように考慮する。前提となるのは，コミュニティの「対等な一員」として受け入れることである。「対等な一員」だからこそ，できるだけボランティアとしての役割をもち，本人の持ち味を生かして活躍できるよう後押しする[9]。例えば，

家族を亡くしたAさんには経理やパソコン特技を生かした事務局の仕事，日中は路上で暮らしていたBさんには管理指導員をお願いする，などである。虹ヶ丘CRでのボランティア経験を経て，地域の自治会に役員として貢献する事例まで出現した。

　このように，虹ヶ丘CRは，人生の苦難に直面した人の再活性化の後押しも含め，多様な立場の人々が〈つながり〉あう可能性，すなわち橋渡し型のネットワークを追求し続けてきた。〈他者〉の排除をできるだけ回避しようとする虹ヶ丘CRの多文化性の促進は，〈参加の陥穽〉にはまり込まない可能性を高めているとみてよい。

　しかし，一人ひとりの弱者の後押しには多くのボランティアや仲間の支援が必要となる。「プライドをもって」参入してもらうために，魅力的な事業やボランティアの場を開発することも重要である。虹ヶ丘CRの概要説明でも述べたとおり，行政から事業費が支給されないために，これまでは各種助成金の獲得や精力的なバザーによって資金を獲得し，それによって新規事業を何とか生み出してきた。しかし，現状の完全ボランティアの体制で，今後ともそうした資金を獲得し続けるのが容易でないことも事実である。十分な事業費が確保できなくなったとき，虹ヶ丘CRの多文化性の低下──つまり結束型ネットワークへの偏り──，ひいては〈他者〉の排除の可能性も高まるかもしれない。

　以上のように，現状では多文化性を維持することによって橋渡し型ネットワークが充実している。しかも，常に資金不足の危機に直面しているとはいえ，これまでは行政から受け取る事業費ではなく自己財源によって事業推進を行い，それを基盤に橋渡し型ネットワークを生み出している。そのため，連結型ネットワークの弊害である依存と支配の関係に陥らずにすんでおり，それが〈参加の陥穽〉を回避する一因となっている。しかし，別の側面からみれば，行政からの支援が欠如しているために，自己財源が不足して結束型ネットワークへの偏重が起こる危険を常に秘めている。適切な支援という範囲での資金的な援助があることによって，そうした危険を避けられるかもしれない。連結型ネットワークがもう少し充実することも必要といえるだろう。

(2) 需給融合性の実現

　虹ヶ丘CRでは，利用者をいつまでも消費者的な位置に留めておかず，ボランティアとして活躍してもらう仕組みが充実している。「楽しみをきっかけにして，無理なく公共的な活動に参加できる仕組み」といえようか。前述の「事業の連鎖」が，いわば楽しみ（利用者としての立場）と貢献（ボランティアとしての役割）の連鎖にもなっているわけである。属性別に主なエピソードをあげると，次のとおりである。

① 一般利用者

　パソコン教室で文書作成を習った人が，学習成果を生かして広報紙『虹のかけはし』の作成を担当するようになり，紙面の質を大幅に向上させた。虹ヶ丘CRで親睦を楽しんでいたおやじの会は，やがて周囲の環境美化に取り組むようになり，さらに地域全体の子どもたちを支える安全見守りの活動を始めた。事業の連鎖の例として前述したケーキ作りや絵本読み聞かせの場合も，利用者からボランティアへの発展である。絵本読み聞かせのボランティアのなかには，麻生区全体の図書読み聞かせボランティアになった人もいる。自習室を受験勉強で利用した子どもたちが，地域の盆踊りを主催するようになった。これらのうち，安全見守りの活動，麻生区全体のボランティア，地域の盆踊りの主催は，虹ヶ丘CRの範囲を超えた地域全体への貢献活動である。

② 利用団体

　団体利用の受付にあたり，一般の人々の参加も許容できるか否かを確認し，自分たち以外の人にも楽しみを分けてもらうよう促している。次のように，学習グループに対して，学習成果を虹ヶ丘CRのために活用するよう働きかけることも頻繁である（事務局長の語りから）。

　　　（学習成果を生かして）ポスター作ってくれない？　て言うと，自分たちで先生のところに行って作ってくる。そんなのぱっと他の人がやったほうが早いわけですよ。だけど，時間かかってもいいからお願いねって，しつこく，つながるようにつながるように仕向けます。

③ 管理指導員

管理指導員調査によれば，利用者として参加する事業数が多い人ほど，ボランティアとして参加する事業数も多い（表4-2-2）。「ある事業の利用者は他の事業のボランティア」（事務局長談）という傾向が，ある程度表れている。

以上の①～③にあげたさまざまなエピソードは，サービスの利用者（需要側）が別の場面では提供者（供給側）に転じることを意味する。いわば需給融合のメカニズムである。このような現状からは，市場化の芽はほとんど感じられない。つまり，放置すれば消費者的になってしまう立場の人々を供給側に引き込むことによって，人々がサービスの送り手としての固定的なボランティア集団と，受け手である消費者的な住民層に分断されるのを防いでいる。人々が供給側と需要側を容易に移動できる仕掛けを整えているわけであり，これも橋渡し型ネットワークの充実に寄与している。

ただ，木曜喫茶室の利用者調査においては，虹ヶ丘CRの将来を自由記述で訊ねた質問に対し，さまざまなサービス拡充の要求が出ている。例えば，回数を増やしてほしい，保育付き講座がほしい，子どもと遊んでくれるボランティアを確保してほしい，イベント・行事をやってほしいなどである。利用者のなかには，消費者主義に立脚する者が決して少なくないことの表れだろう。そうした需給分離的な発想の利用者が増えてくると，虹ヶ丘CRも市場原理のなかに巻き込まれ，供給側のボランティア集団の固定化が結束型ネットワークを促し，ひいては〈参加の陥穽〉が現実になる可能性もある。前述のように，現状では連結型ネットワークが脆弱であることから事業費の確保が困難になりやすく，それが市場原理の台頭を後押しする可能性も秘めている。

表4-2-2　事業に対する管理指導員の参加状況
—利用者として×ボランティアとして—

（単位：事業数）

利用者として参加する事業数	1	2	3以上
ボランティアとして参加する事業数	1.1	1.8	3.0

6. 結論
本節での分析結果から，次の3点を明らかにすることができた。

(1)〈つながり〉の醸成
　ボランティア組織としての虹ヶ丘 CR 運営部会は，学習事業の実践を通して，コミュニティ形成の基礎条件である人と人とのさまざまな〈つながり〉を醸成している。それはロビー空間，飲食を伴う学習事業，事業間の連鎖，ボランティアによる橋渡し，地域諸機関との連携といった多様なアプローチによって可能となっているものであり，その背景には事務局の工夫と努力がある。同運営部会の事務局は，地域におけるネットワークアクター[10]として機能しているといってよい。

　ところで，上記のような〈つながり〉が生み出す社会的ネットワークには，結束型と橋渡し型が混在している。例えば，同じ事業やサークルに属するボランティアや参加者は，趣味や志向が同一という点で結束型のネットワークを形成する傾向が強い。しかし，前述のとおり，パン教室には子ども，親，祖父母など多世代の人たちが集まるので，その点では橋渡し的なネットワークも事業内に生まれている。いきいき教室にも男女を問わず高齢者が参加しており，異性の間の橋渡しが成り立っている。

　一方，表 4-2-1 が示すように，木曜喫茶といきいき教室の両方に参加するボランティアが多いことから，この二つの事業に参加するボランティア集団の間には橋渡し型ネットワークが成り立っている。しかし，木曜喫茶のボランティアは全員女性，いきいき教室のボランティアも一人を除き全員女性であることから，二つの事業の間に成立しているボランティア・ネットワークは，女性という特定の属性から形成される結束性の強いものでもある。

　このように，虹ヶ丘 CR に醸成されている人々の〈つながり〉は，結束型と橋渡し型の混在したネットワークを形成しているとみることができる。前述の石田祐が強調する，結束型と橋渡し型をバランスよく兼ね備えた社会的ネットワークに相当する。

(2) 〈参加の陥穽〉の回避

上記のような〈つながり〉が〈参加の陥穽〉を招かないためには，社会的ネットワークが結束型に偏重するのでなく，橋渡し型が十分に根付く必要がある。虹ヶ丘CRでは，その点において効果があがっていると評価できる。

第1に，多文化性の維持・向上である。女性や男性，さまざまな年齢層，人生の「壁」に直面した人たち，さらには地域諸機関の人々など，さまざまな立場にある人たちが虹ヶ丘CRのなかで活動し，関係を結ぶことができるような仕掛けが整っている。

第2に，需給融合性の実現である。放置すれば消費者的になってしまう立場の人々を供給側に引き込むことによって，サービスの送り手としての固定的なボランティア集団と，受け手である消費者的な住民層に分断されるのを防いでいる。人々が供給側と需要側を容易に移動できる仕掛けを整えているわけであり，これも橋渡し型ネットワークの充実に寄与している。

以上のように，多文化性，需給融合性という二つの側面から橋渡し型ネットワークを促すことによって，〈他者〉の排除つまり〈参加の陥穽〉を防いでいるのである。

(3) 〈参加の陥穽〉は起こるのか

虹ヶ丘CRにおいては，現状では上記のように橋渡し型ネットワークの充実が成功裡に進んでいる。しかし，結束型が中心となる―つまり〈参加の陥穽〉が生じる―可能性もないわけではない。その要因となりうる現象をあげると，下記のとおりである。

第1に，多文化性の維持・向上のためには新規事業の絶え間ない開拓が必要であるにもかかわらず，そのために必要な事業費の恒常的な確保が保障されていない。もちろん，現状では自己財源によって事業推進を行うことにより，連結型ネットワークの弊害としての依存と支配の関係に陥らずにすんでいる。しかし，いずれは自己財源の不足から結束型ネットワークへの偏重が起こる危険を常に秘めているのである。

第2に，市場化の芽が若干ながらも出ている。木曜喫茶室における消費者主義の声がその一例である。自己財源の不足も虹ヶ丘CRが自ら市場主義に走るきっかけとなりうる。そうなると，地域住民が供給側に立つ固定的なボランティア集団と顧客層としての住民に分断され，後者が〈他者〉として施設運営の意思決定から排除されやすくなる。

　このように考えると，適切な連結型ネットワークをつくっていくことが肝要である。つまり，ある程度の助成金や委託金が保障されることによって，安定的に事業費が確保できれば，多文化性の維持や不要な市場化からの回避が可能となる。しかし，繰り返し述べるように，行政との間の連結型ネットワークは諸刃の剣である。連結型が行政との上意下達を強める場合は，酒井や渋谷の危惧する「国家によるコミュニティを通した統治」に結びつくことも十分に考えられる。依存・支配関係に陥ることを回避できるという条件つきの連結型でなければならない。

　以上のように，〈参加の陥穽〉の回避と限界の可能性を検討するには，結束型と橋渡し型に加え，連結型のネットワークを含めたソーシャル・キャピタル論[11]を展開することが求められるのである。

注
1)　NPOや地域づくりの活動は，ボランティア活動と同義ではない。しかし，実際のNPOや地域づくりは，ボランティア活動の場を多様に生み出している。ここで取り上げた先行研究も，ボランティア活動によって成り立っているNPOや地域づくりを対象としている。
2)　本調査は，文部科学省科学研究費補助金（平成13〜14年度，基盤研究(B)(1)）による「NPOの教育力と社会教育の公共性をめぐる総合的研究」（代表：佐藤一子）の一環として行われた。調査結果の全体は同研究報告書（佐藤　2003）に収録されているほか，研究成果をもとにした学術書として佐藤（2004）が刊行されている。
3)　民間非営利組織としてのNPOには，社会貢献をめざした任意団体，特定非営利活動法人（NPO法人），社団法人・財団法人など多様なものが含まれる（松島・徐2010）。今回のアンケート調査では，本書の趣旨からボランティアが中心となって活動することが多い組織類型を対象とすべきであること，任意団体の名簿は存在しないこと，という理由からNPO法人を調査対象とした。

4) 地域性と共同性を構成要素として一般的に定義されてきたコミュニティ（牧野 1986）を，ここでは地域コミュニティと呼ぶ。
5) 辻中は，linking を階統的結合型と訳している。
6) 宮﨑（2006, p.14）は，このように公共性の強い事業に生まれる需要・供給の関係を「擬似的な市場」と表現している。
7) この調査の結果は，日本女子大学大学院生涯教育学講座（2007）にまとめられている。
8) 具体的には，岡上分館の場合，常勤2名，非常勤2名，年間事業費88万円，四つの学習室という基盤のもとに，学習室使用率38％，団体の年間延べ利用数1521件である（2005年度）。これに対し，虹ヶ丘CRは全員ボランティア，行政からの年間事業費ゼロ，三つの学習室と視聴覚室・調理室・ロビーという基盤のもとに，学習室等利用率55％，団体の年間延べ利用数1722件である（2005年度）。とくに，人件費と事業費が行政から支給されない状況でありながら，それらの費用が投入されている岡上分館を上回る利用状況であることは，事務局を中心とするボランティアの努力が相当のものであることを示している。
9) 役割をもつことが自分の存在感を確かめることになり，社会との関係の回復に有効であることは，ホームレスの「関係の回復」過程を分析した野依智子の研究でも実証されている（野依 2006）。
10) 大江宏子は，社会的ネットワークの形成を促す主体をネットワークアクターと呼び，郵便局はその一つであることを指摘している（大江 2007）。本節の分析から，虹ヶ丘CRも地域におけるネットワークアクターの役割を果たしているとみることができる。
11) エーレンベルクは，パットナムのソーシャル・キャピタル論が政治・経済との関係に無頓着と批判している（Ehrenberg 訳書 2001, p.314）。連結型ネットワークを含めた分析には，まさに政治・経済条件を組み込んだ議論が必要となる。

第5章

結論と今後の課題

第1節　結論

　第1章で述べたように，1980年代の後半以降の成人学習論においては，相互主体性を通した自己形成への関心が高まり，さらに近年では自己と社会が相互に関係をもちながら変容するという考え方が鮮明になってきた。しかし，この観点から実施された実証的な先行研究はまだない。そのような現状をふまえ，本書は社会学における研究動向を参考に，現代社会における上記の自己と社会との関係を〈自己と社会の再帰的変容〉（つまり，自己の再帰的な変容と社会の再帰的な変容が相互に影響を及ぼしながら進行する過程）と表現し，ボランティア活動がこれを促進する可能性を分析するとともに，その意味を学習論の立場から状況的学習と非状況的学習の概念を用いて検討したものである。

　分析結果を研究目的とそれに基づく四つの研究課題（サブテーマ）に沿って整理すると，次のようになる。

1.〈自己と社会の再帰的変容〉と学習の役割

　個人を分析単位とする研究課題1と2から，次のような結果が得られた。
　まず，研究課題1では〈再帰型学習〉という概念を導入し，そのモデルを検討した。データ分析の結果から生まれた修正モデルによれば，次のメカニズムが成り立つ。ボランティアは，社会形成の活動によって発生する〈再帰的循環〉（つまり，活動成果からの反作用とそれを受けたボランティアの省察が循環的に連なっていくこと）や直接体験を通して，空間軸・時間軸における人々のつながり，

自然とのつながり，市民による地域・社会の刷新・運営などを高く評価する価値観を得て，そこから自らの世界観，ひいてはアイデンティティを獲得する。このような世界観やアイデンティティは，ボランティア活動が提供する新しい生活空間のなかで，実際にほかの人々や次世代と共に活動することによって生まれ，かつ維持・強化される。

　このように，研究課題1では創造型ボランティア活動を例にとり，そこではギデンズのいう〈再帰的プロジェクト〉としての自己が，「抽象的な制度・知識からの情報への全面依存」ではなく，「具体的な人間関係と活動体験，そして活動成果からの反作用」によって実現可能であることを示した。このほか，次の二つの点も，研究課題1における特徴的な分析結果である。第1に，変容的学習の研究分野に対し，「批判的ふり返りによらない意識変容の過程」が存在することを示した。第2に，専門職の省察的実践に関して，力量形成や活動成果の向上のみならず世界観やアイデンティティにも焦点をあてて分析し，専門職の研究における新しい可能性を示した。

　ところで，上記の〈再帰型学習〉は，ボランティア活動が促す一種の状況的学習である。これに対して，学級・講座，学習サークル，通信教育などに参加するといった非状況的学習（以下，学習活動）は，どのように関与しうるのか。その点を分析したのが研究課題2である。その結果によると，学習活動とその成果活用としてのボランティア活動とは，相互に影響を及ぼしあう「連鎖」の関係にあり，しかもそれは学習の高度化（高い専門性）を志向する行動連鎖である。この連鎖は，充実感や生きがい感，社会問題への関心，友人の獲得，健康・体力の増進といったさまざまな側面からボランティアの自己形成を促し，その自己形成によって高まった自己評価が学習活動とボランティア活動の連鎖を後押しすることになる。さらに，そのサイクルは，ボランティア活動への積極的な動機によって強められる。このように，研究課題2では，学習活動に限定されていた従来の行動連鎖の研究に対し，ボランティア活動を組み込んだ新たな研究成果を提出した。

　以上のように，研究課題1と2の分析により，ボランティア活動が〈自己と

社会の再帰的変容〉を促進すること，そこでの自己形成の過程は〈再帰型学習〉と表現できる一種の状況的学習であり，そのようなメカニズムを非状況的学習としての学習活動が強化すること，を確認することができた。

2. 社会的装置としてのNPO

次に，研究課題3では，ボランティア活動を多様に生み出す組織体であるNPOに着目し，組織を単位とする分析を行った。そこから得られた知見と前項の結果を合わせると，下記のような解釈が可能となる。

まず，「仕事による力量向上」(状況的学習)と「スタッフ研修」(非状況的学習)といった，NPOの内部に向けた学習促進が活発である。このことから，次の2点を指摘できる。

第1に，社会形成活動の結果として，NPOはボランティア(スタッフ)の自己形成を力量形成の側面から促進している(力量向上を促す状況的学習が生じているということ)。力量の向上がさらに質の高い活動成果(社会形成)を生む原動力となることをふまえるならば，ここに自己形成(力量形成)と社会形成(活動成果)の〈再帰的循環〉が成り立つ可能性をみてとることができる。今回の調査では力量形成以外の自己形成については尋ねていないものの，研究課題1の知見をふまえれば，こうしたメカニズムが，世界観やそれを通したアイデンティティにも影響を及ぼしている可能性はある。このように，NPOはボランティアにおける〈自己と社会の再帰的変容〉を促す装置として機能しているとみられる。

第2に，NPOはスタッフの研修を通して，質の高い社会形成を実現しようとする傾向にある。ボランティアからみれば，研修は学習活動(非状況的学習)，社会形成への取組みは学習成果の活用であるから，ここでも「学習活動とその成果活用としてのボランティア活動が相互に影響を及ぼしあい，それが自己形成を促す」という研究課題1の知見をふまえるならば，研修での学習と社会形成の活動は連鎖で結ばれ，それがボランティアの自己形成を促すというメカニズムが成り立つ。つまり，多くのNPOにおいて，第1の点で述べた〈自己と

社会の再帰的変容〉を，非状況的学習としての研修が強化するという仕掛けが整っていると考えられる。実際のところ，研修と仕事による力量向上との間には相関がみられたので（表4-1-4），そのような仕掛けは大いにありうることである。

　NPOの内部に向けた学習促進が活発だという事実から，上記の2点を推察することができる。引き続き内部に向けた学習促進に着目すれば，行政密着度の高いNPOでは「スタッフ研修」と「仕事による力量向上」，運動志向の強いNPOでも「仕事による力量向上」が活発だという結果が得られた。これらは，行政密着や運動志向といったNPOによる社会形成の特徴が，ボランティアの学習に影響を及ぼしていることを示すものである。とりわけ行政密着度の高さは，状況的学習（仕事による力量向上）だけでなく非状況的学習（研修）との結びつきも強いことから，ボランティアの学習にとって重要な影響をもつといえそうである。

　最後に，行政との関係を細かく分析すると，次のことがみえてくる。行政密着と運動志向を共に満たす協働変革型NPOは，行政に知恵を提供して協力する傾向が強い。社会教育を従たる活動分野とする準社会教育NPOは，行政に人材や提言を提供して協力している。いずれの場合も，NPOの側から知恵・人材・提言といった知的財産を提供することによって，行政の政策・事業の推進に貢献している。一方，社会教育を主たる活動分野とする社会教育NPOのなかには，行政との関係にこだわらず，そして伝統的な社会教育関係団体や対抗型ボランティア活動のいずれとも異なる，新たなタイプの提案型・創造型の運動を推進しようとする一群のNPOの存在がみられる。このように，行政との関係のもち方はNPOによってさまざまであり，そこから促進される社会形成と自己形成，そして両者の関係も豊かな多様性を含んだものと推察される。

　以上のように，NPOはボランティアの状況的学習を媒介に〈自己と社会の再帰的変容〉を促し，しかも研修という非状況的学習によってその過程を強化する社会的装置であるといってよい。さらに，行政と強い関係をもつ社会形成の活動がその傾向を強めていること，行政との関係のもち方はNPOのタイプ

によって異なるために社会形成と自己形成への影響も多様であることも推察される。こうして研究課題3においては，学習促進の内部構造，社会形成と学習促進との関係，行政との支援・協力関係，社会教育からみたNPOの特徴などの量的分析によって，NPOの学習的側面に関する研究分野に対して新しい知見を提出することができた。

3. ボランティア活動への新規参入の促進

これまで述べた1.と2.は，すでにボランティア活動として顕在化した部分に焦点をあてて考察した結果である。しかし，研究課題3と4からは，ボランティアの世界に対する新規参入の可能性を示唆する結果も得られたので，この点について以下に述べる。

研究課題3の分析結果によると，多くのNPOが外部への学習支援を実践している。NPOが提供する学習支援の内容は，当然のことながら当該NPOの活動に関連するものである。そのため，第3章第1節でみた「社会活動」関係の学習成果の活用経験率の高さをふまえるならば，これらの学習支援を利用した人々（学習活動を実践する人々）はボランティア活動に参入する可能性が高く，ひいては自己形成にも影響が及ぶ。運動志向が強いNPO，行政密着度が高いNPO，社会教育を活動分野とするNPO（社会教育NPO，準社会教育NPO）などが外部への学習支援に熱心であるため，上記の傾向はとくにこれらのNPOで強いと思われる。研究課題4の結果からも，公共施設を基盤としたコミュニティの基礎条件としての〈つながり〉を醸成するボランティア組織が，多文化性と需給融合性に配慮した学習事業によって橋渡し型のネットワークを充実させ，新規ボランティアの参入を促していることがみとめられた。

このように，人々がNPOやボランティア組織の提供する学習事業を通して，新規ボランティアとしてその世界に参入することになれば，本節1.で集約したメカニズムを享受する人は増加し，ボランティアのネットワークが広がっていく。しかし，研究課題4で考察したように，事業費の枯渇による多文化性の確保の困難や，消費者主義による市場化が進み需給分離への移行が生じる場合

第1節 結 論　239

は，結束型のネットワークが肥大化し，既存のボランティア世界から〈他者〉を排除する傾向，つまり〈参加の陥穽〉の生じる可能性がある。

　以上のように，NPOやボランティア組織の提供する学習事業は新規のボランティアの参入を促し，〈自己と社会の再帰的変容〉の世界に引き入れていく可能性をもっている。ただし，条件次第では既存のボランティアだけの閉鎖的な世界が維持されることもあり，本書では〈参加の陥穽〉の観点からその分岐点の検討が必要であることを見出した。

　なお，これまでの成人学習論におけるNPOやボランティア組織の研究では，成功事例の実践を学習から社会形成へと一方向的・楽観的に描く傾向が強かった。それに対し，研究課題4では，コミュニティ形成やボランティア・ネットワークに対するボランティア組織の効果をとらえながらも，負の側面が現れる可能性について新しい知見を提出したことが特徴となっている。

4．まとめ～自己と社会の循環的発展をめざして～

　以上に要約した本書の分析結果から，ボランティア活動が〈自己と社会の再帰的変容〉（つまり，自己の再帰的な変容と社会の再帰的な変容が相互に影響を及ぼしながら進行する過程）を促進すること，その過程は〈再帰型学習〉と表現できるような一種の状況的学習であり，そのようなメカニズムを非状況的学習としての学習活動が強化することを，確認することができた。そのような場を提供する社会的装置としてNPOが重要な役割を担っており，行政密着度の高い活動がとくにその傾向を強めていること，行政との関係のもち方はNPOのタイプによって異なるために自己形成と社会形成への影響も多様であることも推察することができた。さらに，NPOやボランティア組織の提供する学習事業は新規のボランティアの参入を促し，そうした人たちをも〈自己と社会の再帰的変容〉の世界に招き入れていく可能性が確認できた。

　このようにして，本書では，ボランティア活動が自己形成と社会形成に及ぼす影響について，〈自己と社会の再帰的変容〉，状況的学習，非状況的学習の概念を用いることによって，学習論の側面から明らかにすることができた。これ

らの知見は，成人学習論とボランティア研究に新たな地平を開くものと思われる。ただし，上記に記述したシナリオが今日の社会で大きな潮流として実現するには，いくつかの条件が必要となる。本書の分析結果に基づいて指摘すると，次のとおりである。

第1に，多くの人々がボランティア活動に参加して上記のメカニズムに入るためには，時間，仲間，場といった諸条件の整備が必要である。研究課題2で明らかになったように，学習成果をボランティアとして活用したいという潜在的なニーズは高いものの，実際の活動として顕在化する割合は決して高くない。一人でも多くの人がボランティア活動に参加できるような社会環境が求められる。

第2に，「仲間」や「場」の条件に関していえば，NPOやボランティア組織が既存のボランティアだけの閉鎖的な世界を維持する場合，ボランティアの新規参入が制限される可能性がある。したがって，ボランティア活動の場を提供する組織やグループは，それぞれのミッション（使命）を大切にしながらも開放的な集団形成をめざし，こうした〈参加の陥穽〉を招かないよう努力する必要がある。

第3に，行政による努力も期待される。行政との密着度の高いNPOで学習促進が活発であることをふまえると，行政がNPOやボランティア組織との協力関係をさらに強め，ボランティアの学習の充実に寄与することが求められる。同時に，行政がボランティア活動に対する評価を適正に行うことによって，NPOやボランティア組織の活動は活発になり，社会形成ひいてはボランティアの自己形成も促される。行政が果たすべき役割は大きい。

上記のような諸条件が整うことにより，本項の冒頭に集約して表現したシナリオがより確かなものになるであろう。

「新しい公共」という言葉に象徴されるように，これからの社会の公共性を担うのはひとり行政のみではない。企業も含めあらゆるセクターの協働によってこそ，多様に発生する諸課題を解決し，未来の社会を賢明な方向に導いていけるものと考える。ボランティアはそこでの重要なアクターである。

多くのボランティアが充実した〈再帰型学習〉を経験し，各方面で自己と社会の循環的な発展が生じていくことを期待したい。それによってこそ，「新しい公共」におけるボランティアの役割が十分に発揮されるだろうし，再帰的近代化を乗り越えた次の社会の姿が見えてくるのではないだろうか。NPO・ボランティア組織，企業，行政，そして地域コミュニティも参加し，総合的な協働体制によってそのような社会を築いていきたいものである。

　本書の研究成果が，今後におけるボランティア活動と成人学習の活性化，及びそれに基づく自己と社会の循環的発展に対し，少しでも寄与できればこの上ない幸せである。

第2節　今後の研究課題

　本書は，前節に整理したような結論を導き出すことができた。しかし，ボランティア活動と自己形成・社会形成との関係について，まだまだ明らかにすべきことが多く残されている。今後の研究課題を整理すると，次のとおりである。

　第1に，研究課題1で導き出した〈再帰型学習〉の修正モデルの精緻化である。一つは，活動領域，地域特性，ボランティア集団における役割の違いなどに考慮しながら，質的調査をさらに重ねることである。一方で，包括的な傾向を見出すためには，量的調査も必要である。質的・量的な調査を重ねることによって，〈再帰型学習〉のモデルをより精緻なレベルに高めていくことが今後の課題である。

　第2に，個人と組織を同じフィールドで調査することによって，自己形成と社会形成との関係を，より総合的にとらえる試みも重要である。本書の分析では，個人調査（研究課題1と2）と組織調査（同3と4）を別のフィールドで行ったため，推察に頼らざるをえない箇所がいくつか存在する。上記のような総合調査を新たに行うことによって，より確度の高い知見が得られるとともに，第3章で指摘したデータの古さの問題も解消できる。

　第3に，本書で確認した〈再帰型学習〉のモデル，非状況的学習によるその

モデルの強化，それらを促進する社会的装置としてのNPOの役割，NPO等による新規ボランティアの参入促進といったメカニズムが，実際のボランティア活動の場で成立する条件の検討である。第1節の最後に記述したように，ボランティア活動が実現するための時間・仲間・場などの諸条件，〈参加の陥穽〉を回避するための条件，行政がNPOやボランティア組織との協力関係を強めるという条件などである。これらの条件の検討を含め，上記メカニズムを実現させる方法論の開発が，次の段階の重要な課題である。

　第4に，本書で扱わなかった分析対象にも挑戦することにより，より豊かな知見が得られるものと考えられる。以下に5点提示する。

　一つは，青少年を対象とする分析である。序で述べたように，本書では学齢期の特殊性を考慮して，一般成人のみを対象に分析を行った。しかし，青少年のボランティア活動における自己形成と社会形成との関係も重要であり，興味深いテーマである。

　二つは，失敗事例の分析である。本書の研究課題1と4で扱ったNPOやボランティア組織の活動は，いずれも成功事例に相当する。今後は失敗事例の分析を行うことによって，〈再帰型学習〉モデルにおける意識変容の条件の解明や，〈参加の陥穽〉の回避と発生の分岐点の解明を，より正確に達成することができると思われる。

　三つは，〈再帰型学習〉で用いた再帰性や省察を組織・集団にも適用できるかどうかの検討である。組織・集団レベルでの〈再帰型学習〉を分析することによって，学習組織論に新しい知見を提供できるかもしれない。

　四つは，研究課題2で扱った学習成果の活用の波及効果に関する分析である。第3章の結論で提示したCORモデルの修正モデルは，学習活動とボランティア活動が単純な循環構造で連鎖するものである。しかし，ある種の社会形成を意図したボランティア活動が，その結果によっては別の社会形成にまで「飛び火」する可能性もある。そして，そのフィードバックとして別の学習要求が生まれるかもしれない。そうなると，複数の循環が錯綜して複合体を形成するようなモデルの構築も視野に入ってきて，学習活動とボランティア活動の連鎖に

ついてさらに豊かな知見を生み出すことが可能となるだろう。

　五つは，NPO法人でない非営利の組織・グループの分析を行うことである。本書の研究課題3では，NPO法人を対象に量的調査を行い，学習促進と社会形成との関係をはじめ，いくつかの知見を生み出した。しかし，さまざまなタイプの非営利組織やボランティア・グループの分析を行い，これらの知見がどの程度一般的な傾向として成り立つかを確かめることも重要である。

　以上のように，今後の研究課題は多岐にわたっている。近年の短い期間にさまざまな成果を生んできたボランティア活動の実践の世界に比べ，研究の世界の歩みは決して速くない。とくに，ボランティア活動の学習論的な研究は，ようやくスタート地点に立った段階である。筆者自身を含め，研究者の飛躍的な努力が求められているといえるだろう。

あとがき

　本書は，筆者がお茶の水女子大学大学院人間文化創成科学研究科に提出し，2010年3月に博士（学術）の学位を授与された学位論文「ボランティア活動が自己形成と社会形成に及ぼす影響」をもとにしてまとめたものである。　筆者がボランティア活動の研究に関心を抱くきっかけとなったのは，1990年代の初頭に始めたいくつかのボランティア活動である。地元の子ども会育成会とマンション管理組合の責任者を引き受け，近隣地域の広大な雑木林を保護する活動にもボランティアとして参加した。この雑木林の活動には子ども会の子どもたちと一緒に参加し，さまざまなことを学んだ。とくに，「野生の生き物と命のレベルでつながっている」という感覚をもてるようになったことは，大きな経験であった。

　その後，別の地域に転居し，しばらくは息子が所属していた少年野球チームのお手伝いをしていたが，やがて地域住民のグループで，地元の住宅街に残された貴重な雑木林の保全活動に取り組むこととなった。この活動は現在も続いており，「皆で力を合わせて雑木林の世話をすることによって，地域における人と人とのつながりが豊かになっていく」ということを実感している昨今である。

　筆者は，こうして約20年間にわたり，地域におけるボランティア活動に取り組んできた。この間，さまざまな苦労とともに喜びや感動を経験することができた。多くの仲間や関係者に支えられ，他の市民活動との情報交換も活発に行ってきた。乳幼児から高齢者までの老若男女，さまざまな立場や境遇にある人，卓越した実践家や研究者など，それこそ多様な人たちと出会い，交流してきた。このように濃密な経験をしてきただけに，ボランティア活動をテーマとする研究成果を博士論文として完成させ，それをもとに本書を刊行できること

は，筆者にとって大きな喜びである。

　ところで，筆者が博士論文の作成に着手したのは 2007 年度である。この年に筆者は，勤務校の日本女子大学から1年間の研修の機会を与えられ，お茶の水女子大学の三輪建二教授のもとで私学研修員として研究に専念することができた。本来であれば研修期間中に書き上げるべきものであったけれども，それまで多様な関心に基づいて行ってきた成人学習とボランティア活動に関する研究成果を，一つのまとまった論文に統合することは容易でなかった。それに加え，筆者が取り組んでいる前述の雑木林の保全活動にさまざまな課題が発生し，その都度，解決のために力を注ぎ乗り越えるということを繰り返した。まさに本書の中心テーマである〈自己と社会の再帰的変容〉を体験的に確認できたものの，時間的な制約により，論文の完成はさらに先に延ばさざるをえなかった。

　このように遅々として進まぬ状況にもかかわらず，三輪先生は常に温かく励まし，見守ってくださった。論文が完成したうえ本書を世に問うことができるのは，三輪先生のこうしたご支援のおかげである。さらに，博士論文の審査の過程では，審査委員会の先生方にはご多忙にもかかわらず親身になって審査・ご助言いただいた。審査委員会主査の三輪建二先生，副査の大森正博先生，坂本佳鶴恵先生，鷹野光行先生，浜野隆先生に心からお礼申し上げたい。

　本書のもとになった論文は，下記のとおりである（すべて筆者の単著，【 】は，本書での位置）。しかし，いずれも再構成，再分析して本書全体に組み込んでいるため，原型を留めていないものが多い。

① 「後期青年期における自己アイデンティティと NPO ―再帰性と公共空間の視点からの試論―」日本教育社会学会編『教育社会学研究』第 76 集，東洋館出版社，2005 年，pp.95-110【本書第1章第1節の一部】
② 「学校支援をとおした地域住民の意識変容―東京都板橋区立蓮根第二小学校『ビオトープをつくろう会』の事例研究―」『日本生涯教育学会論集』24 集，2003 年，pp.89-96【本書第2章第2節の一部】
③ 「学習継続を促すボランティア活動」国立教育研究所内生涯学習研究会

編『生涯学習の研究（上巻）』エムティ出版，1993年，pp.169-183【本書第3章第1節】
④「高齢者における学習と社会参加の関係」『日本女子大学紀要（人間社会学部）』第9号，1999年，pp.313-329【本書第3章第2節】
⑤「社会教育に対するNPOのインパクト」佐藤一子編『NPOの教育力』東京大学出版会，2004年，pp.87-107【本書第4章第1節】
⑥「社会教育施設を運営する市民組織のコミュニティ形成機能―『参加の陥穽』論の超克に向けて―」日本社会教育学会編『NPOと社会教育（日本の社会教育 第51集）』東洋館出版社，2007年，pp.48-60【本書第4章第2節】

上記のうち論文③～⑥は，筆者が参加した下記の研究プロジェクトの成果をもとにしている。

論文③：文部省（現文部科学省）科学研究費補助研究「生涯学習社会における学習需要の構造的把握に関する総合的研究」（1990～1992年度，代表：国立教育研究所生涯学習研究部室長・梶田美春）／論文④：㈶日本システム開発研究所「高齢者の学習と社会参加活動に関する調査」（1994年度文部省委託事業，同研究所の調査担当：水野紀秀主任研究員，北川幸子副主任研究員）／論文⑤：文部科学省科学研究費補助研究（基盤研究（B）（1））「NPOの教育力と社会教育の公共性をめぐる総合的研究」（2001～2002年度，代表：東京大学大学院教育学研究科教授・佐藤一子）／論文⑥：日本女子大学生涯教育学研究室「川崎市立虹ヶ丘小学校コミュニティルームの効果に関する調査」（2004～2006年度，代表：田中雅文）

梶田美春先生，佐藤一子先生，水野紀秀さん，北川幸子さんには，上記のプロジェクトの推進でお世話になったうえ，数々のことを教えていただいた。とくに，佐藤一子先生はプロジェクトの範囲にとどまらず，ボランティア・

NPOと成人学習との関係について度重なるご助言をくださり，筆者がこの分野の研究を進めるうえでの大きな後押しをしてくださった。上記のうち筆者自身が代表となった川崎市立虹ヶ丘小学校コミュニティルームの調査では，共同研究者であり当事ゼミの大学院生であった山澤和子さん，中村（旧姓 足利）志保さん，藤田清子さん，また調査協力者であり同コミュニティルーム事務局長であった岡畑文子さんには，多大なご協力をいただいた。

そのほか，博士論文の執筆のために新たな調査や再分析を行うにあたり，多くの方々にお世話になった。第2章のために行ったNPO法人グラウンドワーク三島と「ビオトープをつくろう会」のインタビュー調査では，スタッフ，アドバイザー，メンバーの方々に快くご協力いただくことができた。さらに，NPO法人グラウンドワーク三島の事務局長の渡辺豊博さん，事務局の村上茂之さん，顧問（当時）の中川和郎さん，NPO法人センスオブアース理事長（元東京都板橋区立蓮根第二小学校長）の寺田茂先生には，それぞれ貴重なご助言をいただいた。第3章第2節の執筆にあたってデータ再分析が必要になった際，㈶日本システム開発研究所の副主任研究員である福室由利佳さんは，快く原データの修復と提供をしてくださった。昭和女子大学教授の矢野眞和先生と日本女子大学教授の岩木秀夫先生は，統計分析に関して的確なご助言をくださった。博士論文や初出論文の執筆にあたっては，日本女子大学とお茶の水女子大学の大学院生の皆さんに多くの刺激をいただいた。座間葉子さんには校正作業等で大変お世話になった。

逐一お名前をあげることはできないけれども，本書のもとになった研究プロジェクトや調査のなかで，上記以外にも多くの方々にご協力，ご助言をいただいている。このように，多くの方々に支えられ，教えられて完成した博士論文であり本書である。この場を借りて，お世話になったすべての方々に心からお礼を申し上げたい。

なお，私事にわたることながら，日ごろから筆者の仕事を理解し，本書の完成に向けてもさまざまな面から協力してくれた，妻・純江にお礼の気持ちを伝えたい。

本書の刊行にあたり，日本女子大学総合研究所『日本女子大学叢書』(2011年度)の刊行助成を受けることができた。また，既述のように，2007年度には日本女子大学から1年間の研修期間を提供され，お茶の水女子大学に私学研修員として受け入れていただいた。ここに記して感謝を表する。

　最後に，学文社は本書の刊行を快く引き受けてくださり，担当の二村和樹氏は原稿作成から刊行まで温かく励まし続けてくださった。多大なご助力に心から感謝したい。

　　　　　　　　　　　　　　　2011年2月　コゲラの遊ぶ雑木林を眺めながら

　　　　　　　　　　　　　　　　　　　　　　　　　　　　　田中　雅文

引用文献一覧

阿部潔　1998,『公共圏とコミュニケーション』ミネルヴァ書房。
秋元律郎　1970,「地域権力構造と市民運動」日本社会学会『社会学評論』21 (2), pp.39-49。
新井郁男編著　1993,『「生き方」を変える学校時代の体験—ライフコースの社会学—』ぎょうせい。
浅見芙美子　1987,「生活記録・サークル運動と真壁仁の自己教育思想の形成」社会教育基礎理論研究会編『自己教育の思想史（叢書　生涯学習Ⅰ）』雄松堂, pp.299-329。
東洋　1977,「学習」依田新監修『新・教育心理学事典』金子書房, pp.77-79。
Bauman, Z. 2000, *Liquid Modernity*, Polity Press (= 2001　森田典正訳『リキッド・モダニティ』大月書店).
────2001, *Community: Seeking Safety in an Insecure World*, Polity Press (= 2008　奥井智之訳『コミュニティ』筑摩書房).
Bauman, Z. and B. Vecchi 2004, *Identity: Coversations with Benedetto Vecchi*, Polity Press (= 2007　伊藤茂訳『アイデンティティ』日本経済評論社).
Beck, U. 1986, *Risikogesellschaft*, Suhrkamp Verlag (= 1998, 東廉・伊藤美登里訳『危険社会』法政大学出版局).
────1994, "Self-Dissolution and Self-Endangerment of Industrial Society," Ulrich Beck, Anthony Giddens & Schott Lash, *Reflexive Modernization*, Polity Press, pp.174-183 (= 1997,「工業社会の自己解体と自己加害」松尾精文・小幡正敏・叶堂隆三訳『再帰的近代化』而立書房, pp.318-334).
Berger, P. L. 1963, *Invitation to Sociology: A Humanistic Perspective*, Doubleday (= 2007　水野節夫・村山研一訳『社会学への招待　普及版』新思索社).
Berger, P. and T. Luckmann 1966, *The Social Construction of Reality: A Treatise in the Sociology of Knowledge*, Doubleday (= 1977　山口節郎訳『日常世界の構成　アイデンティティと社会の弁証法』新曜社).
ビオトープをつくろう会　2001,『泣き笑い顛末記〜575日間の記録』。
ボランティア白書編集委員会　1995,『ボランティア白書1995年版』日本青年奉仕協会。
Brookfield, S. D. 1987, *Developing Critical Thinkers: Challenging Adults to Explore Alternative Ways of Thinking and Acting*, Jossey-Bass.
────2000, "Transformative Learning as Ideology Critique", Jack Mezirow and Associates, *Learning as Transformation: Critical Perspectives on a Theory in Progress*, Jossey-Bass, pp.125-148.
千田忠　2001,『地域創造と生涯学習計画化（叢書　地域をつくる学びⅢ）』北樹出版。
中央教育審議会　2008,「新しい時代を切り拓く生涯学習の振興方策について〜知の循環型社会の構築を目指して〜（答申）」

Cranton, P. A. 1992, *Working with Adult Learners*, Wall & Emerson (＝1999 入江直子・豊田千代子・三輪建二訳『おとなの学びを拓く―自己決定と意識変容をめざして』鳳書房).
Cross K. P. 1981, *Adults as Learners*, Jossey-Bass.
Delanty, G. 2003, *Community*, Routledge (＝2006 山之内靖・伊藤茂訳『コミュニティ―グローバル化と社会理論の変容』NTT 出版).
Dyke, M. 2006, "The Role of the 'Other' in Reflection, Knowledge Formation and Action in a Late Modernity", *International Journal of Lifelong Education*, VOL. 25-2, pp.105-123.
Edwards, R., S. Ranson and M. Strain 2002, "Reflexivity: Towards a Theory of Lifelong Learning", *International Journal of Lifelong Education*, VOL. 21-6, pp.525-536.
Ehrenberg, John 1999, *Civil Society: The Critical History of an Idea*, New York University Press (＝2001 吉田傑俊監訳『市民社会論―歴史的・批判的考察』青木書店).
Elsdon, K. T. 1995, "Values and Learning in Voluntary Organizations", *International Journal of Lifelong Education*, Vol.14, No. 1, pp.75-82.
Elsey, B. 1993, "Voluntaryism and Adult Education as Civil Society and the 'Third Way' for Personal Empowerment and Social Change", *International Journal of Lifelong Education*, Vol.12, No. 1, pp.3-16.
Erikson, E. H. 1968, *Identity: Youth and Crisis*, W. W. Norton & Co., Inc, (＝1973 岩瀬庸理訳『アイデンティティ　青年と危機』金沢文庫).
藤岡英雄　1986,「学習関心の階層モデル――学習ニーズ把握の新しい枠組みとその有効性について――」『日本生涯教育学会年報』第7号, pp.223-238。
――2005,『おとなの学びの行動学・第1部　学びのメディアとしての放送―放送利用個人学習の研究』学文社.
――2008,『おとなの学びの行動学・第2部　学習関心と行動―成人の学習に関する実証的研究』学文社.
藤岡貞彦　1977,『社会教育実践と民衆意識』草土文化。
――1985,「地域課題学習の教育的意義」国民教育研究所・環境と教育研究会編『地域開発と教育の理論』大明堂, pp.220-243。
福嶋順　2007,「社会教育における市民的公共性をめぐる論点と課題」日本社会教育学会編『NPOと社会教育（日本の社会教育　第51集）』東洋館出版社, pp.115-126。
船津衛　1998,「自我のゆくえ」日本社会学会『社会学評論』48 (4), pp.407-418。
Giddens, A. 1990, *The Consequences of Modernity*, Polity Press (＝1993 松尾精文・小幡正敏訳『近代とはいかなる時代か？』而立書房).
―― 1991, *Modernity and Self-Identity*, Polity Press (＝2005 秋吉美都・安藤太郎・筒井淳也訳『モダニティと自己アイデンティティ―後期近代における自己と社会―』ハーベスト社).
Habermas, J. 1990, *Strukturwandel der Öffentlichkeit*, Suhrkamp Verlag (＝1994 細谷貞雄・山田正行訳『［第2版］公共性の構造転換』未來社).
Halpern, D. 2005, D., *Social Capital*, Polity Press.
濱名陽子　1993,「定年後の生活貢献度感と生きがい感」新井郁男編著『「生き方」を変える

学校時代の体験』ぎょうせい，pp.45-55。
浜野隆・北條英勝・岩田弘三・中嶋充洋・潮木守一　2000,「学生ボランティア活動に関する意識調査」『武蔵野女子大学現代社会学部紀要』第1号，pp.171-193。
Hamilton 1992, *Adult Education for Community Development*, Greenwood Press（＝2003　田中雅文・笹井宏益・廣瀬隆人訳，『成人教育は社会を変える』玉川大学出版部）．
花田達朗　1999,『メディアと公共圏のポリティクス』東京大学出版会。
原田隆司　2000,『ボランティアという人間関係』世界思想社。
─────2010,『ポスト・ボランティア論─日常のはざまの人間関係─』ミネルヴァ書房。
長谷川公一　2003,『環境運動と新しい公共圏─環境社会学のパースペクティブ』有斐閣。
橋本鉱市・石井美和　2004,「ボランティアと自己実現の社会学─その接合にみる言説・政策・理論・個人─」東北大学大学院教育学研究科『東北大学大学院教育学研究科研究年報』第53集第1号，pp.87-119。
初谷勇　2001,『NPO政策の理論と展開』大阪大学出版会。
早瀬昇　1995,「ボランティア推進機関の動向─高まるコーディネートの役割」ボランティア白書編集委員会,『ボランティア白書95年版』㈳日本青年奉仕協会，pp.84-85。
─────2004,「ボランティア」大阪ボランティア協会編『ボランティア・NPO用語事典』中央法規，pp.2-4。
樋口直人・中澤秀雄・水澤弘光　1999,「住民運動の組織戦略─政治的機会構造と誘因構造に注目して─」日本社会学会『社会学評論』49（4），pp.498-512。
平岩千代子　2008,「NPOにおける実践と学び─ミドルたちの活躍の場─」藤崎宏子・平岡公一・三輪建二編著『ミドル期の危機と発達─人生の最終章までのウェルビーイング─』金子書房，pp.217-239。
平塚眞樹　2003,「『市民による教育事業』と教育の公共性」法政大学社会学部学会『社会志林』第49巻第4号，pp.34-67。
Holstein, J. A. and J. F. Gubrium 1995, *The Active Interview*, Sage Publications（＝2004　山田富秋・兼子一・倉石一郎・矢原隆行訳『アクティブ・インタビュー─相互行為としての社会調査』せりか書房）．
干川剛史　2003,『公共圏とデジタル・ネットワーキング』法律文化社。
飯島伸子　1973,「現代社会と公害反対運動」『岩波講座　現代都市政策Ⅵ　都市と公害・災害』岩波書店，pp.223-236。
池田和嘉子　2004,「エンパワーメントをめざす女性の学習」日本社会教育学会編『成人の学習（日本の社会教育　第48集）』東洋館出版社，pp.116-128。
池田秀男　1987,「成人教育学の原理」池田秀男・三浦一郎・山本恒夫・浅井経子『成人教育の理解：生涯学習テキスト②』実務教育出版，pp.3-39。
今田高俊　1998,「アイデンティティと自己組織性─ポストモダン時代における自己─」青井和夫・高橋徹・庄司興吉編『現代市民社会とアイデンティティ─21世紀の市民社会と共同性：理論と展望─』梓出版社，pp.271-291。
稲葉陽二　2008,「ソーシャル・キャピタルの多面性と可能性」稲葉陽二編著『ソーシャル・キャピタルの潜在力』日本評論社，pp.11-22。
猪口孝　2003,『日本政治の特異と普遍』NTT出版。
井上健治　1986,「学習」日本教育社会学会編『新教育社会学辞典』東洋館出版社，pp.66-67。

入江直子　1992,「自分をみつめ，共同の関係を育てる―中野区女性会館における学習者の主体形成―」社会教育基礎理論研究会編『生活世界の対話的創造（叢書　生涯学習Ⅹ）』雄松堂，pp.223-269。
石田光規　2008,「解題」ナン・リン著（筒井淳也・石田光規・桜井政成・三輪哲・土岐智賀子訳）『ソーシャル・キャピタル―社会構造と行為の理論―』ミネルヴァ書房，pp.317-329。
石田祐　2008,「ソーシャル・キャピタルとコミュニティ」稲葉陽二編著『ソーシャル・キャピタルの潜在力』日本評論社，pp.81-103。
伊藤るり　1993,「〈新しい社会運動〉論の諸相と運動の現在」『システムと生活世界（岩波講座　社会科学の方法Ⅷ）』岩波書店，pp.121-157。
岩波書店編集部編　2001,『ボランティアへの招待』岩波書店。
岩田考　2004,「都市青年にみる自己意識の変容」高橋勇悦編著『都市的ライフスタイルの浸透と青年文化の変容に関する社会学的分析』（平成13・14・15年度科学研究費補助金報告書）大妻女子大学人間関係学部, pp.209-242。
Jarvis, P. 1998, "Pradoxes of the Learning Society", John Holford, Peter Jarvis and Colin Griffin (ed.), *International Perspectives on Lifelong Learning*, Kogan Page, pp.59-68.
神直子他　2006,『未来の入会（いりあい）　コミュニティ・コモン』NPOメディア・ネットワーク。
鐘ヶ江晴彦　1975,「成人の政治的社会化に関する一考察―住民運動参加者の分析をとおして―」日本教育社会学会編『教育社会学研究』30，東洋館出版社，pp.101-114。
―――1977,「住民運動と意識変革」松原治郎編著『コミュニティと教育（現代の自治選書5）』学陽書房，pp.43-97。
金光淳　2003,『社会ネットワーク分析の基礎　社会的関係資本論にむけて』勁草書房。
加藤厚　1986,「アイデンティティ」日本教育社会学会編『新教育社会学辞典』東洋館出版社，pp.2-3。
川崎市生涯学習振興事業団・川崎市教育委員会　1991,『川崎市市民の学習意識調査報告書』。
経済企画庁国民生活局編　2001,『平成12年度国民生活選好度調査』財務省印刷局。
木村純　2005,「高齢者の社会参加と生涯学習」都市問題研究会『都市問題研究』57 (5) (653) pp.27-40。
岸裕司　2008,『学校開放でまち育て　サスティナブルタウンをめざして』学芸出版社。
小林繁　1988a,「住民運動の展開と社会教育」社会教育基礎理論研究会編『社会教育実践の現在 (1)（叢書　生涯学習Ⅲ）』雄松堂，pp.25-36。
―――1988b,「自己認識と他者認識の弁証法―『'84葛飾区民セミナー』の実践分析を通して―」社会教育基礎理論研究会編，前掲書，pp.143-192。
国立教育研究所内生涯学習研究会編（代表：川野辺敏）　1993,『生涯学習の研究―その理論・現状と展望・調査資料―（上巻，下巻，資料編）』エムティ出版。
久冨善之　1974,「政治意識の変化と政治参加の新しい動向」松原治郎編著『住民参加と自治の革新（あすの地方自治をさぐるⅡ）』学陽書房，pp.111-131。
倉内史郎・鈴木眞理・西村美東士・藤岡英雄　1993,『生涯学習の生態学―成人学習の個別化状況を探る―（野間教育研究所紀要　第37集）』野間教育研究所。
協働→参加のまちづくり市民研究会編　2005『私のだいじな場所―公共施設の市民運営を考える』市民活動情報センター・ハンズオン埼玉。

Lash, Scott 1994, "Reflexivity and its Doubles," Ulrich Beck, Anthony Giddens & Schott Lash, op.cit., pp.110-173（＝1997,「再帰性とその分身」松尾精文・小幡正敏・叶堂隆三訳, 前掲書, pp.205-315）.
Lave, Jean and Wenger, Etienne 1991, *Situated Learning: Legitimate Peripheral Participation*, Cambridge University Press（＝1993　佐伯胖訳『状況に埋め込まれた学習—正統的周辺参加—』産業図書）.
Lin, N. 2001, *Social Capital: A theory of Social Structure and Action*, Cambridge University Press（＝2008　筒井淳也・石田光規・桜井政成・三輪哲・土岐智賀子訳『ソーシャル・キャピタル—社会構造と行為の理論—』ミネルヴァ書房）.
牧野暢男　1986,「コミュニティ」日本教育社会学会編『新教育社会学辞典』東洋館出版社, pp.314-315。
松本大　2007,「実践コミュニティの構築過程—NPOにおける学びの条件—」日本社会教育学会編『NPOと社会教育（日本の社会教育　第51集）』東洋館出版社, pp.165-177。
松原治郎編著　1977,『コミュニティと教育（現代の自治選書5）』学陽書房。
松原治郎・山本英治・園田恭一・蓮見音彦・飯島伸子　1971,『公害と地域社会—生活と住民運動の社会学』日本経済新聞社。
松島みどり・徐威 2010,「日本のNPOの全体像」山内直人・田中敬文・奥山尚子編『NPO白書2010』大阪大学大学院国際公共政策研究科NPO研究情報センター, pp.7-17。
Melucci, A. 1989, *Nomads of the Present*, Hutchinson Radius（＝1997, 山之内靖・貴堂嘉之・宮崎かすみ訳『現在に生きる遊牧民(ノマド)』岩波書店）.
Merriam, S. B. 1998, *Qualitative Research and Case Study Applications in Education*, John Wiley & Sons, Inc（＝2004　堀薫夫・久保真人・成島美弥訳『質的調査法入門—教育における調査法とケース・スタディ—』ミネルヴァ書房）.
Merriam, S. B. and R. S. Caffarella 1999, *Learning in Adulthood: A Comprehensive Guide*, John Wiley & Sons, Inc（＝2005　立田慶裕・三輪建二監訳『成人期の学習—理論と実践—』鳳書房）.
Mezirow, J. 1991, *Transformative Dimensions of Adult Learning*, Jossey-Bass.
―――1997, "Transformative Learning: Theory to Practice", Patricia Cranton (ed.), *Transformative Learning in Action: Insights from Practice*, Jossey-Bass, pp.5-12.
―――2000, "Learning to Think Like an Adult: Core Concepts of Transformation Theory", Jack Mezirow and Associates, *Learning as Transformation: Critical Perspectives on a Theory in Progress*, Jossey-Bass, pp.3-33.
―――2003, "How Critical Reflection Triggers Transformative Learning", Peter Jarvis and Colin Griffin (ed.), *Adult and Continuing Education: Major Themes in Education*, Routledge, pp.199-213.
道場親信　2006,「1960-70年代『市民運動』『住民運動』の歴史的位置」日本社会学会『社会学評論』57 (2), pp.240-258。
三上剛史　1993,『ポスト近代の社会学』世界思想社。
―――2003,『道徳回帰とモダニティ』恒星社厚生閣。
南澤由香里　2006,「A. ギデンズのアイデンティティ変容理論と生涯学習」赤尾勝己編『現代のエスプリ466　生涯学習社会の諸相』至文堂, pp.82-95。

箕浦康子編著　1999,『フィールドワークの技法と実際―マイクロ・エスノグラフィー入門―』ミネルヴァ書房。
三輪建二　2004a,「成人の学習―本年報のねらい―」日本社会教育学会編『成人の学習（日本の社会教育　第48集）』東洋館出版社, pp.9-15。
―――2004b,「成人学習論の展開―国際的動向と関連して―」日本社会教育学会編『成人の学習と生涯学習の組織化（講座　現代社会教育の理論Ⅲ）』東洋館出版社, pp.28-43。
―――2009,『おとなの学びを育む　生涯学習と学びあうコミュニティの創造』鳳書房。
宮原誠一　1966,『青年期の教育』岩波書店。
宮川公男　2004,「ソーシャル・キャピタル論―歴史的背景，理論および政策的含意」宮川公男・大守隆編『ソーシャル・キャピタル』東洋経済新報社, pp.3-53。
三宅隆史　1999,「NGO活動とインシデンタルな学習」東和大学国際教育研究所『国際教育研究紀要』第4号, pp.95-107。
宮本憲一編　1979,『沼津住民運動の歩み』日本放送出版協会。
宮﨑隆志　2006,「モデルなき時代の社会教育」日本社会教育学会編『社会的排除と社会教育（日本の社会教育　第50集）』東洋館出版社, pp.9-19。
宮﨑隆志・鈴木敏正編著　2006,『地域社会発展への学びの論理―下川町産業クラスターの挑戦―（叢書　地域をつくる学びⅩⅡ）』北樹出版。
溝田豊治　1971,「コンビナート反対闘争以降―三島」松下圭一編『市民参加（現代に生きる6）』東洋経済新報社, pp.27-42。
水野篤夫　2004,「実践をふりかえる方法としての事例研究と職員の力量形成」日本社会教育学会編『成人の学習（日本の社会教育　第48集）』東洋館出版社, pp.173-185。
森口秀志編　2001,『これがボランティアだ！』晶文社。
村田晶子　1987,「母親運動と丸岡秀子の自己教育思想」社会教育基礎理論研究会編『自己教育の思想史（叢書　生涯学習Ⅰ）』雄松堂, pp.261-298。
永井健夫　2007,「変容的学習と『成人性』の関係をめぐる試論」『山梨学院生涯学習センター紀要：大学改革と生涯学習』第11号, pp.107-116。
内閣府　2007,『平成19年版国民生活白書：つながりが築く豊かな国民生活』時事画報社。
中西眞知子　2007,『再帰的近代社会―リフレクシィブに変化するアイデンティティや感性, 市場と公共性』ナカニシヤ出版。
中野敏男　2001,『大塚久雄と丸山眞男―動員, 主体, 戦争責任』青土社。
中山淳雄　2007,『ボランティア社会の誕生〜欺瞞を感じるからくり〜』三重大学出版会。
仁平典宏　2003,「『ボランティア』とは誰か」『ソシオロジ』147号, pp.93-109。
―――2005,「ボランティア活動とネオリベラリズムの共振問題を再考する」日本社会学会『社会学評論』56 (2), pp.485-499。
日本学生支援機構　2009,『平成20年度　大学等におけるボランティア活動の推進と環境に関する調査報告書』。
日本女子大学大学院生涯教育学講座編（代表：田中雅文）　2007,『川崎市立虹ヶ丘小学校コミュニティルームの効果に関する調査報告書』。
日本生態系協会編著　2000,『学校ビオトープ―考え方・つくり方・使い方』講談社。
―――2001,『環境教育がわかる事典―世界のうごき・日本のうごき』柏書房。
日本システム開発研究所　1997,『高齢者の学習と社会参加活動に関する調査報告書』（文部

省委嘱事業)。
日本都市センター　1983,『都民の生涯学習需要予測研究調査報告書』。
西原亜矢子　2004,「患者のエンパワーメントに向けた支援者の力量形成」『日本社会教育学会紀要』No.40, pp.81-90。
西出優子　2006,「NPO キーワード解説～ソーシャル・キャピタル～」『日本 NPO 学会ニューズレター』29 号, pp.14-15。
西岡昭夫　1973,「公害反対運動の方法」『岩波講座　現代都市政策Ⅵ　都市と公害・災害』岩波書店, pp.237-245。
西山志保　2007,『ボランティア活動の論理―ボランタリズムとサブシステンス―』東信堂。
野依智子　2006,「『関係の喪失』から『関係の回復』へ―NPO 法人北九州ホームレス支援機構による自立支援活動の事例研究―」日本社会教育学会編『社会的排除と社会教育(日本の社会教育　第 50 集)』東洋館出版社, pp.132-143。
野元弘幸・石井ナナヱ　2001,「地域の国際交流センターを目指して―ふじみの国際交流センター」佐藤一子編著『NPO と参画型社会の学び―21 世紀の社会教育』エイデル研究所, pp.68-74。
小川誠子　1999,「社会教育施設ボランティアの学びに関する序論的考察―『正統的周辺参加』概念を通して―」『日本生涯教育学会年報』第 20 号, pp.141-156。
岡本祐子　2002,「ライフサイクルとアイデンティティ」岡本祐子編著『アイデンティティ生涯発達論の射程』ミネルヴァ書房, pp.3-57。
大江宏子　2007,「ソーシャルキャピタルの視点から見たコミュニティ再生と社会ネットワーク―生活者の"不安"とネットワークアクターの機能発揮の可能性―」生活経済学会『生活経済学研究』No.25, pp.1-21。
Pestoff, V. A. 1998, *Beyond the Market and State : Social Enterprises and Civil Democracy in a Welfare Society*, Ashgate (= 2000　藤田暁男他訳『福祉社会と市民民主主義―協同組合と社会的企業の役割―』日本経済評論社)。
Peterson, R.E. and Associates 1980, *Lifelong Learning in America*, Jossey-Bass.
Putnam, R. D. 1993, *Making Democracy Work: Civic Traditions in Modern Italy*, Princeton University Press (=2001　河田潤一訳『哲学する民主主義―伝統と改革の市民的構造』NTT 出版).
――2000, *Bowling Alone: The Collapse and Revival of American community*, Simon & Schuster (=2006　柴内康文訳『孤独なボウリング―米国コミュニティの崩壊と再生』柏書房).
酒井朗・広崎純子・千葉勝吾　2007,「ボランティアの学びと成長」酒井朗編著『進学支援の教育臨床社会学―商業高校におけるアクションリサーチ』勁草書房, pp.171-190。
酒井隆史　2001,『自由論―現在性の系譜学』青土社。
坂井康宣編著　2004,『競争から共創の教育改革へ～地域で育てよう　すこやかな子ども～』万葉舎。
桜井厚　2002,『インタビューの社会学』せりか書房。
櫻井常矢　2000,「NPO におけるエンパワーメントと学び」『日本社会教育学会紀要』No. 36, pp.57-66。
――2001,「まちづくりを支える市民活動と学び」佐藤一子編著『NPO と参加型社会の学

び—21世紀の社会教育—』エイデル研究所，pp.60-67。
佐々木正道編著　2003，『大学生とボランティアに関する実証的研究』ミネルヴァ書房。
笹川孝一　1981,「『成人の発達』分析のための作業仮説」『日本社会教育学会紀要』No.17，pp.11-21。
佐藤文男　1974,「住民運動と行政の対応」松原治郎編著『住民参加と自治の革新（あすの地方自治をさぐるⅡ）』学陽書房，pp.209-227。
佐藤一子　2006，『現代社会教育学—生涯学習社会への道程—』東洋館出版社。
佐藤一子編　2004，『NPOの教育力　生涯学習と市民的公共性』東京大学出版会。
佐藤一子編著　2001，『NPOと参画型社会の学び—21世紀の社会教育』エイデル研究所。
———2003，『NPOの教育力と社会教育の公共性をめぐる総合的研究』（平成13・14年度科学研究費補助金報告書）東京大学大学院教育学研究科生涯教育計画コース。
佐藤恵　1999,「ボランティアの自己アイデンティティ形成—阪神大震災における被災地ボランティアの事例から—」地域社会学会『地域社会学会年報』第11集，pp.139-155。
佐藤慶幸　1991，『生活世界と対話の理論』文眞堂。
Schön, D. A. 1983, *The Reflective Practitioner: How Professionals Think in Action*, Basic Books（＝2007　柳沢昌一・三輪建二監訳『省察的実践とは何か—プロフェッショナルの行為と思考—』鳳書房）．
柴野昌山　1986,「ボランティア活動」日本教育社会学会編『新教育社会学辞典』，東洋館出版社，pp.796-797。
柴田彩千子　2003,「地方分権化社会における地域づくり学習の意義」『日本社会教育学会紀要』No.39，pp.33-42。
渋谷望　2003，『魂の労働—ネオリベラリズムの権力論』青土社。
副田義也　1986,「社会福祉」日本教育社会学会編『新教育社会学辞典』東洋館出版社，pp.427-428。
末冨芳　2005,「クラブ財化する公立学校とメンバーシップ問題—分権的教育改革における受動的メンバーの位置付け—」『日本教育行政学会年報』31，教育開発研究所，pp.133-150。
鈴木敏正　1999，『エンパワーメントの教育学—ユネスコとグラムシとポスト・ポストモダン—』北樹出版。
社会教育基礎理論研究会編　1992，『社会教育実践の現在(2)（叢書　生涯学習Ⅳ）』雄松堂出版。
生涯学習NPO研究会編　1998，『社会教育の推進とNPO～支援の方向性を探る』（平成9年度文部省委嘱事業）。
———1999，『社会教育の推進とNPO Ⅱ』（平成10年度文部省委嘱事業）。
生涯学習審議会　1992,「今後の社会の動向に対応した生涯学習の振興方策について（答申）」。
———1999,「学習の成果を幅広く生かす—生涯学習の成果を生かすための方策について—（答申）」。
高口明久　1977,「住民運動と学習—自治意識の形成過程—」松原治郎編著『コミュニティと教育（現代の自治選書5）』学陽書房，pp.99-147。
高橋満　2003，『社会教育の現代的実践—学びをつくるコラボレーション』創風社。
高田昭彦　1998,「現代市民社会における市民運動の変容—ネットワーキングの導入から『市民活動』・NPOへ—」青井和夫・高橋徹・庄司興吉編『現代市民社会とアイデンティティ

―21世紀の市民社会と共同性：理論と展望―』梓出版社，pp.160-185。
田中雅文　1998,「市民性教育からみた学社連携―学校ビオトープの導入をめぐって―」明石要一編著『新・地域社会学校論―完全学校週5日制の中で―』ぎょうせい，pp.185-210。
―――1999,「展望―NPOがもたらす教育の構造変動と社会変革―」生涯学習NPO研究会編『社会教育の推進とNPO Ⅱ』（平成10年度文部省委嘱事業），pp.103-106。
―――2000,「公民館受講者における学習の諸相」『日本生涯教育学会年報』第21号，pp.131-146。
―――2003,『現代生涯学習の展開』学文社。
―――2009a,「生涯学習の内容と方法」田中雅文・坂口緑・柴田彩千子・宮地孝宜『テキスト生涯学習―学びがつむぐ新しい社会―［第二版］』学文社，pp.31-43。
―――2009b,「関係づくりの『接着剤』は何か？」日本女性学習財団『「関係づくり」をはぐくむ子育て支援事例集』pp.54-55。
田中茂　1968,「地域開発と市民運動―静岡県三島市にみる―」『思想の科学』No.71, pp.63-70。
樽川典子　1993,「ボランティア」森岡清美・塩原勉・本間康平編集代表『新社会学辞典』有斐閣，p.1357。
鑪幹八郎　2002,『アイデンティティとライフサイクル論（鑪幹八郎著作集Ⅰ）』ナカニシヤ出版。
寺田茂編著　2003,『学校ほど愉快なところはない～夢を実現させた学校物語～』驢馬出版。
栃木県鹿沼市教育委員会編　2000,『学校をつくる　地域をつくる―鹿沼発　学社融合のススメ』草土文化。
常葉-布施美穂　2004,「変容的学習―J. メジローの理論をめぐって」赤尾勝己編『生涯学習理論を学ぶ人のために』世界思想社，pp.87-114。
東京都板橋区立蓮根第二小学校　2002,『守る　育てる　活かす　広げる　みんなの学校ビオトープ！』（2002年10月11日学校公開・授業公開資料）。
土志田祐子　1991,『ボランティアに関する文献収録・解題　ボランティア活動の本質的性格（要約）』東京ボランティア・センター。
津田英二　2001,「NPOにおける参加型学習の展開」佐藤一子編著『NPOと参加型社会の学び―21世紀の社会教育―』エイデル研究所，pp.139-147。
辻中豊　2003,「政策過程とソーシャルキャピタル―新しい政策概念の登場と展開―」足立幸男・森脇俊雅編著『公共政策学』ミネルヴァ書房，pp.271-283。
角替由弥子　1993,「公民館利用者の学習継続性に関する研究―静岡県清水市の場合―」『東海女子大学紀要』第13号，pp.185-195。
上野千鶴子　2005,「脱アイデンティティの理論」上野千鶴子編『脱アイデンティティ』勁草書房，pp.1-41。
内田和浩　2001,『「自治体社会教育」の創造（叢書　地域をつくる学びⅣ）』北樹出版。
若原幸範　2007,「地域づくり主体の形成過程―内発的発展論の再定義を見通して―」『日本社会教育学会紀要』No.43, pp.83-92。
渡辺秀樹　1986,「準拠枠」日本教育社会学会編『新教育社会学辞典』東洋館出版社，pp.458-459。
渡辺豊博　2005,『清流の街がよみがえった　地域力を結集―グラウンドワーク三島の挑戦』

中央法規出版。
Welton, M. 1993, "Social Revolutionary Learning: The New Social Movements as Learning Sites" in *Adult Education Quarterly*, 43-3, pp.152-164.
Wenger, E. 1998, *Community of Practice: Learning, Meaning, and Identity*, Cambridge University Press.
Wenger, E., R. McDermott and W. M. Snyder 2002, *Cultivating Community of Practice* (＝2002, 野村恭彦監修, 野中郁次郎解説, 櫻井祐子訳『コミュニティ・オブ・プラクティス』翔泳社).
山田志保・高橋満 2002,「健康学習とおとなのエンパワーメント―医療生協保健委員の活動をとおして―」『日本社会教育学会紀要』No.38, pp.121-131。
山口定 2004,『市民社会論』有斐閣。
山下祐介 2002,「震災ボランティアはいかに語られたか」山下祐介・菅磨志保『震災ボランティアの社会学―〈ボランティア＝NPO〉社会の可能性―』ミネルヴァ書房, pp.234-261。
山内直人 2001,「ボランティアの経済学」内海成治編著『ボランティア学のすすめ』昭和堂, pp.188-211。
柳沢昌一 1987,「自由大学運動における自己教育思想の形成過程」社会教育基礎理論研究会編『自己教育の思想史（叢書生涯学習Ⅰ）』雄松堂, pp.203-259。
―――1989,「学習過程研究の方法と課題」日本社会教育学会編『現代成人学習内容論（日本の社会教育 第33集）』東洋館出版社, pp.98-108。
―――2004,「実践のコミュニティと省察的な機構―福井大学における教育実践研究と組織改革の展開―」日本社会教育学会編『成人の学習（日本の社会教育 第48集）』東洋館出版社, pp.201-213。
柳沢昌一・浅見芙美子 1988,「共同行為と同一性―地域教育運動における自己形成過程分析への試論―」社会教育基礎理論研究会編『社会教育実践の現在（1）（叢書生涯学習Ⅲ）』雄松堂, pp.279-314。
矢野眞和 1983,「生涯学習における参加と不参加の構造―学習希望は顕在化するか―」広島大学大学教育研究センター『大学論集』第12号, pp.37-55。
全国社会福祉協議会 2002,『全国ボランティア活動者実態調査報告書』(厚生労働省委託事業)。

索　引

あ

アイデンティティ　19, 21, 29, 47, 55, 66, 108, 121, 125
　　──闘争　22
　　──の流動性と脱中心化　62
outcome　121
アクティブ・インタビュー　67
アソシエーション　24
新しい公共　15
新しい社会運動　40, 176
新しい生活空間　91, 125
アドヴァンスト・リベラリズム　22, 213
新たな観点の創出　50
新たな仕事の世界　96
新たな支配構造　22, 207
アンドラゴジー　33, 37
生きがい感　164, 165
意識変容　66, 89, 118, 122, 130
　　──の学習　34, 49
一般NPO　179, 191
一般行政　195
移動サービスのNPO　43
意味　47
意味システム　48, 66, 93
意味スキーム（meaning schemes）　64
意味パースペクティブ（meaning perspective）　50, 64
医療生協保健委員　41
医療電話相談　42
インシデンタル（incidental）な学習　41
input効果　121
ウェンガー　31, 46
運動志向　177, 184
運命共同体　21
NPM（New Public Management）　213
NPO　14, 22, 44, 45, 60, 232
　　──の社会形成類型　178, 184
　　──の分野類型　179, 191
　　──の類型　174
NPO活動　174
NPO法人　174
FBC事務所　203
エリクソン　29
援助対象者　30, 42, 43
エンパワーメント　115, 119
応用の即時性　135
organizational learning　32, 40
大阪ボランティア協会　61
オ（ー）ルタナティヴ　14, 206
オルタナティブ社会　24

か

解釈的研究　63
〈外部＆状況的〉　175
〈外部＆非状況的〉　175
外部の学習　182
外部の非状況的学習　180
外部への学習支援　180
　　──の目的　183, 186, 193
学習　7, 63, 174
学習課題・学習内容　33
学習課題・学習内容論　32, 35
学習活動　31, 32, 133, 156, 172
　　──の継続　145
　　──の自己増殖　133
　　──の成立過程　134
　　──の積極性　157
学習過程　7, 32-34, 37, 38, 46, 50, 65
学習関心　134
学習経験　134
学習効果　143
　　──の多様性　144
学習参加の行動連鎖モデル　134
学習支援　178
学習事業　208, 212, 230
「学習志向」のNPO　178
学習辞退者　141
学習社会　54
学習者類型　154, 156
学習成果　7

――の活用　8, 135, 138
――を活用するための条件　147
学習専念型　154
学習促進　44, 60, 174, 175, 180, 185, 192
　――の三形態　180
　――の内部構造　175
学習段階　140
学習動機　134
学習の継続・発展　38
学習の高度化　145
学習の質的向上　145
学習の専門性　145
学習のちぢみ　134
学習のふくらみ　134
学習の優先度　157
学習要求　134, 141, 158
学習領域　140, 153, 156
学習論　32, 58
仮説検証型　63, 66
仮説生成型　63, 66
学校支援ボランティア　100
学校ビオトープ　68, 85, 89, 98, 99
活用希望者（率）　139
活用経験者（率）　138
活用段階　140
カルチャーセンター　37
環境意識　122
環境教育　100, 101
関係財　210
関係の回復　233
観点（point of view）　50, 64
企業　195
擬似的な市場　233
〈技術的合理性〉（technical rationality）　53
帰属（belonging）　206
既存の観点の精巧化　50
既存の観点の変容　51
〈期待型〉　124
ギデンズ　17, 18, 23, 28, 55
規範　209
〈教育型〉　124
教育の革新　194
行政からの支援　190
行政代替型　177, 184
行政に対する支援　190, 196

行政密着度　177, 184
共同体　21
共同で行う事業　47
協働　13, 14
協働変革型　177, 184
共謀関係　49, 93
偶発的学習（unpremeditated learning）　42
具象化　47
具体的な他者や社会集団　19
具体的な人間関係と活動成果　28, 55, 60
具体的な人間関係と活動体験，そして活動成果　130
グラウンドワーク　68
グラウンドワーク三島　67
　――実行委員会　68
クラントン　51, 52
グローバルな問題　166
クロス　134, 169
経済アソシエーション　24
経済基盤のゆとり　87, 92, 132
結束型（bonding）　210, 213, 225
結束性（bondingness）　211
顕在的学習要求者　141
現実態と可能態　25
権力関係の可視化　25
公益性　140
公害防止運動　68
公共機関のNPO専門窓口　184
公共空間　23, 24, 26, 28, 62, 65, 69, 100
公共圏　23, 24, 62
公共財　209
公共施設　206, 208
公共性　15
公共的価値　24
構築主義　29
　――的研究　63
公的社会教育施設　206
公的セクター　12-14, 24, 203
行動連鎖　38, 133
高齢者　135
個人化（individualization）　18
個人財　209
個人の学習需要　37
国家　22, 194
個別化　38

コミュニティ　21, 46, 194, 206
コミュニティ・スクール　106, 119, 123, 125
コミュニティ形成　206, 212

さ

サービス・ラーニング　9
〈再帰型学習〉　66, 130, 131
再帰性（reflexivity）　17, 20, 30, 39, 42-44, 54, 65, 87, 94, 95, 118
再帰性理論（reflexivity theory）　17, 23
再帰的近代化（reflexive modernization）　16, 23, 29, 54, 68, 100, 206
再帰的近代社会（reflexive modern society）　18
〈再帰的循環〉　66, 87, 92, 94, 119, 120
再帰的な循環　18, 54
〈再帰的プロジェクト〉としての自己　18, 28, 55, 130
里山保全の活動　27
サブシステンス（subsistence）　30
参加　47
〈参加の陥穽〉　206, 212, 225
〈参加の陥穽〉論　22, 45, 61, 207
幸せのスパイラル　73, 87
The Education-More Education 'Law'　133
CORモデル（chain-of-response model）　134, 169
時間的ゆとり　148, 171
事業（enterprises）　46, 63
事業・政策提言　196
事業の連鎖　219
自己アイデンティティ　19, 21, 30, 48, 62, 93, 96
自己形成　7, 10, 13, 15, 16, 31, 33, 38, 41, 55, 57, 65, 87, 94, 118, 133, 164
「自己形成」仮説　20, 28
自己形成と社会形成との関係　44
自己再帰性（self-reflexivity）　17, 27
自己実現　7, 12, 15, 117
　　──としてのボランティア活動　15
「自己／社会形成」仮説　28, 41, 55, 57, 65
自己充足で成り立つ趣味サークル　90
〈自己と社会の再帰的変容〉　26, 28, 39, 44, 57, 131
自己と社会の弁証法的変容　29

仕事による力量向上　180
自己の変容　27
市場　22, 194, 207, 213
市場化　229
市場原理　213
自生的・地縁的なコミュニティ　21
次世代の育成　90, 92, 96, 124
施設運営　207
実証研究　9, 63
「実証主義的（positivist）」研究　63
実践コミュニティ（community of practice）　34, 41, 43, 46, 52, 65, 69, 100, 181
〈実践の中の省察〉（reflection in practice）　53
指定管理者制度　213
私的財　209
自分自身の充実感　125
資本（財産）　209
資本主義　22, 207
　　──の構造的不平等　22
市民運動　14
市民活動　12, 14, 23
市民館　216
市民・国民選別　22, 207
市民参加　22, 207
市民社会　22, 194, 213
市民セクター　15
市民的公共性　15
ジャービス　54
社会運動　12, 14, 24, 25
社会活動　140
社会教育　178
社会教育NPO　179, 191, 199
社会教育関係団体　195
社会教育基礎理論研究会　34, 39
社会教育行政　184, 195
社会教育施設　41, 206, 208, 214
社会教育審議会　37
社会形成　7, 10, 28, 32, 33, 39, 42, 44, 57, 65, 90, 133, 174, 175, 206
社会貢献　163, 226
　　──活動　136, 175
社会構成主義　29
社会構造　17, 29
社会参加活動　136, 153, 156
　　──に対する態度　161

――の効果　163
　　　――の積極性　160
　　　――の動機　160
　　　――の領域　159
　　　――への意向　162
社会創造　13, 23, 62
社会的絆（social bonds）　206, 208
社会的ネットワーク　209, 210
社会と空間の弁証法　25
社会の産物としての人間　40
社会の変容　27
社会は人間の産物　29
社会変革　44, 175, 187, 188
社会問題に対する関心　166
社会連帯　157
宗教コミュニティ　206
集合財　209, 210
集合的アイデンティティ　25
自由時間量　171
「集団型」の省察　78
住民運動　14, 35, 68, 197
　　　――の有する人間形成的機能　35, 37
住民エゴ　15
住民ネットワーク　195
需給分離　229
需給融合性　213, 225, 228
「主体－構造」の媒介空間　24
受動的な参加者　207
趣味・教養等のサークル・団体　28
需要・供給　207
準拠枠（frame of reference）　50, 64, 66
準社会教育 NPO　179, 191
生涯学習　38
生涯学習審議会　8
生涯教育　32, 33, 37
状況的学習（situated learning）　31, 37, 39, 41, 46, 52, 57, 66, 174, 182
消費者住宅フォーラム　202
消費者主義　229
ショーン　53
食の輪　219
女性のエンパワーメント　43
人材提供　196
人材・ボランティアの養成　187, 188
新保守主義　22, 207

信頼　209
進路多様校　42
垂直な結びつき　211
水平な結びつき　211
スタッフ研修　180
スタッフの力量向上　188
成果活用型　154
生活空間　92
生活貢献度感　164
生活史　48
生活様式　55
政策的な提言・報告　194
省察（reflection）　53, 54, 65, 87, 94, 119, 120
省察的学習　54
省察的実践　34, 129
〈省察的実践〉（reflective practice）　53
省察理論（reflection theory）　17, 23
政治主体形成　33, 35
政治的社会化　36
成人学習　34, 133
成人学習論　32, 34, 57
　　　――の系譜　32
　　　――のパラダイム転換　33
成人教育　37, 135, 174
成人の学習　35, 38, 174
精神の習慣（habit of mind）　50, 64
　　　――の変容　51
成人発達　32, 33, 37
制度的再帰性（structural reflexivity）　17, 23, 27
世界観　48, 55, 66, 93, 96
積極的学習リピーター　141
先鋭運動型　177, 184
「善行」としてのボランティア活動　13
潜在的学習要求者　141
センスオブアース　99, 118, 126
選択的共同体　21
専門職　53, 129
相互関係　47
相互主体性（的）　32, 33, 39, 42-44
相互性　30, 43
創造型ボランティア活動　15, 23, 34, 60, 62, 65, 69, 100, 202
創造型ボランティア組織　15
ソーシャル・キャピタル（social capital：社会

関係資本）208, 209
ソーシャル・キャピタル論 208
組織改革 45
組織・制度・地域の変革 33, 40

た

大学公開講座 37
対抗型ボランティア活動 15, 34, 35, 68, 197
対抗型ボランティア組織 15
第三セクター 194
対人援助のボランティア 29, 42
対等な一員 226
対等の関係 106, 123
〈他者〉 207
――の排除 212, 225
多文化性 212, 225, 226
多面的・多元的な自我の形成 62
たんなる利用者（消費者）207
地域エゴ 15
地域コミュニティ 206, 233
地域組織 195
地域づくり 44, 178, 232
――運動 40
――学習 33, 40
――教育 40
――団体 44
――リーダー 42
地域の井戸端会議 79, 90
地域連携 221
地縁 194, 210
中央教育審議会 37
抽象システムの情報 20
抽象的な制度・知識 28, 55, 58, 130
直接体験 122
〈つながり〉 208, 212, 217, 225
つながり 89, 92, 95, 123, 206, 208
つなげるタイプの活動 83
提案型・創造型の運動 203
デジタル・ネットワーク 24
伝統社会 21
伝統的な共同体 206
伝統的な対抗型 203
同一性 20
動機の積極性 164
独学型 153, 172

特定非営利活動促進法 174, 175
独立事業型 177, 184
隣近所と行き来する頻度 208
トラジェクトリー（trajectory：変化の軌跡）48
トレードオフ 158

な

〈内部＆状況的〉 175
〈内部＆非状況的〉 175
内部の学習 182
内部の状況的学習 180
内部の非状況的学習 180
虹ヶ丘コミュニティ 217
虹ヶ丘小学校コミュニティルーム（虹ヶ丘CR）206, 214, 215
――運営部会 216
日常の生活意識 165
日本青年奉仕協会 61
人間関係としてのボランティア 30
人間の産物としての社会 40
人間は社会の産物 29
沼津・三島石油コンビナート誘致阻止運動 36
ネオリベラリズム 22, 207
ネットワーキング 14
ネットワークアクター 230, 233

は

バーガー 29, 40, 48, 93
バーチャル・コミュニティ 206
パートナーシップ 14, 68
ハーバーマス 24
バウマン 18, 20, 22
「場所」（place）と関係する帰属 206
橋渡し型（bridging）210, 213, 225
橋渡し性（bridgingness）211
蓮根第二小学校 98
パットナム 209, 210
はね返り 17, 54, 65
パネル調査 134
半構造化インタビュー 66
反作用 17, 23, 28, 30, 42, 54, 65, 87, 94, 119, 120
阪神・淡路大震災 30, 41
非営利組織 67

ビオトープをつくろう会　67, 98
非状況的学習（non-situated learning）　32, 37, 38, 57, 133, 174, 182
ビットバレー高松　202
非伝統的なコミュニティ　206
人は信頼するに足る　90
批判的ふり返り（critical reflection）　52, 130
フィードバック　134
ふり返り　53, 65
ブルックフィールド　51, 52
フレイレ　52
文化・技術の伝承　194
分離活動型　154
ペストフ　194
ベック　18, 23
弁証法　29, 40
変容的学習（transformative learning）　34, 49, 130
ポスト・ポストモダン　40
ポストモダン　40
ポストモダン論　62
北海道職人義塾大學校　202
ボランティア　30, 41, 65, 171, 216, 219, 223
ボランティア概念の変遷　12
『ボランティア概念』の歴史的転換期　13
ボランティア活動　7, 11, 15, 21, 26, 28, 34, 49, 57, 63, 66, 133, 232
　　　──のタイプ　12
　　　──の原則　11
ボランティア教育　9
ボランティア組織　44, 60, 206, 212
ボランティア体験　9

ボランティア動員論　22, 213

ま
マスタープランなき自己組織化　62
まちづくり　178
身近な他者や社会集団　21
〈見守り型〉　124
無関心者（率）　139
メジロー　49
メディア権力　24
メルッチ　25
もう一つの『公共性』　15
「目標志向」のNPO　178
モニタリング　17, 19

や
ユースワーカー　43

ら
リキッド・モダニティ　18
リスク回避　25
理論開発の過程　54
臨時教育審議会　38
レイヴ　31
レパートリー　47, 63
連結型（linking）　211, 213, 225
連鎖　60, 87, 119, 120, 133, 156
ローカルな問題　166

わ
ワールドビューズチャンネル　202

［著者プロフィール］

田中　雅文（たなか　まさふみ）
1954年生まれ，日本女子大学人間社会学部教育学科教授，博士（学術）
1977年　東京工業大学工学部社会工学科卒業
1979年　東京工業大学大学院理工学研究科社会工学専攻修士課程修了
1980～1989年　三井情報開発（株）総合研究所（研究員，副主任研究員）
1989～1997年　国立教育研究所（現国立教育政策研究所）生涯学習研究部（研究員，主任研究官，生涯学習体系研究室長）
1997～2002年　日本女子大学人間社会学部教育学科助教授
（2002年4月より現職）
専攻：生涯学習論，社会工学
著書：『拓きゆく生涯学習』（共編著，学文社，1995年），『小学生（中学生）にボランティア・スピリットを育てる』（共編著，明治図書，1997年），『社会を創る市民大学――生涯学習の新たなフロンティア――』（編著，玉川大学出版部，2000年），『「民」が広げる学習世界』（共編著，ぎょうせい，2001年），E. ハミルトン著『成人教育は社会を変える』（共訳，玉川大学出版部，2003年），『現代生涯学習の展開』（単著，学文社，2003年），『テキスト生涯学習――学びがつむぐ新しい社会――』（共著，学文社，2008年）など

〈日本女子大学叢書11〉
ボランティア活動とおとなの学び――自己と社会の循環的発展――

2011年5月30日　第1版第1刷発行
2012年1月30日　第1版第2刷発行

著　者　田中　雅文

発行者　田中　千津子　　〒153-0064　東京都目黒区下目黒3-6-1
　　　　　　　　　　　　電話　03 (3715) 1501 (代)
発行所　株式会社 学文社　FAX　03 (3715) 2012
　　　　　　　　　　　　http://www.gakubunsha.com

Ⓒ Masafumi TANAKA 2011　　　　　　印刷所　新灯印刷
乱丁・落丁の場合は本社でお取替えします。
定価は売上カード，カバーに表示。

ISBN978-4-7620-2182-4